"十三五"国家重点图书出版规划项□

"一带一路"建设中
国际贸易和投资风险防控
法律实务丛书

the legal series on prevention and control of risks
in international trade and investment under the construction
of the Belt and Road

总主编 张晓君

本丛书系教育部哲学社会科学研究重大课题攻关项目（项目批准号：19JZD053）产出成果
西南政法大学东盟法治研究院系列成果

# 国际投资争端
# 风险防控法律实务

主　编　张晓君　敬云川
副主编　李文婧　张又予

厦门大学出版社
XIAMEN UNIVERSITY PRESS
国家一级出版社
全国百佳图书出版单位

**图书在版编目（CIP）数据**

国际投资争端风险防控法律实务 / 张晓君，敬云川
主编；李文婧，张又予副主编. -- 厦门：厦门大学出
版社，2023.1
（"一带一路"建设中国际贸易和投资风险防控法律
实务丛书 / 张晓君总主编）
ISBN 978-7-5615-8713-3

Ⅰ. ①国… Ⅱ. ①张… ②敬… ③李… ④张… Ⅲ.
①国际投资－国际争端－风险管理－研究 Ⅳ. ①D996.4

中国版本图书馆CIP数据核字(2022)第156075号

| | |
|---|---|
| **出 版 人** | 郑文礼 |
| **责任编辑** | 李　宁 |

**出版发行** 厦门大学出版社

| | |
|---|---|
| **社　　址** | 厦门市软件园二期望海路 39 号 |
| **邮政编码** | 361008 |
| **总　　机** | 0592-2181111　0592-2181406(传真) |
| **营销中心** | 0592-2184458　0592-2181365 |
| **网　　址** | http://www.xmupress.com |
| **邮　　箱** | xmup@xmupress.com |
| **印　　刷** | 厦门集大印刷有限公司 |

| | |
|---|---|
| **开本** | 720 mm×1 020 mm　1/16 |
| **印张** | 15.75 |
| **字数** | 232 千字 |
| **版次** | 2023 年 1 月第 1 版 |
| **印次** | 2023 年 1 月第 1 次印刷 |
| **定价** | 94.00 元 |

本书如有印装质量问题请直接寄承印厂调换

厦门大学出版社
微信二维码

厦门大学出版社
微博二维码

# 总　序

"一带一路"是新时代中国深化与世界各国全方位合作，努力实现全球共同发展的重要倡议。自 2013 年该倡议提出以来，"一带一路"从愿景转变为现实。国家主席习近平在 2019 年第二届"一带一路"国际合作高峰论坛发表的题为"齐心开创共建'一带一路'美好未来"的主旨演讲中强调，共建"一带一路"顺应了经济全球化的历史潮流，顺应了全球治理体系变革的时代要求，更顺应了世界人民追求幸福生活的愿望。共建"一带一路"为世界经济增长开辟了新空间，为国际贸易和投资搭建了新平台。在共建"一带一路"的机遇之路上，中国与"一带一路"沿线国家的贸易投资交往愈加密切，中国企业的贸易投资活动更加积极。但机遇与挑战并存，"一带一路"沿线国家和地区存在政治体制、经济制度、法律体系与文化背景等方面的差异，国际贸易和投资关系错综复杂。进入 2020 年，随着新冠肺炎疫情在世界范围内的广泛蔓延，西方大国基于国内政治的考量，掀起单边主义和霸权主义的波澜，意图逆转全球化趋势，将正常的国际经贸交往政治化，为技术、商品、人员和资本的顺畅流动设置重重障碍，这不可避免地会对"一带一路"倡议造成严重冲击，给中国与沿线国家的国际经贸关系的发展带来严峻挑战。在此背景下，预防与控制国际贸易和投资面临的法律风险，成为推动"一带一路"倡议行稳致远的重要保障。

本着这一问题意识，西南政法大学国际法学院、中国－东盟法律研究中心（东盟法治研究院）与深圳市前海国合法律研究院、泰和泰律师事务所等法律实务部门深入合作，结合教育部哲学社会科学研究重大课题攻关项目（项目批准号：19JZD053）"对'一带一路'沿线国家投资风险监测预警体系研究"，对我国企业在国际贸易投资中所面临的风险防控问题展开研究。"'一带一路'建设中国际贸易和投资风险防控法律实务丛书"是深入合作开展系统研究结出的硕果，同时也是与国家安全学院开展跨学科研究的重要成果。丛书由具有较强科研能力的国际法学界和具有丰富国际贸易投资及争端解决经验的法律实务界人士联袂编著。

丛书围绕教育部哲学社会科学研究重大课题攻关项目（项目批准号：19JZD053），以"一带一路"国际贸易和投资中企业所面临的法律风险防控需求为导向，从国际网络贸易、跨境投资并购、国际知识产权保护、国际货物运输、国际税收、国际PPP、国际能源、商品进出口、国际信用证，以及国际投资争端解决、国际商事争端解决、涉外法律适用等实务性极强的领域出发，以丰富的实践案例和国际法律文书为基本内容，根据实务人员法律服务技能的实践性和涉外性的特征，详述知识内涵，深度剖析裁判要旨，总结实践经验，提炼学习要点，对企业可能面临的法律风险展开极具针对性、前瞻性的研究，提出具有专业性、建设性和可操作性的风险防控措施建议。

西南政法大学国际法学院和区域国别学院作为我国重要的国际法学研究和涉外法治人才教育培养基地，在服务"一带一路"建设的法治人才培养、学术研究和社会服务等方面具有强烈的责任担当，力图产出一批优秀学术成果，培养一批优秀法治人才。中国-东盟法律研究中心（东盟法治研究院）作为国家级涉外法治研究基地、最高人民法院民四庭东盟法律研究基地和重庆市新型智库，将以更大的担当和使命感，做好国际法治研究和涉外法治人才培养工作，为我国更高水平的对外开放和以法治方式共建"一带一路"作出应有的贡献。

张晓君

教授、博士生导师
西南政法大学国际法学院／区域国别学院院长、国际法学科负责人
中国-东盟法律研究中心主任

2022年5月

# 编写说明

国际金融危机后，世界经济深度调整、缓慢复苏之路艰难曲折，反"全球化"、民粹主义等思潮抬头，单边主义、保护主义愈演愈烈，多边主义和多边贸易规则受到严重冲击。中国国家主席习近平纵观世界的发展大势，提出"一带一路"重大倡议，通过与沿线和世界各国分享中国发展机遇，推动各国发展战略深度对接，为艰难复苏的世界经济注入新动力。在此背景下，中国企业走出去既是响应国家号召的积极步伐，也是解决自身发展问题的一味良剂，还能够推动自身的改革。

中国企业对外投资将会面临复杂多样的政治、经济、法律、文化环境以及风险。有些国家政策变动频繁，自贸区建设落后，技术性标准和许可准入制度严苛，以及税制不完善、国际执法经验不充分等都让企业在走出去的同时面临挑战。百年变局与世纪疫情交织共振，美国等西方国家对华的战略调整，逆全球化思潮、贸易保护主义卷土重来，给中国企业海外投资增加了更多的不确定性。今后很长一段时间，中国海外投资面临的风险因素将会增加，对国际投资争端解决机制的需求也会随之增加。本书梳理了国际投资争端解决的常见机制，尤其是解决国家与他国国民投资争端国际中心的运作模式，从风险角度切入，对不同风险的识别、预防和争端解决作出研判，并通过对典型案例的介绍和分析，加强对知识点和案例更加深入的理解。

本书适宜已具备国际法学基础知识的本科高年级学生和研究生，以及从事国际投资实践的实务工作者、学习国际投资法的广大读者阅读。本书是"'一带一路'建设中国际贸易和投资风险防控法律实务丛书"之一，由西南政法大学、农业农村部农村经济研究中心、北京大学、高通律师事务所从事国际经济法律研究和实务的人员共同编写，是各位作者研究与合作的成果。本书由合作主编共同设计拟定写作大纲，统筹全稿，副主编协助主编统校文稿。具体撰稿人及分工如下（以撰写章节先后为顺序）：

张晓君：主要负责编写本书第二章第六节、第五章第四节。

何薇：主要负责编写本书第一章。

李文婧、王凌霄：主要负责编写本书第二章第一节至第五节。

白羽、张又予：主要负责编写本书第三章。

张耀华：主要负责编写本书第四章。

郝众望：主要负责编写本书第五章第一节至第三节。

# 目录

第一章

# 国际投资争端概述

## 第一节　国际投资行为概述

### 一、国际投资行为的概念

国际投资行为是指投资主体跨越国境，将资本或资产投入于国际社会，或在国家间进行流动，以期获得预期的收益。二战结束后，随着全球化的不断深入，越来越多的个人及组织走出国门，前往国外进行投资，这些个人或组织被称为"外国投资者"，投资标的所在国一般被称为"东道国"。

### 二、国际投资行为的分类

#### （一）按投资期限划分

根据外国投资者预期的投资期限时长，国际投资行为可分为国际短期投资行为和国际长期投资行为。国际短期投资行为的外国投资者预期持有的投资期限一般不超过一年，该投资能够快速变现，投资的形式包括持有有价证券或其他投资，有价证券投资形式投资风险低、变现能力强，但同时相应的收益率也比较低。国际长期投资行为的外国投资者的预期持有期限一般要超过一年，持有形式一般为购买资产、有价证券或其他投资形式。因其持有期限较长，国际长期投资相对短期投资来说,风险更高、变现能力差,相应的收益率也更高。

在实践中,长期投资可以转化为短期投资,如外国投资者因改变经营策略、急需资金等情形,急需将长期投资在短期内快速变现;或因时间的推移,预期的长期投资将在一年内到期,该长期投资实质上成为短期投资(事实上,财务报表也会将该长期投资项目划分为短期投资项目)。

### (二)按投资主体性质划分

根据外国投资者主体性质的不同,国际投资行为可以分为私人投资行为和公共投资行为。私人投资行为一般指并非代表政府或国家的自然人或法人、私人投资者一般以盈利为目的进行投资。其中最主要的私人投资者为公司或企业。公共投资行为一般由一国政府或国际组织为社会公共利益而作出的投资,如外国政府向东道国投资兴建铁路、矿场、电力电信设施等,这种投资一般具有一定的国际经济援助的性质,或带有一定的政治或经济目的。

### (三)按投资的经营方式划分

根据外国投资者对投资标的的控制形式,国际投资行为可以分为国际直接投资和国际间接投资。国际直接投资是指投资者通过投入生产要素,直接在东道国开设企业,或者购买股权或资产,以实现对企业的生产经营活动的管理和控制。国际直接投资的几种常见方式包括:在东道国设立全资子公司、与东道国当地投资者组建联营企业、收购或兼并东道国企业、开设分公司等。与国际直接投资行为中体现出的"管理"和"控制"不同,国际间接投资主要是指外国投资者通过持有东道国被投资企业一部分股权(一般股权比例不超过10%)的形式,实现对被投资企业的出资。在间接投资情境下,外国投资者不享有对被投资企业的管理权或控制权。

## 三、国际投资行为的发展和特点

随着资本主义的发展,一国国内的商品经济发展到一定阶段后,出现大量的资本过剩,以资本输出为早期形态的国际投资也随即产生。早期的资本输出主要表现为货币资本的流动。随后,跨国银行的出现让国际借贷、国际证券投资等国际间接投资逐渐盛行,如今的国际投资行为主要表现为生产资本的流动。

第二次工业革命以来,国际投资行为开始兴起。这一阶段,社会生产力得到了快速发展,资本大量积累,银行资本和产业资本相互渗透融合,从而形成了巨大的金融资本。同时国际分工体系和国际垄断组织开始形成,为资本输出提供了基础条件。早期的国际投资,外国投资者主要为英国、法国和德国;投资的来源主要是私人投资,公共投资的比重很低;投资的形式以间接投资为主,直接投资比重极小;国际投资主要流向殖民地和资源丰富的国家,多用于资源开发和铁路建设等公用事业。

之后,两次世界大战和大萧条爆发,资本主义国家的经济因此受到了破坏,导致国际投资的规模大幅度下降,国际投资活动持续低迷。其间,美国逐渐取代英国,成为最大的外国投资者。

战后,世界各国经济逐渐复苏,得益于稳定的世界政治局势和第三次工业革命,国际投资活动逐渐复兴。进入 20 世纪 80 年代以后,随着全球化的开始和逐渐深入,国际投资异常活跃,跨国公司如雨后春笋般出现,并逐渐发展壮大,资本的跨国流动成为主流趋势。

## 第二节　国际投资争端概述

### 一、国际投资争端的含义

国际投资争端(international investment disputes),是指私人外国投资者与投资标的所在的东道国政府、企业或其他方之间发生的争议。任何商业行为进行中双方都可能会出现争端,国际投资行为也不例外。与普通的投资争端不同的是,国际投资争端涉及的因素更多,原因也更复杂。

## 二、国际投资争端的分类

国际投资争端按照争端主体划分,分为外国与本国的私人投资者之间的争端、外国私人投资者与东道国政府之间的争端;按照起因划分,分为基于契约引起的争议和非直接基于契约引起的争议(国家责任)。

相较其他国际投资争端,东道国政府与外国私人投资者之间的争端更加复杂、棘手,往往涉及管辖权、法律适用、外国投资者在国际法庭中有无诉权等问题。而法律适用又往往将争议的问题政治化,最终上升到国与国之间的外交争端。

在 2009 年的"火电厂许可"案中,瑞典 Vattenfall 公司因为环境问题在解决投资争端国际中心(International Centre for Settlement of Investment Disputes,以下简称 ICSID)起诉德国政府。Vattenfall 公司对当地政府针对其在德国汉堡易北河畔投资 26 亿美元并正在施工建设的煤炭火电厂所作的环境限制提出了仲裁请求,根据《能源宪章条约》(ECT)中的仲裁条款提交 ICSID 裁决。环保组织认为,火电厂的规模已经超过了汉堡市的用电需要,会对环境造成破坏性的影响,而实际上存在一些小规模的、符合环保要求的替代方案。2007 年 10 月,约有 12000 个公民签字反对建设火电厂。尽管面临民间抗议,汉堡市政府还是在 2007 年和 Vattenfall 公司签署了临时合同,但对项目建设提出了一些环保要求和限制,特别是对易北河河水的保护,合同附加了获得最后许可的条件。汉堡市城市发展与环境总部因此于 2007 年 11 月颁发了临时建筑许可,允许 Vattenfall 公司开始某些建设工作。2008 年 9 月,汉堡市政府签发了最终许可,但是在火电厂对易北河产生的影响方面附带了额外的限制,如对水流、水温以及氧气的影响等,这些额外限制正是争议的核心。

根据汉堡市政府的观点,这些附加在最终许可上的条件是符合欧盟法要求的,并且和易北河所有工业企业的限制是一致的。汉堡市政府认为附加这些条件是为了满足欧盟水框架指令(EU Water Framework Directive)。该指令要求所有欧盟成员国保证在 2015 年之前使河流、湖、河口湾、沿海水域以及地下水的水质量达到一定的水平。Vattenfall 公司认为，这些有关水的法规对火电厂而言乃是不切实际而且是不经济的，并且已经超出了 2007 年合同中和汉堡市政府之间的约定。2008 年最终许可所附加的额外限制条件使得标准更为严格，因此，Vattenfall 公司认为德国违反了多边国际投资条约，即涉及有关能源投资领域方面的《能源宪章条约》。虽然 Vattenfall 公司的争议是和汉堡市政府之间发生的，但是根据《能源宪章条约》的条款，德国政府须为此负责。

迄今为止，欧亚大陆 51 个国家和地区已签署了《能源宪章条约》。该条约在能源领域可为外国投资提供广泛的保护，如保证公平和公正待遇、征收补偿等。成员国一方的投资者可对其所投资的另一成员国作为东道国的政府提起仲裁。和 WTO 一样，在《能源宪章条约》框架下未专设仲裁庭或者法庭，而是允许选择联合国国际贸易法委员会（United Nations Commission on International Trade Law, UNCITRAL）仲裁规则、ICSID，也可以选择斯德哥尔摩国际商会仲裁院来解决争议。在 2009 年的"火电厂许可"案中，Vattenfall 公司选择 ICSID 作为争端解决机构并对德国政府提出 14 亿欧元的索赔。仲裁庭就建筑许可中附加了严格的环保标准是否违反了《能源宪章条约》进行裁决，该案在 2011 年年初以德国政府提出协商方案给 Vattenfall 公司颁发施工许可告终。

## 三、国际投资争端解决的方式

相较于普通的投资争议，国际投资争议更为复杂。解决国际投资争议，可以采取政治手段，也可以采取法律手段（司法诉讼或仲裁）。法律手段解决争议的情况，可以适用国内法，也可以适用国际法；如采取政治手段解决争议，方式有二：外交保护、调停与斡旋。外交保护是指投资者本国政府出面，通过外交途径，对在国外的涉及争议的本国国民一方行使外交保护权。调停与斡旋仅具有劝告性质，对双方当事人不具约束力。

### （一）协商（谈判）与调解

协商（谈判），是指在争议发生后，争议双方当事人可以在自愿的基础上进行磋商，双方可能会作出一定程度的让步，以期将争议化解。协商解决一般是建立在自愿、平等和合法的基础上，由当事人就需要解决的争议举行专门的会谈进行磋商，或者利用当事人共同组成的现有机构进行磋商解决。

调解是指争议双方在第三方的主持下，在互谅互让的基础上达成协议，使争议得到解决。调解的前提和基本原则是自愿，需经双方当事人的同意。调解人通过听取和评审双方各自的主张，提出建议。调解人提出的建议方案不必严格依照法律规则，而争议双方对于调解人的建议也可以选择接受或不接受。国际上一般设有常设或临时调解机构进行调解。我国则由涉外调解机构、仲裁机构、法院、民间机构以及行政机构进行调解。

### （二）东道国当地救济

由东道国当地的司法和行政机构，依照东道国当地的程序法和实体法解决国际投资争端，称为东道国当地救济。东道国司法救济主要采取法院的涉外民事诉讼程序和行政诉讼程序，行政救济主要是行政复议。

东道国当地救济的国际法依据主要是属地管辖原则和用尽当地救济原则。用尽当地救济原则，要求必须使用完当地所有可适用的司法和行政救济程序，直至最高法院和最高主管行政机构作出最终决定；同时，还必须充分和正确地适用国内法中所有可适用的诉讼程序。

### （三）外国法院诉讼

争议其中一方向除东道国以外的国家法院提起诉讼，被称为外国法院诉讼，该外国法院也包括外国私人投资者的本国法院。外国法院诉讼包括反托拉斯诉讼和追索诉讼。

反托拉斯诉讼一般发生于具有竞争关系的双方之间。争议一方指控对方与东道国合谋，对其财产实行国有化措施，以达到打击其经营的目的。因对方可能涉嫌违反其本国反托拉斯相关法律，指控方一般在其本国法院提起反托拉斯诉讼。

追索诉讼是指因其财产或财产收入所有权被东道国政府国有化，投资者以该国有化违反国际法或诉讼法院当地的公共秩序无效为由，对被国有化的财产或财产性权力主张权利。追索诉讼的前提是，被追索的财产须实际进入或处于法院的管辖领域。

### （四）外交保护

如本国国民在外国遭到损害且在外国无法得到救济，本国政府可以通过外交手段向该国家要求适当的救济。外交保护方法是一种政治解决方法，将投资争议上升为国家之间的争议。

外交保护的性质是主权行为，国家可以随时停止保护权的行使，并放弃索赔，国家还可以自由决定索赔的方式和时间；同时，国家须就案件作出适当的妥协，得到赔偿时，国家可以自由处分。

### （五）国际商事仲裁

仲裁俗称公断，是双方当事人此前曾通过协议约定，如发生争议，则将争议提交第三者（一般为仲裁机构），由第三者对争议进行评断并作出裁决的一种解决争议的方法。国际商事仲裁专门解决因国际商事交易而产生争议的仲裁。

从仲裁本身特点来看，国际商事仲裁用来解决投资争端，同其他第三者解决方法相比具有一些优越性。从政策角度来看，选择仲裁解决争端能够在一定程度上满足双方的利益。从法律条件看，现代法律的发展大大改善了仲裁程序的有效性，使仲裁解决投资争议更加可行。

国际上关于仲裁的公约有：1958 年《承认及执行外国仲裁裁决公约》（简称《纽约公约》）、1961 年《欧洲国际商事仲裁公约》、1965 年《解决国家与他国国民间投资争端公约》（简称《华盛顿公约》）等。

# 第三节　国际投资风险类型

## 一、国际投资风险概述

国际投资风险是指在进行国际投资的过程中，由于各种因素的出现而导致投资者利益受损的各种风险。这些风险主要包括政治风险、经济风险和法律风险。国际投资风险通常具有如下几个特征：客观性、偶然性、相对性、可测与可控性、风险与效益共生。

## 二、国际投资政治风险

政治风险是指在国际投资活动中，由未能预期到的政治因素变化而给国际投资者带来的经济损失。按照风险影响的广度不同，政治风险可分为宏观政治风险和微观政治风险。宏观政治风险是指风险对所在国的所有企业（包括本国企业）都产生影响，而且影响的方式、程度都相同。微观政治风险是指风险仅影响某一行业、企业或项目。

按风险的影响程度不同，其分为政府干预、制裁和财富剥夺。政府干预可分为政府非区别性干预和政府区别性干预。政府非区别性干预程度较为温和，没有针对性，对外国企业、合资企业、当地企业的影响程度都相同。政府区别性干预具有针对性，目的是确保东道国企业在与外国企业的竞争中保持优势。

制裁是指所在国政府对外国投资企业施加各种压力，最终使该企业不能盈利或破产。制裁的动机可能是政治或民族因素，也可能是为本国企业提供更多业务和盈利的机会。其表现为：（1）限制外国企业汇出利润，或要求外国企业将冻结的资金在所在国进行再投资。（2）向外国企业征收特别税、使用费或其他费用，致使外国企业不能盈利。（3）要求企业赔偿前任政府向它们提供的优惠政策。

财富剥夺是国际直接投资政治风险的一个极端类型。其表现形式为：（1）没收外国企业。例如，1969 年，玻利维亚政府接管了美国钢铁等公司在玻利维亚的子公司；同年，利比亚政府接管了美国西方石油公司（Occidental Petroleum）在利比亚的油田；1971 年，智利政府接管了所有外国投资者拥有的铜矿。（2）国有化。例如，1974 年，伊朗政府对大部分外资企业和所在行业进行了国有化；沙特政府对 Aramco 公司进行国有化，该公司是由外国石油公司参股的公司，几乎垄断了沙特所有的石油生产；委内瑞拉政府对铁矿和石油行业实行国有化。

20 世纪 80 年代末，阿根廷接受了"华盛顿共识"，实行了以"自由化"为目标，以"私有化"为核心的经济、法律改革。改革使阿根廷吸收了大量的外国投资，逐渐摆脱了通货膨胀的困扰，实现了经济的稳定快速发展。但是，阿根廷的经济改革存在着与经济发展水平脱节、过度自由化的弊端。这些弊端致使阿根廷经济在 1998 年出现全面衰退，并最终导致 2001 年年底至 2002 年年初严重的社会经济危机。

为了应对危机，2002 年 1 月阿根廷国会通过《公共紧急状态法》（25·561 号法令），废除"私有化"，改革过程中，阿根廷政府给予外国投资者的一系列优惠条件与保护措施。该法案的实施使参与阿根廷私有化进程的外国投资者蒙受了重大的经济损失。针对阿根廷政府为克服经济危机采取的管理措施，众多外国投资者向国际仲裁机构（ICSID 和 UNCITRAL）提出了仲裁申请。截止到 2008 年 8 月 20 日，在 ICSID 体制内阿根廷共涉案 47 起，其中经济危机前涉案 5 起，经济危机后涉案 42 起。此外，针对阿根廷管理经济危机的措施尚有 5 起案件根据 UNCITRAL 仲裁规则进行。这些争端涉及供水、供气、石油、电力、信息服务、汽车、电信、租赁以及保险等多个行业，其中公用事业为争端的"重灾区"。

2005 年 5 月 12 日，第一份由外国投资者提起的仲裁裁决终于完成。ICSID 仲裁庭裁定阿根廷政府须赔偿 CMS 公司 1.33 亿美元，并支付相应利息。虽然赔偿金额仅相当于仲裁申请人主张金额的一半左右，赔偿数额仍然相当惊人。阿根廷对此表示强烈的不满，裁决作出后的第二天，阿根廷便宣布向ICSID 申请撤销该裁决。9 月 8 日，阿根廷正式向 ICSID 秘书长申请撤销该裁决。在撤销申请中，阿根廷不但请求暂缓执行仲裁裁决，而且请求撤销裁决。2006 年 4 月 18 日，ICSID 成立专门委员会，该专门委员会于 2006 年 9 月 1 日允许暂停执行该项仲裁裁决。2007 年 9 月 25 日，专门委员会驳回阿根廷撤销裁决的申请。此外，2007 年 5 月 22 日，ICSID 仲裁庭就 Enron 诉阿根廷一案作出实体裁决，裁决阿根廷政府应当支付约 1.06 亿美元的赔偿并附带利息。2007 年 9 月 28 日，ICSID 仲裁庭裁决阿根廷向 Sempra 公司赔偿 1.29 亿美元。

世界银行下属的仲裁机构 ICSID 于 2014 年 10 月 9 日裁定，委内瑞拉政府应就征收美国埃克森美孚公司在该国的石油项目作出赔偿，赔偿金额为 16 亿美元。委内瑞拉因过去十年推行的国有化政策而面临多国企业的索赔，ICSID于 9 日作出的裁决是迄今判定的最高额赔偿。

双方争端源起于 2007 年。美联社报道，委内瑞拉石油公司先前与埃克森美孚达成协议，合作开发塞罗内格罗和拉塞瓦项目，后因委内瑞拉实施国有化政策，致埃克森美孚蒙受损失。埃克森美孚先前索要 100 亿美元赔偿。ICSID认为委内瑞拉政府对石油项目的征收按适当程序进行，原告埃克森美孚未能证明委内瑞拉方面提出的补偿有悖于双边投资协定中的"公正"赔偿要求。美国IHS 咨询公司石油分析师卡洛斯·贝洛宁认为 ICSID 裁定的最重要内容在于，驳回了埃克森美孚对委内瑞拉政府"非法"征收的指控，从而使得赔偿金额大幅下降。

国际商会先前已经裁定委内瑞拉赔偿埃克森美孚 9.08 亿美元。ICSID 裁决没有直接提及国际商会裁定，但相关的赔偿不会双重支付。委内瑞拉石油和矿产部长拉斐尔·达里奥·拉米雷斯对解决投资争端国际中心的裁定表示满意，称埃克森美孚的百亿美元索赔"毫无道理"，ICSID 的裁决是对埃克森美孚长期诉讼的有力终结。

委内瑞拉方面是否会直接赔偿，或是寻求上诉以争取更多的时间和有利条件未有定论。委内瑞拉政府如今面临石油产量下降、资本外流和通货膨胀等严重问题。除埃克森美孚，委内瑞拉政府还面临超过 20 起仲裁，其中美国康菲石油公司就其在委内瑞拉国有化中的损失索赔 300 亿美元。

## 三、国际投资经济风险

国际投资中的经济风险是决定投资成功与否的关键性因素，包括融资、投资回报率、汇率、市场环境、成本高低等因素，而这些因素均与投资东道国的宏观经济环境相关。因各国的经济发展水平和结构差异较大，发展水平参差不齐，如 GDP 及其增长速度、人均 GDP、通货膨胀水平、进出口及贸易顺逆差、汇率结构及变动趋势均有所不同，这就导致投资者面临的经济风险各不相同，这也是投资者应对国际投资经济风险时的复杂性所在。

融资风险是任何投资行为都会面临的问题，国际投资行为也不例外，除非投资者可以以全部资本投入。融资风险中的两个重要因素是融资渠道和融资成本。从投资者本国获得融资的方式暂且不谈，是否易于从东道国获得融资、选择什么样的融资方式至关重要。此外，还可以从国际金融机构获得融资，而能否得到支持往往与东道国国情及宏观经济形势有很大的关联，如一国受到其他国家的经济制裁，那么从金融机构获得支持的概率就很低。

国际投资汇率风险是指由于未能预期到的汇率变动而给跨国企业可能带来经济损失的风险，汇率问题事关经济回报的可靠性。汇率风险分为交易风险中的进出口汇兑风险、财务报表中的汇兑风险以及经济环境变化产生的经济风险。在存在汇率风险的情况下，企业对外投资时应当考虑使用套期保值等财务手段避免汇率损失。企业境外投资的主要目的是取得投资回报，因此，投资人能否将投资本金、利润等汇回本国是取得投资回报的关键。如果东道国存在外汇管制，则会妨碍投资人上述目的的实现。此外，尽量采用国际化货币或者较为稳定的币种，如美元、英镑等，可以一定程度上避免汇率的大幅波动。

如果事前设定好投资的回报率，就应选择一个合适的标准。过高的回报率会导致投资机会丧失，过低的回报率尽管容易获得开发权利，但是在面临复杂风险时的抵御能力也会大幅下降，严重的会导致亏损的出现。

东道国外部投资环境会对投资项目产生巨大影响。一些国家因受经济发展水平的制约，贸易及投资对外依赖性较强，如面临国际经济环境的重大不利影响，会对东道国的经济产生较大的冲击，投资项目因此难以正常进行，尤其是一些建设期长、资本回收期长的大型项目，成本也会因此而增加，投资项目可能由盈转亏。投资者进行投资前应该对一国的经济环境做好充分的尽职调查，以全面评估外部环境对投资的影响。

## 四、国际投资法律风险

国际投资法律风险涉及投资东道国的法律环境，若东道国的法律环境与投资者所在国的法律环境不同，则投资过程中会面临各种法律风险，包括税务法律风险、环境保护法律风险、知识产权法律风险、劳动法律风险等。

此外，欠发达国家的政策及法律法规可能随着社会进步和变革发生较大的变化，法律依据往往不牢靠。有时，因东道国国家法律体系不够完善，加之部分投资者的法律意识淡薄，对涉外法律和东道国法律体系了解不足，在未做好充分的尽职调查及具备完备的法律文件前动工建设，可能会产生巨大的风险。

投资地域是决定整体投资环境的关键因素，一国境外投资监管的大环境整体上决定了境外投资能否顺利进行，而东道国的政治、法律、经济状况等因素，则是影响企业境外投资的细节因素。因此，开展法律尽职调查、做好法律评估是避免出现国际投资法律风险的前提条件。在此基础上，投资者应选择合适的投资方式、设计合理的交易结构。

为化解和转移境外投资过程中产生的各类法律风险及其他风险，积极向保险机构投保是一种常见方法。此外，善用双边或多边保护协定至关重要。自1982 年我国与瑞典签订了第一个投资保护协定后，截止到 2010 年年底，我国已与130个国家签订了双边投资保护协定，但罕有中国企业利用该类投资保护协定维护自身权益。除此之外，多边投资条约（multilateral agreement on ivestment）也是保护境外投资的重要机制，主要包括《多边投资担保机构公约》《解决国家与他国国民间投资争端公约》《与贸易有关的投资措施协议》《亚太地区无约束性投资原则》等。

# 第二章

# 国际投资争端解决机制

## 第一节 解决投资争端国际中心概述

### 一、成立背景及宗旨

20 世纪 60 年代以来，众多发展中国家为推动本国经济的独立发展，逐渐开始对进入本国的外国资本进行限制，提高外资准入的标准，增加准入条件，特别是对涉及国民经济命脉行业的外国资本开启征收政策，导致外国投资者与东道国之间的矛盾日渐加深。

在国际投资争端中，一方主体为外国投资者，另一方主体则是东道国政府，双方实力差距悬殊，地位不平等，外国投资者的合法权益在受到损害之后往往得不到相应的救济。1962 年，世界银行为了避免外国投资者与东道国之间的投资争端解决政治化，保护外国投资者的合法权益，缓解国际投资环境的紧张局势，开始探索以仲裁机制解决投资争议的方案。同年，世界银行理事会通过决议，决定设立一个特别机构来处理外国投资者和东道国的投资争端。

1965 年 3 月 18 日，在世界银行的积极倡议和推动下，一些国家在美国华盛顿缔结了《解决国家与他国国民间投资争端公约》（以下简称《华盛顿公约》或《ICSID 公约》）并于 1966 年 10 月 14 日正式生效。依据《华盛顿公约》，设立了 ICSID 作为实施《华盛顿公约》的常设性机构，其宗旨在于依照该公约的规定为各缔约国和其他缔约国的国民之间的投资争端，提供调解和仲裁的便利。截至 2018 年 12 月，作为解决国际投资争端领域影响最大的《华盛顿公约》已经有 162 个签字国，其中 154 个国家已经成为该公约的正式缔约国。"一带一路"沿线国家大多数是该公约的成员国，其中，中国于 1990 年 2 月 9 日加入该公约，但缅甸、老挝、越南、文莱、东帝汶、伊朗、伊拉克、约旦、巴勒斯坦、印度、不丹、波兰、塔吉克斯坦等国不是该公约的成员国，蒙古国、俄罗斯等国签署但没有批准该公约。

中国香港居民谢某某诉秘鲁共和国案是 ICSID 受理的第一起由中国私人投资者向外国政府提起的仲裁案件。[①] 谢某某是秘鲁一家鱼饲料公司的所有权人，2007 年 2 月 12 日，其以秘鲁政府的税收征管措施违反中国与秘鲁双边投资协定为由，向秘鲁政府主张 2000 万美元的赔偿。仲裁庭经审理在 2011 年作出最终裁决，认定秘鲁政府实施的税收临时措施构成对谢某某投资的间接征收，裁定秘鲁政府给予谢某某 786306.24 美元的补偿以及利息损失。2011 年 11 月 3 日，秘鲁依据《华盛顿公约》第 52 条和 ICSID《仲裁规则》第 50 条，申请撤销管辖权决定或最终裁决。在申请撤裁时，秘鲁同时申请暂停执行仲裁裁决（a stay of enforcement of the award），直至专设委员会（ad hoc committee）对撤裁申请作出决定后。

2012 年 3 月 20 日，谢某某申请终止暂停执行仲裁裁决，或请求秘鲁出具担保，保证履行债务。后秘鲁承诺若最后裁决不撤销之前的裁决，则在裁决后 30 日内无条件支付赔偿金额。2012 年 4 月 21 日，谢某某在第一次会议中表示不再要求终止暂停执行仲裁裁决，故暂停期间直至最终裁决作出之日。2015 年 2 月 2 日，仲裁庭作出裁定，驳回秘鲁的撤裁申请，并裁定其承担撤裁程序仲裁费的 80%，律师费各自承担，终止之前的暂停执行裁决，即恢复执行裁决。

---

① 　陈辉萍：《ICSID 仲裁庭扩大管辖权之实践剖析——兼评"谢业深案"》，载《国际经济法学刊》2010 年第 3 期。

## 二、ICSID 的组织机构

ICSID 设有一个行政理事会和一个秘书处,并有一个调解员小组和一个仲裁员小组。[①]

### (一)行政理事会

行政理事会是 ICSID 的管理机关,在《华盛顿公约》第 4 条至第 8 条中规定其组成、职能和决策程序。在行政理事会中,每一个缔约国各派出一名代表,各缔约国可以指派任何官员作为其代表,并且可以指派一名副代表,在代表未能出席会议或不能执行职务时,由副代表代替。若缔约国没有指定其代表或副代表,则世界银行的行长和副行长当然地成为该国在行政理事会的代表和副代表。

根据《华盛顿公约》第 5 条的规定,"世界银行行长应为行政理事会的当然主席,但无表决权",仅负责召集缔约国并主持会议。在世界银行行长缺席或不能执行任务或者在该职位空缺时,应由暂时代理行长的人担任行政理事会主席。行政理事会主席的职能包括:

1. 根据《华盛顿公约》第 14 条的规定,指定 10 人作为 ICSID 仲裁或调解小组的成员;

2. 在某些情况下(《华盛顿公约》第 30 条、第 38 条,ICSID《仲裁规则》第 10 条和《调解细则》第 6 条)指定调解委员会或仲裁庭;

3. 根据《华盛顿公约》第 52 条的规定任命特设委员会,用于撤销裁决或裁决的任何部分;

4. 在委员会或仲裁庭成员中双方人数相等时,或者遇到建议取消独任调解员或仲裁员的资格,或取消大多数调解员或仲裁员的资格时,应该由主席作出决定。

根据《华盛顿公约》第 21 条规定,上述成员在履行其职责时的一切行动,

---

[①]　参见《解决国家和他国国民间投资争端公约》(1965 年《华盛顿公约》)。

享有豁免法律诉讼的权利,除非中心放弃此种豁免。

根据《华盛顿公约》第6条的规定,行政理事会在具体的案件中不行使任何职能,其主要职责是:

1. 通过中心的行政和财政条例;

2. 通过交付调解和仲裁的程序规则;

3. 通过调解和仲裁的程序规则;

4. 批准同银行达成的关于使用其行政设施和服务的协议;

5. 确定秘书长和任何副秘书长的服务条件;

6. 通过中心的年度收支预算;

7. 批准关于中心的活动的年度报告。

此外,行政理事会能够设立其认为是必需的委员会,以执行《华盛顿公约》规定的其他权力和职能。

根据《华盛顿公约》第7条的规定,"行政理事会每个成员享有一个投票权,除本公约另有规定外,理事会所有的事项应以多数票作出决定。行政理事会任何会议的法定人数应为其成员的多数。行政理事会可由其成员的三分之二多数决定建立一种程序,根据该程序的主席可以不召开理事会议而进行理事会表决,该项表决只有理事会的多数成员在上述程序规定的期限内投票,才能认为有效"。

### (二)秘书处

秘书处是中心处理日常行政事务的机构,由秘书长1人、副秘书长1人或者数人以及一定数量的工作人员组成。秘书长或副秘书长由行政理事会主席提名,再经过行政理事会成员的所有投票中的三分之二多数选举产生,其任期不超过6年,但可以连选连任。

行政理事会主席可在与行政理事会成员磋商后,提出秘书长和副秘书长以及工作人员的候选人。

《华盛顿公约》第10条规定:"秘书长和副秘书长的职责不得与执行任何政

治任务相联系。秘书长或任何副秘书长除经行政理事会批准外，不得担任其他任何职务，或从事其他任何职业。在秘书长缺席或不能履行职责时，或在秘书长职位空缺时，由副秘书长担任秘书长。"第 11 条规定："秘书长是中心的法定代表和主要官员，并依照本公约的规定和行政理事会通过的规则负责其行政事务，包括任命工作人员。他应履行书记官的职务，并有权认证根据本公约作出的仲裁裁决和核证其副本。"

### （三）调解员小组和仲裁员小组

调解员小组和仲裁员小组实际上是两份载有调解员和仲裁员名字的供中心程序当事人选用的名单。他们分别由各成员国指派的合格人员组成。根据《华盛顿公约》第 13 条的规定，"每一缔约国可以向每个小组指派四人，他们可以是但不一定是该缔约国国民。主席可以向每个小组指派十人，所指派人员应具有不同的国籍"。

《华盛顿公约》第 14 条规定："指派在小组服务的人员应具有高度的道德品质，并且在法律、商务、工业或金融方面有公认的资格，他们可以被信赖作出独立的判断。"通常情况，中心程序的当事人只能从小组名单中指派人员组成调解委员会或仲裁庭。如果被指派的人亦具有同上资格，可以超出小组名单的范围。除非双方当事人一致同意选派同一人，否则缔约国或争议一方缔约国国民不得指定其本国国民或与其具有同一国籍的人为调解员或仲裁员。

## 第二节　管辖权

管辖权制度是 ICSID 机制的核心。[1] 外国投资者认为东道国法院会偏袒东道国政府，所以通常会选择不受东道国政府控制的 ICSID 仲裁庭来裁决其与东道国政府之间的投资争端。管辖权决定了 ICSID 调解委员会或者仲裁庭是否有资格对某具体案件进行调解或仲裁。从实践来看，管辖权问题往往是当事方

---

[1]　王海浪：《ICSID 管辖权新问题与中国新对策研究》，厦门大学出版社 2017 年版，第 3 页。

之间、仲裁员之间、各国学者之间争论的焦点。因此，如何将东道国政府境内特定投资争端的管辖权转移到国际仲裁庭手中，同时能够平衡东道国维护国家经济主权的需要成为核心问题。

《华盛顿公约》第 25 条第 1 款规定："中心的管辖适用于缔约国（或缔约国向中心指定的该国的任何组成部分或机构）和另一缔约国国民之间直接因投资产生并经双方书面同意提交给中心的任何法律争端。当双方表示同意后，任何一方不得单方面撤销其同意。"因此，判断 ICSID 对争端事项是否具有管辖权需要满足三个条件：一是主体条件，即争端一方当事人必须是《华盛顿公约》的缔约国（东道国），另一方当事人必须是《华盛顿公约》另一缔约国的国民（包括自然人和法人）；二是客体条件，即提交 ICSID 的争端事项必须是法律争端，且必须是直接因投资所引起的；三是主观条件，即当事人双方书面同意。

## 一、主体条件

《华盛顿公约》第 25 条规定东道国和外国投资者都必须满足一定的条件才能"适格"，其实是将缔约国与缔约国之间的争议、缔约国与非缔约国之间的争议、缔约国各方国民之间的争议以及缔约国与其本国国民之间的争议，排除在 ICSID 管辖权之外。对东道国而言，首先，要属于《华盛顿公约》的"缔约国"，ICSID 才能对其行使管辖权；其次，该东道国的"下属单位或者机构"在满足一定条件的情况下也可以成为适格的当事方。

### （一）投资争议的主体

从《华盛顿公约》第 25 条第 2 款的规定可以知道，符合 ICSID 仲裁的争议主体有两类，分别是自然人投资者与法人投资者。《华盛顿公约》关于两种投资者的国籍有明确规定，自然人投资者必须具有除东道国国籍以外的某一缔约国的国籍，具有这一国籍的时间点为在自然人投资者与东道国政府双方同意将争端交付调解或仲裁之日以及根据公约有关规定提交登记请求之日。从《华盛顿公约》的规定可知，对自然人投资者的限制条件只有国籍这一条要求。自然人投资者在向 ICSID 提交申请时，时间节点是对其国籍限制的主要标准：一是双方同意将投资争议提交 ICSID 仲裁之日。在实践中，ICSID 仲裁庭通常将双方的双边投资条约（bilateral investment treaty，BIT）中关于接受 ICSID 管辖的约定作为时间节点。二是自然人投资者根据《华盛顿公约》第 28 条第 3 款或第 16 条第 3 款的规定将争端提交 ICSID 请求仲裁或调解之日。

投资争议主体除了自然人投资者外，还有法人投资者。根据《华盛顿公约》第 25 条第 2 款规定，法人投资者是指"在争端双方同意将争端交付调解或仲裁之日，具有作为争端一方的国家以外的某一缔约国国籍的任何法人"。但是，如果法人投资者在双方同意将政治风险争议交付调解或仲裁之日具有东道国国籍，而该法人受到外国控制时，将投资争议交由 ICSID 管辖，则该法人投资者也被视为适格的法人投资者。也就是说，法人投资者与自然人投资者相比，还多考虑了外国投资者实际控制这一条件。

在当代国际市场，发达国家的企业从最初比较单一的公司形态向公司集团形态的转变已经逐步完成。公司集团，尤其是跨国公司集团已经将其业务拓展到全球各个角落。在中国提出"一带一路"倡议的背景之下，大力发展海外投资的过程中，也必然会产生相当数量的跨国公司。而随着跨国公司的蓬勃发展，随之产生的与传统国内公司的一个重要区别就是跨国公司复杂的国籍认定问题。当前关于如何确定跨国公司的国籍问题在国际上仍然没有达成统一的标准。尤其是当前跨国公司的产权关系越来越趋向复杂化，在当下的网络环境中，跨国公司的组织结构也逐渐扁平化，这些新的特点更增加了对跨国公司国籍确定的难度。

确定跨国公司的国籍应该考虑跨国公司不同的法律结构。在国际市场，占据主导地位的跨国公司的法律结构主要有两种，分别是基于股权控制的结构和基于市场交易的结构。其中基于股权控制的结构是最常见的跨国公司的法律结构。跨国公司的集团成员通常有子公司、分公司及相对应的母公司或总公司。对于母子公司的结构来说，母公司和子公司有独立的国籍。而对于总分公司来说，只有总公司一个国籍，分公司是跨国公司在总部或者总公司所在国家以外设立的分支机构。

### （二）东道国的资格

接受 ICSID 管辖的东道国应该是《华盛顿公约》的缔约国。在实践中，会出现某一缔约国的一个组成部分或者政府机构是否属于 ICSID 管辖的问题。根据《华盛顿公约》第 25 条第 3 款的规定，只要东道国批准，则该机构就可以同意接受 ICSID 的管辖。如果东道国批准可由其组成部分或机构作出同意ICSID 的管辖，那么该同意就具有相应的法律效力。一国也可向 ICSID 作出不需要其同意的通知，即对于本国的组成部分或机构的同意无需批准就认可其效力。例如，英国在 1968 年向 ICSID 作出"英国海外英属辖地的同意具有同意管辖的效力，无需经过英国批准"的通知。

## 二、客体条件

根据《华盛顿公约》第 25 条第 1 款的规定，ICSID 管辖的争议必须是"直接因投资而产生的任何法律争端"。因此，争议首先必须是直接由于投资而产生的。除此之外，《华盛顿公约》第 25 条第 4 款规定，任何缔约国可以"将其考虑或不考虑提交给中心管辖的一类或几类争端通知中心"，即有权对某些争端进行保留。因此，投资争议的客体需要满足以下两个条件。

### （一）投资产生的争议

《华盛顿公约》并未对"投资"进行明确的定义性的规定。在 ICSID 的实践中，必须对"投资"作出判断，才能切实地解决争端。"投资"一般情况下分为直接投资与间接投资两种。直接投资是指投资者把资金直接投入投资项目，成为实物资产或者运用资金购买现有企业的资本，投资者通过直接投资的方式可以获得全部或一定数量的企业资本或者企业经营的权限，直接进行或参与投资的经营管理。直接投资包含对现金、机械设备、交通工具、通信、土地或土地使用权等各种有形资产的投资或者对专利、商标等无形资产的投资。

间接投资则是指投资者以其所持资本购买公司的债券或者股票等有价证券,以期获得一定收益的投资形式,由于这种投资形式主要的投资方法是购买各种不同的有价证券,因而也可以称为证券投资。与直接投资形式不同,间接投资的投资者一般仅仅享有定期获得一定收益的权利,而没有对被投资对象的具体经营运作以及管理决策进行干预影响的权利。这两种投资的形式均在ICSID管辖范围内,并且在ICSID的仲裁实践中出现了两种对投资定义的解释方法:一种是扩张解释,一种是限制解释。

## Fedax v. The Republic of Venezuela 案 [1]

Fedax 是一家荷兰公司,通过背书的方式购买了委内瑞拉政府发行的六张可转让的本票,但是在票据到期后,委内瑞拉政府拒绝承兑付款,于是 Fedax 公司依据 1991 年荷兰与委内瑞拉签订的双边投资协定向 ICSID 申请仲裁。双方的争议焦点在于本票是否构成公约和 1991 年荷兰与委内瑞拉双边投资协定中的"投资"。委内瑞拉政府认为,本票既不是直接投资,也不属于证券投资,因而不是公约项下的投资。

仲裁庭认为 Fedax 公司的行为属于投资,其理由是《荷兰与委内瑞拉双边投资协定》第 1 条第 1 款对投资的定义十分宽泛。而本案中,Fedax 公司所拥有的六张本票是委内瑞拉政府出具的,虽然该票据可以通过背书变更投资者,但是投资者始终存在。Fedax 公司从拥有票据起就享有对委内瑞拉政府的贷款权利,因此仲裁庭认定 Fedax 公司所持有委内瑞拉政府票据的行为是投资行为。

## Salini v. Morocco 案 [2]

意大利公司 Salini 竞标取得了在摩洛哥修建高速公路的资格。Salini 在完成相关工程后请求摩洛哥一方代表政府的发包公司支付工程全部款项,但是摩洛哥一方认为 Salini 迟延完成了工程,因此只支付了部分款项,双方就工程款的

---

[1]　Fedax N.V. v. The Republic of Venezuela. Award. ICSID Case No ARB/96/3.

[2]　Salini v. Morocco. ICSID Report, Vol. 6, 2004, p. 400, Para. 46.

支付问题产生争议。Salini 根据 1990 年意大利与摩洛哥所签订的双边投资协定中争端解决条款的规定,就其与摩洛哥之间的工程款争议向 ICSID 提起仲裁。

ICSID 判断其是否对该案享有管辖权的前提是明确 Salini 在摩洛哥修建高速公路的行为是否属于投资的范畴。Salini 认为其在摩洛哥修建高速公路的行为属于《意大利与摩洛哥双边投资协定》第 1 条第 1 款的"资本化的债权,包括再投资收入以及具有经济价值的所有契约性服务的权利"以及"所有由法律或契约所赋予的经济权利,以及所有根据现行法律和法规所取得的执照或特许,包括天然资源的勘探、采集与开发权利",因而修建高速公路的行为属于投资的范畴。

摩洛哥政府则提出了反对的意见,认为投资的定义应依据摩洛哥的国内法进行解释,根据摩洛哥 1998 年 12 月 30 日第 2-98-482 号法令,Salini 在摩洛哥修建高速公路的行为应归类为服务合同而非投资合同,因此主张 ICSID 对本案无管辖权。而仲裁庭认为管辖权取决于符合双边投资协定和《华盛顿公约》要求的投资是否存在,并确立了判断一项投资是否存在的四项标准:(1)实质性的投入;(2)持续一定的时间;(3)双方对交易承担风险;(4)促进东道国的经济发展。

仲裁庭认为,对于《意大利与摩洛哥双边投资协定》第 1 条第 1 款规定的"投资"一词并非对投资的定义,而是明确了投资的种类。

### (二)不属于保留管辖

根据《华盛顿公约》第 25 条第 4 款的规定,"任何缔约国可以在批准、接受或核准本公约时,或在此后任何时候,将其考虑或不考虑提交给中心管辖的一类或几类争端通知中心。秘书长应立即将此项通知转送给所有缔约国。此项通知不构成第一款所要求的同意"。

对于国际投资中的政治风险,以下几个国家通知 ICSID 进行了相关的保留:

1974 年 5 月 8 日,牙买加作出涉及矿产或其他自然资源的争议不提交 ICSID 管辖的通知;

1974 年 7 月 8 日,圭亚那作出与牙买加相同内容的通知,随后在 1987 年 9 月 29 日撤回了该通知;

1980 年 5 月 8 日,沙特阿拉伯作出涉及石油和有关主权行为的争议不提交 ICSID 管辖的通知;

1993 年 1 月 1 日,中国提出只将由于征收和国有化而产生的赔偿争议提交 ICSID 解决。对于作出保留的事项,ICSID 不享有管辖权。

## 三、主观条件

根据《华盛顿公约》第 25 条第 1 款的规定,外国投资者与东道国之间的投资争议提交给 ICSID 的先决条件是双方需要经过书面同意才可以提交。在实践中,当事人应向 ICSID 提交争议的事实材料、当事人双方身份以及他们同意接受 ICSID 仲裁的书面材料。东道国政府对《华盛顿公约》的批准、接受或核准的事实并不等于对 ICSID 管辖权的同意,也不等于 ICSID 自动取得对东道国案件的管辖权。此外,根据《华盛顿公约》的规定,东道国有权要求投资者用尽当地救济之后再提交 ICSID 仲裁。

提交争议的主观条件主要包括:

### (一)书面同意

《华盛顿公约》规定,提交 ICSID 仲裁的争议双方应该达成一致的书面同意。其主要有以下几种方式:

1. 与东道国政府机关签订投资协议

投资者在东道国进行投资前,与东道国政府协商并签订投资协议,约定接受 ICSID 的管辖,这种情形符合《华盛顿公约》要求的书面同意。实践中,投资者往往会与东道国签订多份协议,而并非全部协议都会约定接受 ICSID 管辖。在这样的情形下,仲裁庭倾向对"同意"进行扩大化的理解,认定特定的协议中约定的接受 ICSID 管辖条款适用于整个投资项目。Duke Energy v. Peru 案件中,Duke 与秘鲁政府在同一个项目中签订了一系列协议,但仅有部分协议约定了同意 ICSID 仲裁的条款。ICSID 仲裁庭在本案中采用了整体一致原则,认为项目内每份投资协议是不可分割的整体,先提交的投资协议中约定的争议解决条款对其他协议有效。

2. 与东道国政府就投资争议提交 ICSID 仲裁作出书面的同意协议书

外国投资者与东道国政府之间出现投资争议之后,双方经过协商,对提交 ICSID 进行仲裁或调解专门作出书面同意协议书。实践中,这种争议发生之后,双方达成一致意见同意 ICSID 管辖的情况非常少见。多数东道国政府倾向于在其国内通过相关的行政、仲裁、司法等救济方式解决争议。ICSID 倾向于保护投资者而非东道国的利益。因此,实践中很少出现外国投资者与东道国政府在发生争议之后达成同意 ICSID 管辖的协议。

3. 东道国的国内法规定同意

东道国国内法规定同意将其与外国投资者的政治风险争议提交 ICSID 仲裁解决,构成东道国单方的明示同意。如果东道国国内法仅规定外国投资者与本国的争议可以提交国际仲裁,并未指明 ICSID 管辖,则不能认为东道国的国内单方面同意 ICSID 的管辖。在 ICSID 审理的 SPP v. Egypt 案 [1] 中,SPP 根据 1971 年埃及《第 43 号法案》中规定的"所产生的争议可以通过以下方式解决:(1)双方达成一致意见的方式;(2)埃及与该投资者所属国家现行法律体系下所允许的方式;(3)依照埃及 1971 年法案所批准参加的 ICSID 公约体系解决"认为埃及构成了同意 ICSID 管辖的单方面同意。

东道国国内法的规定只构成东道国的同意,外国投资者也需作出相应的同意才认为是双方同意。外国投资者单方的同意可以多种方式作出,如在投资协议中表示接受,作出声明书,或者在向 ICSID 提交管辖的申请书中表示接受等。

4. 双边投资协定或区域性多边投资条约中规定

双边投资协定或区域性多边投资条约中规定了 ICSID 的争端解决方式,

---

[1]　SPP v. Egypt. Decision on Jurisdiction. 27 November 1985.3 ICSID Reports 112.

ICSID 对此予以接受。在 Lanco International Inc. v. Argentina Republic 案[①]中，仲裁庭指出："缔约国在双边投资协定中作出对 ICSID 管辖权的同意，即表明缔约国从作出的同意意思表示之时，将可能发生的争端提交 ICSID 管辖的要约。"

自 1997 年起，ICSID 接受管辖以投资国与东道国签订的双边投资协定为基础的案件。因此，ICSID 在 1997 年登记的案件数大幅增加至 10 件，而在此之前，ICSID 每年登记的案件数不超过 4 件。

投资国与东道国签订的双边投资协定是判断外国投资者与东道国政府对 ICSID 管辖同意的最主要依据。双边投资协定和区域性多边投资条约内容是判定双方是否同意 ICSID 管辖的重要依据。双边投资协定与区域性多边投资条约中对 ICSID 管辖的主要规定分为两种：

（1）规定外国投资者有将争议选择提交给 ICSID 的权利。此种情形，双方的投资协定可以成为外国投资者与东道国政府对 ICSID 管辖的同意。

（2）规定东道国对于外国投资者将争议提交 ICSID 应给予认真的考虑。此种情形，东道国需考虑是否接受 ICSID 的管辖，但并无义务同意 ICSID 的管辖，因此，该种类型的投资协定不能被认定为双方接受 ICSID 管辖的同意。当外国投资者与东道国政府出现政治风险争议时，外国投资者仍需与东道国政府另行签订同意 ICSID 仲裁的协议，才可将争议提交 ICSID 仲裁。

### （二）用尽当地救济

东道国当地救济（local remedies）主要包括司法救济与行政救济，主要是指东道国的司法机构或行政机构依据东道国的国内法规定来解决东道国与外国投资者之间产生的投资争议。用尽当地救济规则是一项传统的国际法规则，在外国投资者用尽东道国当地救济方法之前，无法提出外交保护的要求或者外国法院的诉讼以及国际仲裁等其他救济。《华盛顿公约》第 26 条规定："缔约国可以要求以用尽该国行政或司法救济作为其同意根据本公约交付仲裁的条件。"这说明公约中并没有完全遵照国际法传统规则将东道国的当地救济作为

---

① Lanco International Inc. v. Argentina Republic. Decision on Objections to Jurisdiction, 1998.

默认的前提条件,而是规定了缔约国需要明确提出,在将争议提交 ICSID 仲裁或调解之前,外国投资者需用尽当地救济。如果没有明确要求,则视作缔约国放弃这一规则。如果东道国希望充分体现本国的国家主权,或者东道国在处理国内救济手段与国际救济手段时存在冲突,则可以通过此种规定充分调和国内救济和国际救济之间的关系。从双边投资条约的签订实践来看,很多条约中均对用尽当地救济提出了时间上的要求,这个期限一般在 3 个月至 24 个月,双边条约通常会规定在该期限内如果寻求当地救济没有实质性结果或者对结果不满意,均可寻求 ICSID 等国际仲裁的救济方法。这种规定对东道国的司法或行政机构的办事效率提出了要求,整体来看是具有合理性的条款。

在中国与他国缔结的双边投资条约中,早期基本都明确规定了用尽当地救济规则。20 世纪 90 年代以后,中国对当地救济的态度开始发生转变,如 1992 年中国与哈萨克斯坦之间签订的双边投资协定规定双方之间的有关征收补偿数额的争议可直接提交 ICSID 仲裁庭而不需要先行提交当地司法或行政机构。中国目前的对外投资增多,已经成为净资本输出国,《华盛顿公约》第 26 条的规定对中国的海外投资者有着切实的保护作用。

## 第三节　仲裁程序

### 一、仲裁申请的提出和审查

根据《华盛顿公约》的规定,任何缔约国或缔约国的任何国民若要启动符合《华盛顿公约》的仲裁,需要先向秘书长提出书面请求,由秘书长将该项请求的副本送交另一方。[①] 中国投资者向 ICSID 提交申请文件时应当注意以下几个要点:

1. 申请应采用 ICSID 官方语言,即英语、法语或西班牙语。随附的文件如

---

① 参见《华盛顿公约》第 36 条、第 37 条。

不是英文、法文或西班牙文，也必须附有翻译成这些语言的副本。如果随附文件较长且仅有部分内容与争议相关，则仅需要精确翻译相应的部分。

2. 申请应由中国的当事人或其正式授权的代表签署。如果请求是由代表签字，必须附上其授权证明。

中国投资者所提交的申请书必须包括双方的姓名和联系方式（包括邮寄地址、电话和传真号码及可正常使用的电子邮件）。根据 ICSID《仲裁规则》第 2 条第 1 款（c）的规定，该申请要包括文书中所记录的中国投资者及对方的同意意见以及作出同意的日期。"同意的日期"是指中国投资者将争议以书面形式提交 ICSID 的日期；而根据 ICSID《仲裁规则》第 2 条第 3 款的规定，如果中国的投资者没有与对方在同一天采取行动，将意味着以对方行为的日期为准。如果同意是根据相关的条约或法律作出的，则要求必须将这些文书和其生效的证据副本附在申请书中。如果同意是在合同事先约定的，则中国投资者必须附上签订的合同的复印件，并注明有效日期。如果根据《华盛顿公约》第 25 条第 1 款的规定，中国投资者是中国向 ICSID 所指定的某组成部分或机构，则申请还必须附上有关组成部分的或机构的同意，并且该同意应由中国批准，除非中国事先已通知 ICSID 没有这样的审批所需文件。

同时，提交的申请书中也可以附加一些可选信息，如申请书中可能包括仲裁员的人数和他们的任命方法，以及有关争议的任何其他协议或提案。争议金额的标示在提交 ICSID 的申请书中也是可选内容之一。对于申请书的副本和证明文件号码的规定，ICSID 需要一份原始文件和 5 个副本（包括所有附件），并根据申请书中标示的每个对方当事人需要对应一份额外的副本。在提交申请书的同时，也需要缴纳注册费。注册费为 25000 美元，费用不可退，且必须在递交请求之前支付。该费用由提出申请的一方支付或经双方请求共同支付并通过电汇支付。

一旦中国的投资者提交仲裁请求，并支付规定的注册费用，则 ICSID 会将申请发送给另一方，并对其进行评议，以确定它是否可以登记。这个筛选过程是根据《华盛顿公约》第36条第3款的规定进行的。ICSID秘书长应尽快确定所提出的仲裁请求是否明显属于该中心的管辖范围。如果不符合《华盛顿公约》第25条，秘书长必须拒绝申请的请求。否则，争议必须被登记注册，并由仲裁庭来解决相关的异议问题。注册通知书中关于案件基本情况的详细信息应发送给申请人，同时公布在ICSID的网站上。

## 二、仲裁庭的组成

关于仲裁庭的组成，秘书长一旦对上述书面请求进行了登记，就必须尽快成立仲裁庭。根据《华盛顿公约》第37条第2款第1项，"仲裁庭应由双方同意任命的独任仲裁员或任何非偶数的仲裁员组成"。第2项规定："如双方对仲裁员的人数和任命的方法不能达成协议，仲裁庭应由三名仲裁员组成，由每一方各任命仲裁员一名，第三人由双方协议任命，并担任首席仲裁员。"

《华盛顿公约》第38条规定："如果在秘书长依照第三十六条第三款发出关于请求已予以登记的通知后九十天内，或在双方可能同意的其他期限内未能组成仲裁庭，主席经任何一方请求，并尽可能同意双方磋商后，可任命尚未任命的仲裁员或数名仲裁员。主席根据本条任命的仲裁员不得为争端一方的缔约国的国民或其国民是争端一方的缔约国的国民。"

## 三、仲裁的程序

### （一）仲裁庭的首次开庭及基本程序

仲裁庭应当自正式组庭之日起60日内，或在当事人约定的其他期限内首次开庭（first session）。[①]开庭应当在位于美国华盛顿的ICSID总部进行。如果当事人对地点另有约定，经仲裁庭和秘书长同意，也可以在其他地点开庭。当事人也可以约定以电话会议的形式进行首次开庭。

首次开庭通常是关于ICSID《仲裁规则》第20条[iii]规定的"初步程序协商"（preliminary procedural consultation）。根据该条规则，首席仲裁员有

---

① 参见ICSID《仲裁规则》。

义务查明当事人关于程序事项的意见。需要明确的问题包括：构成仲裁庭开庭之法定人数所必要的仲裁员人数；仲裁使用的一种或数种语言；书面申辩文书（pleadings）的数量、顺序以及它们提交的期限；文件副本的份数；书面或口头审理程序的免除；仲裁费用的分担方式；保存审理记录的方式。

在实践中，秘书处会发送一份标准议程（standard form agenda），当事人可以就议程上的条款进行协商。在这种情况下，双方的律师可以在庭审前就进行协商。如果双方律师通过合理的方式从实质上缩小了辩论议题的范围，那么双方可能会同意以电话会议的形式进行庭审。而实际开庭则为当事人提供了一次面对仲裁庭的机会，可以看到仲裁庭成员之间的互动，这也是双方当事人及其律师之间的面对面会谈。经验丰富的仲裁员都知道，整个开庭的基调会在第一次开庭时就确定。

《仲裁规则》第21条设置了一个庭前会议，以便双方交换信息，并认定无争议的事实，旨在促进争议的友好解决。但考虑到组织、召集仲裁员和当事人的费用，实践中双方很少进行庭前会议。更节约和高效的方式是以电话或视频会议的方式进行之后的程序性会议。

为了尊重当事人合理的意思自治，在不违反《华盛顿公约》和《管理与财务条例》的前提下，ICSID允许当事人对程序上的顺序和时间安排进行约定。但在实践中，尽管当事人可能就某些程序问题达成一致，但通常是由仲裁庭来规定程序的各个步骤、期限以及可能的延期（见《仲裁规则》第26条 [v]）。根据《仲裁规则》第29条 [vi] 的规定，如果当事人没有相反的约定，ICSID仲裁程序包括书面程序以及之后的口头程序两个阶段。

根据《仲裁规则》第18条的规定，当事人可以委托律师或其他代理人代理案件的仲裁程序。在实践中，ICSID仲裁中的律师通常是国际律师事务所的专业律师、国际法学者以及总检察长办公室（Attorney General's Office）或其他此等机关、国家司法部和外交部的法律顾问。与争端解决中心、秘书处以及仲裁员一样，当事人的代理人对法律程序和其他国内限制享有豁免权。

### （二）书面程序

根据《仲裁规则》第 31 条的规定，ICSID 仲裁书面审理程序中的申辩文书通常包含：申请人提出的纪要书（memorial）以及被申请人提交的答辩纪要书（counter-memorial）。如果仲裁庭要求或当事人约定，当事人还可以发表第二轮意见：申请人提交申请人回复书（reply），被申请人提交反驳答辩书（rejoinder）。仲裁庭有权要求当事人提供庭后纪要书（post-hearing memorials）。

申请人纪要书应当包括相关事实、适用法律、申请人主张（claimant's submissions）、救济请求（request for relief）。被申请人的答辩纪要书、申请人回复书以及被申请人反驳答辩书都必须包含对在前的申辩文书中有关事实和适用法律问题的回复，也可以包含其他有关事实。在实践中，与申辩文件同时提交的还有各方当事人主张所依赖的同期文件（contemporaneous documents）、证人证言以及专家报告，并构成案件记录（record）的重要部分。

《华盛顿公约》第 46 条和《仲裁规则》第 40 条 [x] 规定了直接由主要争议标的引起的反请求（counter claims）、"附带"请求（incidental claims）和"附加"请求（additional claims）的提出。被申请人应在提交答辩纪要书前提出反请求。申请人应在提交回复书之前提出附带请求和附加请求（统称附属请求），如果没有第二轮意见陈述，则不得迟于其提交纪要书之时。附属请求的内容可以包括请求支付利息和费用等，只要该请求在双方同意提交仲裁的范围内，并符合 ICSID 有关管辖权的要求即可。仲裁庭可以授权一方在有正当理由的情况下延迟提交附属请求。实际上，仲裁庭在接受附属请求的问题上通常是宽容的。

与其他形式的国际仲裁不同，ICSID 仲裁的当事人不直接向仲裁员提交文件。在仲裁庭组成之前，当事人应当向 ICSID 秘书处提交经签署的所有原版文件及 5 份副本；组庭之后，当事人应当按照比仲裁庭人数多两份的数量向秘书处提交文件。相关的文件、证人证言以及专家报告需随申辩文书一同在规定期限内提交。如今，大多数仲裁庭也要求提交电子版文件。在最近的一些案件中，仲裁庭和律师就修改规则达成了一致——可以以电子文件的形式提交文件，只需向秘书处提交纸质版（1份）。当事人越来越多地利用现代技术提交文件，方便仲裁庭开展工作，比如用优盘提交纪要书，并用超链接方式提交附件、证人证言、专家报告等。

经对方当事人或仲裁庭同意，一方当事人可以在仲裁裁决作出前的任何时间更正文件中的错误。仲裁秘书或一方当事人可以主动指出另一方的技术性错误（例如：证据缺失或难以辨认以及明显的印刷错误），以便及时更正，避免混乱不清。

与其他形式的国际仲裁一样，在ICSID仲裁中书面陈述以及随附的同期文件是仲裁记录中最关键的部分。仲裁庭非常青睐结构合理、资料翔实、清楚明确的申辩文书（well-organized, well-researched, clear and measured pleadings），以及可信度高的直接的（reliable and straightforward）证人证言和专家报告。

### （三）非案件当事人的书面意见

2006年修订后的《仲裁规则》第37条第2款[xi]规定，在特定条件下，非案件当事人可以提交陈述意见。仲裁庭是否允许第三人提交书面意见，应考虑以下因素：

1.意见是否能向仲裁庭提供新的观点；

2.意见是否涉及争议范围内的事项；

3.与本仲裁程序是否有重大的利益关系。

### （四）口头审理程序

口头审理包括一次或多次关于案件的管辖、事实和有关金额问题（jurisdiction, merits and quantum）的庭审。庭审耗时通常较短，即使是对复杂案件的事实进行的庭审也极少超过两周。

庭审只允许当事人及其代表、证人和专家参加，当事人和仲裁庭另有约定的除外。2006 年修订后的《仲裁规则》第 32 条 [xii] 体现了仲裁的保密性和日益重要的仲裁透明度问题之间的平衡——在当事人均不反对的情况下，仲裁庭可以自行决定允许第三方或公众参与庭审。《仲裁规则》第 35 条 [xiii] 规定，事实证人和专家证人必须在庭前就证词的真实性进行声明，并接受仲裁庭以及双方当事人在首席仲裁员的管控下的询问，律师不能对证人和专家进行大量直接的询问以及极具攻击性的交叉询问。尽管仲裁庭允许以书面证词代替口头证言，也可将口头质证安排在庭审之外，但实践中这种情况很少发生。

### （五）证据、披露和开示（discovery）

根据《仲裁规则》第 34 条 [xiv]，仲裁庭有权决定是否接受证据，并对其证明价值作出判断。在作出决定时，仲裁庭要考虑许多因素，主要的一点是对普通法系和大陆法系律师的平衡。关于证据的正式规则（formal rules）不能适用，如国内程序法中的证据规则。

《仲裁规则》第 43 条 [xv] 规定，除非当事人另有约定，当事人自愿披露证据。《仲裁规则》第 33 条 [xvi] 规定，当事人应在仲裁庭规定的期限内，将准备提供的证据以及准备请求仲裁庭收集的证据，连同证据拟证明的内容，通知秘书长。《仲裁规则》第 34 条赋予仲裁庭要求当事人提供文件、提交证人证言和专家报告以及实地访问的权利。在实践中，当事人会将这些同期文件作为书面意见的附件一同提交。

总的来说，在 ICSID 程序中，任何超越自愿披露范围的证据的开示，都是由仲裁庭决定的。美国式的全面的文件开示在 ICSID 程序中并不适用，也不存在宣誓证词（deposition）。

如果一方未配合提供证据，仲裁庭应对这种不履行及其理由作"正式记录"。虽然《仲裁规则》并未明确规定应对这种不履行作出处罚，但仲裁庭会依此作出不利的推断，并可能影响损害赔偿的评估以及费用的分担。

### （六）管辖权异议

根据《ICSID 公约》第 41 条 [iii] 的规定，仲裁庭有权对其是否具有管辖权作出决定（the Tribunal shall be the judge of its own competence）。随着双边条约的增加，以及其中许多不常见的管辖权依据的出现，根据双边条约向 ICSID 提出管辖权异议几乎是作为被申请人的国家所采取的常规举措。作为申请人的投资者对在管辖权问题上需要花费的时间和资源应当有心理准备。

根据《仲裁规则》第 41 条的规定，提出管辖权异议的一方应当"尽可能早地"提出，最迟不超过其提交答辩纪要书之时，除非相关事实在之后才被知晓。仲裁庭有权决定是否中止对案件的实体审理，并应当决定是否单独启动对管辖权异议的审理程序。

在实践中，仲裁庭处理作为首要问题（preliminary questions）的管辖权异议往往使仲裁的时间延长 1 年以上。结果有两种情况：第一，仲裁庭认为自己没有管辖权，案件就此结束，仲裁庭将以没有管辖权为由作出撤销案件的裁决，该裁决适用《华盛顿公约》关于裁决后的有限救济方式（limited avenues of post-award proceedings）的规定；第二，仲裁庭认为自己有管辖权，将对管辖权问题作出一个决定（而非裁决），并继续推进关于案件事实和有关金额问题的审理程序。这个关于管辖权问题的决定不适用《ICSID 公约》关于裁决后的有限救济方式的规定，仅构成仲裁裁决的一部分。对于该决定可以根据《ICSID 公约》提出相应的异议。

### （七）对仲裁请求的初步反对

2006 年修改后的《仲裁规则》增加了非常重要的一个条款，即第 41 条第 5 款。根据该款规定，仲裁庭有权通过简易程序确定仲裁请求"显然没有法律上的道理"（manifestly without legal merit），从而撤销案件。启动该简易程序，必须由被申请人在仲裁庭组庭后 30 日内根据第 41 条第 5 款提出请求。而仲裁庭必须在首次开庭时或之后立即作出决定，如果仲裁庭认为被申请人的反对有法律依据，则作出撤销案件的终局裁决。为保证程序公正，被申请人必须尽可能详细地提出反对意见，且当事人双方都可以陈述其观点（通常以书面形式）。

提出上述请求的标准非常严格。根据《仲裁规则》第 41 条第 5 款，被申请人必须以简单、迅速的方式（with relative ease and dispatch），清楚、明显地对其反对予以证明。如果反对的理由需要经过对法律和事实问题进行复杂的检验（necessitate the examination of complex legaland factual issues），则不适合在简易程序中进行，仲裁庭一般会驳回该反对请求。

### （八）临时措施

根据《ICSID 公约》第 47 条和《仲裁规则》第 39 条，任何一方可以在仲裁程序中的任何时间，请求仲裁庭作出采取临时措施的建议，以保护己方的权利。尽管"建议"（recommend）与"命令"在词意上有很大的不同，但大多数仲裁庭认为临时措施的决定对当事人有约束力。然而，实施临时措施的建议不构成一项裁决，因此不适用《ICSID 公约》关于仲裁后救济的规定。

采取临时措施的请求应列明被保全的权利、请求采取的措施以及需要采取此种措施的情形。尽管仲裁庭也有权主动采取临时措施，但必须给予当事人各方发表意见的机会。2006 年修订后的《仲裁规则》第 39 条规定，当事人可以在启动仲裁后，甚至在组庭之前请求采取临时措施。秘书处会组织当事人进行书面的意见交换，同时推进仲裁庭的组成。考虑到 ICSID 框架下在申请法院进行临时救济方面的限制，上述修改是至关重要的。

仲裁庭并不乐于作出采取临时措施的建议。截至 2017 年 6 月，共有 178 个案件的当事人向仲裁庭提出过采取临时措施的请求，但得到仲裁庭支持的只有 21 个。这 21 个案件中的临时措施包括指令一方当事人保存或提交文件，停止同时在当地法院进行的程序，停止采取会导致争议加剧的行动，对仲裁程序进行保密。

根据投资协议或多边、双边条约提起的仲裁，当事人不得向仲裁庭以外的其他机关（即国内法院）请求实施临时措施，除非有关的协议或条约中有明确的相反规定（见《仲裁规则》第39条第6款）。如果投资者预见可能需要由法院采取紧急的临时措施，在国内立法没有有利规定的情形下，应当在签订投资协议时与东道国进行谈判加入这一条款。

## 四、仲裁中止和终止

《仲裁规则》对缺席和终止作了规定，包括因争议解决后的终止。缺席的情况并不常见。截至2010年1月，34%的ICSID公约仲裁和附加便利仲裁案件以终止的方式结束。

《ICSID公约》第45条[vii]以及《仲裁规则》第42条[viii]对缺席作了规定：如果一方当事人在仲裁程序的任何阶段未能出席，仲裁庭可以根据对方当事人的请求对当前的案件作出仲裁裁决。在作出裁决之前，仲裁庭必须将对方当事人的此种请求告知缺席的一方，并且，除非仲裁庭确定缺席的一方不想出席，否则应当给予其一定的宽限期。缺席方未能出席并不视为其对对方当事人请求的承认。

ICSID仲裁可能以三种方式终止：第一，依据《仲裁规则》第44条的规定，任何一方当事人可以申请终止，如果对方当事人不反对，仲裁庭应当批准该申请；第二，依据《仲裁规则》第45条的规定，如果双方当事人连续6个月或在当事人约定并经仲裁庭同意的其他期限内未采取任何行动，仲裁程序视为终止；第三，依据《仲裁规则》第43条的规定，当事人和解解决了争议，并请求仲裁庭以仲裁裁决的方式记录其和解协议中的条款。

ICSID仲裁对管辖权、事实和金额问题进行审理之后，当事人完成案件陈述，仲裁庭将宣布程序结束。一旦程序结束，仲裁庭则只有在发现新证据或"对特定问题的说明有显著必要时"才会重新开庭。

## 五、评议

仲裁庭在完成对案件事实和有关数量问题的审理之后，仲裁程序即结束，如果当事人需要提交庭后纪要书，则在该庭后纪要书提交后程序结束。宣布程序结束后，仲裁庭须在 120 日内作出裁决。

根据《仲裁规则》第 15 条的规定，仲裁庭的合议必须秘密进行，仲裁员必须对合议的内容保密。若仲裁员未能在一项裁决或决定中达成一致意见，应根据多数意见作出裁决或决定，弃权票视为反对票。仲裁庭在开庭后要保留一定时间进行合议。在合议期间，ICSID 的仲裁庭秘书可以进行协助。

### 中国平安诉比利时案[①]

（一）案情概要

申请人：中国平安保险（集团）股份有限公司、中国平安人寿保险股份有限公司。

被申请人：比利时王国。

2007 年 11 月，中国平安集团斥资 18.1 亿欧元购入富通集团 9501 万股股份，之后中国平安集团又增持富通股份，成为富通集团最大的单一股东。但 21 世纪最大的一次金融危机开始后，富通集团因难以从其他银行进行融资而导致其资金流动性风险大增。次年 9 月，比利时连同荷兰和卢森堡开始了一系列国家援助的救市行为。随后，比利时、荷兰、卢森堡三国政府达成对富通三个子公司进行股份和债务置换的方案。比利时政府在 2008 年 10 月 6 日公布了出售其所持的 75% 份额的富通比利时子公司股份的新闻，并启动了仅限于拥有比利时国籍或居住权的自然人小额股东的股东赔偿方案。

此后，富通股价狂跌，中国平安集团出现了巨额亏损。中国平安集团为了挽回损失，通过各种方式甚至求助于中国商务部和外交部与比利时政府进行协

---

① 刘勇：《中国平安诉比利时王国投资仲裁案——以条约适用的时际法为视角》，载《环球法律评论》2016 年第 4 期。

商。2009 年 2 月，中国平安集团向比利时政府提出赔偿请求，随后开展了直接谈判以求解决问题。但是，这些努力未成功。2009 年 4 月底，富通集团股东大会同意了巴黎银行的第三次出价。按照比利时政府与巴黎银行签订的转售协议，欧盟境内的个人投资者可以享有比利时政府转售中所获得的溢价收益，中国平安集团虽然是富通集团最大的单一股东，却无权分享此种收益。

本案所涉及的双边投资协定，是于 1984 年签订并于 1986 年生效的《中华人民共和国政府和比利时–卢森堡经济联盟关于相互鼓励和保护投资协定》及《议定书》。两国于 2005 年重新签订 BIT，2009 年 12 月开始生效。就争端解决机制而言，2009 年 BIT 比 1986 年 BIT 的保护力度更高、范围更大。

（二）诉讼请求

中国平安集团认为，比利时政府未能给予申诉方的投资以条约规定的保护标准，因此请求仲裁庭：

1. 裁定比利时政府违反了《中华人民共和国政府和比利时–卢森堡经济联盟关于相互鼓励和保护投资协定》第 3 条第 1、2、3 款，第 4 条和第 11 条。

2. 根据 1986 年 BIT 第 4 条和 1986 年《议定书》第 2 条规定，比利时政府对其违约而带给中国平安集团的经济损失进行补偿，或者按照中国平安集团之前所占股份比例，比利时政府对其不合理的股权调整进行等值的补偿。

3. 有关仲裁费用、利息等相关要求。

对于中国平安的申请，比利时政府提出管辖权异议。比利时从属时管辖权、属物管辖权、仲裁合意、不存在表面纠纷和司法礼让原则五个方面提起了管辖权异议。而对于案件的实质问题，除了在其所提交的管辖权异议的备忘录中载明一些观点和事实之外，其没有给予其他正面回应。

比利时方面认为本案在以下方面存在异议：

1. 属时管辖权。2009 年 BIT 是在 2009 年 12 月 1 日生效的，而双方的争议发生在 2009 年之前，仲裁庭对本案没有属时管辖权。

2. 属物管辖权。根据 2009 年 BIT 第 7 条和第 8 条第 1 款的规定，仲裁庭仅对 2009 年 BIT 条约中所规定的实体法律争议和缔约一方国内法规或该缔约方现存的或将来加入的国际公约均就某个与投资有关的问题作了规定的实体法律问题拥有管辖权。而申诉方所依据的实体法律条约是 1986 年 BIT，因此，仲裁庭对 1986 年 BIT 的适用问题没有管辖权。

3. 仲裁合意。比利时政府不认为中国平安方面对其所受到不公正对待给予充分的表达，也没有充分履行仲裁所必要的前置程序（即 2009 年 BIT 第 8 条第 2 款所规定的 6 个月磋商期），中国平安方面仲裁的前提有问题，因此，仲裁庭因缺乏前置条件不具管辖权。

4. 不存在表面纠纷。中国平安方面在富通集团董事会的投票可理解为其放弃了在 1986 年 BIT 下主张不公正对待的权利，因此，被申请人可以以表面证据力不足为由而申请驳回案件。

5. 司法礼让原则。即使仲裁庭依据 2009 年 BIT 取得管辖权，本案牵扯到不参与仲裁的荷兰方面的利益。根据货币黄金案原则，仲裁庭应当拒绝执行其管辖权。

（三）仲裁庭的裁决及理由

本案仲裁庭在对被申请人方提出的管辖权异议的先行裁定中，认为仲裁庭对该案没有管辖权。

仲裁庭在裁决中认为争议可分为三类，即依据三分法来区分新旧条约的适用：一是已进入仲裁程序的争议仍适用旧约。二是已通知但未进入仲裁程序的争议未规定。三是新约生效后发生的争议，适用新约。

仲裁庭认为本案争议属于第二类别。仲裁庭最后认为缺乏管辖权并驳回了申请人的全部仲裁请求。

### 韩国安城公司诉中国政府案 [①]

（一）案情概要

申请人：韩国安城公司。

被申请人：中华人民共和国。

2006年12月12日，韩国安城公司（简称"安城公司"）与射阳港口产业园区管委会（简称"射阳管委会"）签订关于高尔夫球场及豪华附属设施开发的投资协议，项目分两期，涉及用地3000亩。项目动工不久，中国房地产开发政策发生变化，射阳管委会表示不能按照投资协议约定的价格向安城公司提供土地，需要其公开竞买。一期工程竣工后，射阳管委会未提供二期用地。安城公司于2011年10月将项目转让给了一家中国公司。2014年10月7日，安城公司根据中韩双边投资保护协定（简称"中韩BIT"）向ICSID申请仲裁。

2016年9月15日，我国政府根据ICSID《仲裁规则》，在首次开庭审理前提出了初步反对意见，[②] 认为安城公司申请仲裁超过了中韩BIT规定的3年仲裁时效，案件"显然不具法律价值"，应当予以驳回。申请人答辩称，其在知道损害后的2年半时间内向我国政府提交了意向通知，并未超过仲裁时效，即使超过，其有权援引中韩BIT最惠国待遇条款，适用较长的仲裁时效。

双方的争议焦点集中在：

1. 超过仲裁时效的仲裁请求是否构成"显然不具法律价值"；

2. 最惠国待遇条款是否适用于仲裁时效问题。

（二）仲裁庭意见

关于争议焦点1，仲裁庭以仲裁时效已过，接受了中国政府的初步反对意见。

关于争议焦点2，仲裁庭认为中韩BIT表明最惠国待遇不能延伸适用至缔

---

① Ansung Housing Co., Ltd. v.People's Republic of China, 案号"No.ARB/14/25".

② 姜晨：《商务部条约法律司负责人就安城公司诉中国政府投资争端案中方胜诉发表谈话》，http://www.gov.cn/xinwen/2017-03/10/content_5175975.htm, 最后访问日期：2022年1月10日。

约一方与缔约另一方投资者的投资仲裁事项，无须进一步考虑其他观点或其他含有最惠国待遇条款的条约和条约实践。

因此，该案并未进入实质审理阶段，仲裁庭作出了驳回申请人全部仲裁请求的裁决，中国政府可谓全胜。

# 第四节　裁决和执行

## 一、一裁终局

一个 ICSID 案件中只有一个裁决，并且这是法庭处理该案件的最终判决。在此之前的任何裁判，比如责任认定，不能被视为一个裁决，在最终裁决作出之前，不能对其行使追索权。如果仲裁庭作出关于维护其管辖权的决定，则这样的决定组成最终裁决的一部分。如果仲裁庭作出决定认定它没有管辖权，则也会作出裁决。仲裁裁决是终局性质的，具有约束力并可以在任何 ICSID 成员国执行。当事人不能对裁决结果进行上诉，但也有在《华盛顿公约》体系下提供的有限的裁决后的补救措施。一旦案件程序终结，该诉讼被宣布终结，该裁决必须在之后的 120 日之内签字，根据 ICSID《仲裁规则》第 38 条和第 46 条，有 60 日延长的可能性。通常情况下，法庭已审议并得出结论认为，当事人没有其他问题后，该诉讼即终结。

根据《华盛顿公约》第 48 条和 ICSID《仲裁规则》第 47 条的规定，裁决必须符合一定的形式要求，并且必须说明其所依据的理由。仲裁庭审理的问题，必须由仲裁庭成员过半数票决定，但任何成员可以在裁决书中表达其个人意见（同意、反对或其他）。该裁决必须由投了赞成票的仲裁员签署。仲裁庭的裁决以书面的形式作出，并将裁决书的副本发送给双方当事人。同时，任何一方均可以要求 ICSID 给予额外的副本。

## 二、仲裁的救济

ICSID 作出的仲裁裁决对争端各方具有最终约束力。仲裁裁决作出后，《ICSID 公约》提供了如下几种事后救济途径：

1. 裁决解释（interpretation）

如当事人对裁决内容有不清楚之处，可以向秘书长提出书面申请，要求对裁决内容进行解释。

2. 裁决修正（revision）

如发现影响裁决结果的新的事实或者证据，且该新事实或证据并非因当事人过失遗漏，当事人可以申请对仲裁裁决进行修正。裁决修正的申请应当在申请人发现新的事实或者证据后 90 日内提出，且不得迟于裁决作出后 3 年。

3. 裁决撤销（annulment）

《华盛顿公约》第 52 条规定，任何一方可以根据下列一个或几个理由，向秘书长提出书面申请，要求撤销裁决：

（1）仲裁庭的组成不适当；

（2）仲裁庭显然超越其权力；

（3）仲裁庭的成员有受贿行为；

（4）有严重的背离基本程序规则的情况；

（5）裁决未陈述其所依据的理由。

## 三、仲裁的执行

### （一）外国实践情况

目前看来，仲裁案件中的败诉国，出于声誉、国际压力等考虑，基本都主动履行了裁决规定的支付义务，如美国的 LETCO v. Liberia 案，法国的 Benvenuti & Bonfant v. Congo 案，SOABI v. Senegal 案，以及英国的 AIG Capital Partners v. Kazakhstan 案。在这些案件中，被申请承认与执行有关裁决的法院都是"第三国"法院,而不是作为裁决当事方和败诉方的东道国法院。相关法院都认为,对 ICSID 裁决,应区别承认与执行两种不同的程序。

**(二)我国执行实践**

我国对 ICSID 仲裁裁决在境内的承认和执行问题至今仍不明确。《华盛顿公约》第 69 条规定:"每一缔约国应采取必要的立法或其他措施以使公约的规定在其领域内生效。"但我国法律无相关规定。

在我国,关于条约在国内适用方式的相关规定存在于具体的部门法中。适用的主要方式是直接适用,即条约对我国生效以后,可如国内法一样在国内适用,但我国在加入有关条约时作出保留的事项除外。因此,具体条约能否在我国直接适用,取决于具体规定。

《华盛顿公约》部分条款是需要我国国内法予以实施的,如《民事诉讼法》等。仲裁的优势和特点使其在国际投资争端解决领域越来越受投资者和国家的青睐,而 ICSID 使投资争端解决更加国际化和国际法化。联合国贸易和发展会议公布的《世界投资报告 2018》显示,2017 年,中国吸收外资数额在世界排名第二,位居美国之后。2017 年,投资者诉东道国仲裁案件达 65 起,截至 2017 年年底,累计国际投资仲裁案件总数达到 855 起,其中约 60% 的实体裁决有利于投资者。按照东道国所处的不同经济发展阶段划分,仲裁被诉国家大多来自发展中国家和转型经济体。

但近年来,仲裁被诉的发达国家占比呈现上升趋势,按照案件提交的仲裁法庭和案件所依据的仲裁规则划分,争端案件被提交到 ICSID 进行登记备案的,约占提起仲裁案件总数的 3/4,其余的案件分别在双边投资协议中约定由联合国国际贸易法委员会、国际商会等作为争端解决机构。

# 第五节 撤销程序

《华盛顿公约》制定的仲裁裁决撤销制度是在不改变"一裁终局"的前提下,

对不公正裁决提供的一种法律上的救济方式。

## 一、撤销的理由

《华盛顿公约》第52条规定："任何一方可以根据下列一个或几个理由，向秘书长提出书面申请，要求撤销裁决：（一）仲裁庭的组成不适当；（二）仲裁庭显然超越其权力；（三）仲裁庭的成员有受贿行为；（四）有严重的背离基本程序规则的情况；（五）裁决未陈述其所依据的理由。"

### （一）仲裁庭的组成不适当

仲裁庭组成适当是确保仲裁公正的重要前提。《华盛顿公约》第37条第2款规定："（一）仲裁庭应由双方同意任命的独任仲裁员或任何非偶数的仲裁员组成。（二）如双方对仲裁员的人数和任命的方法不能达成协议，仲裁庭应由三名仲裁员组成，由每一方各任命仲裁员一名，第三人由双方协议任命，并担任首席仲裁员。"如仲裁庭的组成不满足上述条件，就可以作为申请撤销的理由。

### （二）仲裁庭明显越权

仲裁庭只能对当事人同意提交的争端事项进行裁决。

《华盛顿公约》规定"仲裁庭显然超越其权力"是构成撤销裁决的理由，但是应达到"明显"的程度，如超出仲裁事项、未适用约定的准据法等。

### （三）仲裁庭成员有受贿行为

仲裁庭中只要有一名仲裁员存在受贿行为，无论是否存在枉法裁决，都会导致仲裁员所在仲裁庭作出的全部裁决被撤销。

### （四）严重违反基本程序

《华盛顿公约》对程序有着严格要求，对于此项撤销理由的要求是违反了基本程序，且达到了严重的程度。截至目前，尚未有以"严重违反基本程序"为由撤销裁决的案例。

### （五）裁决未说明所依据的理由

要求仲裁庭说明裁决所依据的理由是国际商事仲裁的惯例。《华盛顿公约》

第 48 条第 3 款规定，"裁决应处理提交仲裁庭的每一个问题，并说明所依据的理由"。第 52 条第 1 款第 5 项规定"裁决未陈述其所依据的理由"为申请撤销裁决的理由之一。《华盛顿公约》仅对仲裁庭说明理由作出抽象性的要求，未具体规定说明理由时应交代的基本事项。只要当事人认为仲裁庭没有说明理由，就可依据此项理由提出撤销申请。

## 二、撤销的程序

撤销裁决是一个特殊的追索权，当事人可以在裁决作出后的 120 日之内提出撤销申请。如果有腐败的指控，则可以在腐败被发现后 120 日内作出，并且无论任何情况，均应在裁决作出之日后的 3 年内提出。秘书长将拒绝在规定期限后收到的申请。提出的申请必须包括下列内容：（1）明确的裁决；（2）注明申请的日期；（3）详细构成该申请的基础与背景（多个）；（4）附上 25000 美元的注册费。

为尽快对已经注册的要求撤销裁决的申请进行处理，ICSID 行政理事会主席将从仲裁员小组中任命三人组成特设委员会。一旦特设委员会成员接受了任命，则该委员会组成，并对案件开始审理。根据 ICSID《仲裁规则》第 53 条的内容，撤销的程序与前述解释、修改的程序比照适用。这意味着，撤销仲裁的程序行为是类似于仲裁的行为，包括临时委员会第一次会议中的书面和口头的内容。该过程中，ICSID 行政理事会为双方详细介绍相关的背景与程序事项。

## 三、撤销的效果

委员会关于撤销申请审理后作出的决定可能是以下几种之一：（1）拒绝撤销申请，这意味着该裁决内容保持不变；（2）该裁决书的一部分保留使用，导致该裁决的部分废止；（3）整个裁决被撤销。

需要注意的是，虽然委员会的决定与裁决，具有相同的约束力，承认执行力，但其并不是一个裁决，是不能通过申请撤销的。同样的，投资者可以和东道国约定将撤销裁决的决定发布在 ICSID 网站。

如果一个裁决被全部或部分废止，则当事人有权要求重新提交一个新成立的仲裁庭，以获取有关争议的新裁决。根据 ICSID《仲裁规则》第 55 条第 1 款的内容，可知任何一方均可通过重新提交请求，明确原裁定的撤销，并详细解释其中争议的有关内容以及将被提交给新仲裁庭重新开始仲裁的过程。

根据《华盛顿公约》第 53 条第 1 款的相关规定可知，每一缔约国应该在各自国境内履行 ICSID 仲裁裁决所要求的财政义务，该裁决就像是该国当地法院所作出的最后判决一样。该缔约国可随时索取更多的裁决副本。虽然各会员国必须承认和执行该裁决，但根据《华盛顿公约》第 55 条的规定，缔约国有关主权豁免的法律继续适用。ICSID 本身在根据《华盛顿公约》的规定作出的裁决的承认与执行方面没有正式的作用。但是，在实践中，如果一方当事人通知 ICSID 对方当事人不遵守裁决，ICSID 将会联系不遵守裁决的一方，要求其提交正在采取的措施或即将采取的措施，以促使其执行有关的裁决。

## 第六节　ICSID 附加便利规则

随着"一带一路"倡议建设的稳步推进，中国与沿线国家之间的经贸往来日益频繁。大量中国企业走出去在沿线国家进行投资，其中难免产生纠纷，而投资仲裁是"一带一路"建设中重要的争端解决方式。目前，由《ICSID 公约》创建的 ICSID 及其相关规则是解决国际投资争端的重要制度安排。[①] 在"一带一路"沿线 65 个国家中，已经有 52 个国家加入《ICSID 公约》。印度、缅甸、越南、老挝等中国企业投资相对较多的国家依然没有加入该公约，且这些国家

---

① 张建：《国际投资仲裁中的管辖权异议及其认定问题》，载《武大国际法评论》2017 年第 6 期。

的主权信用等级普遍较低,[①]中国企业在这些国家进行投资所产生的争端屡见不鲜。

对于没有加入《ICSID 公约》的这些国家,中国投资者因投资产生投资争端可以利用 ICSID《附加便利仲裁规则》(ICSID Additional Facility Arbitration Rules)予以解决。目前,澳门 Sanum 公司诉老挝政府案为第一个中国投资者利用《ICSID 附加便利仲裁规则》诉东道国政府的案件,该案于 2017 年登记注册,尚未审结。[②]因此,在"一带一路"区域,ICSID《附加便利仲裁规则》在解决投资争端方面是具有其价值和意义的。2017 年年底,ICSID 开启对其中相关规则的修改程序,分别于 2018 年 8 月和 2019 年 3 月出台了两次修改提案(以下简称《提案 1》《提案 2》),对 ICSID《附加便利仲裁规则》进行较大幅度的修订,涉及管辖范围、透明度、快速仲裁程序等。对附加便利仲裁程序进行优化,将进一步提高附加便利程序的吸引力。

## 一、《附加便利规则》的确立及其意义

### (一)成立背景

在 ICSID 第十次行政理事会年度会议上,根据秘书长的建议,秘书处准备提出建立附加便利程序的试探性的提案,在提案的草案中指出,"秘书处提出建立一个新的调解和仲裁程序,将某些不满足公约管辖条件的案件(例如,当事一方不是公约缔约方)纳入管辖范围内,并且增加事实发现程序"。[③]其后,《附加便利规则》被提交至第十二次行政理事会,于 1978 年 9 月 27 日表决通过。行

---

① 加入 ICSID 的"一带一路"国家有 13 个,根据最新的穆迪主权信用评级,印度 Baa3 级、斯洛文尼亚 Baa3 级、马尔代夫 B2 级、越南 B1 级、波兰 A2 级、斯洛伐克 A1 级、阿联酋 Aa3 级,其余 6 个国家未评级或者评级被撤回,https://www.moodys.com/researchandratings/methodology/003006001/rating-methodologies/methodology/003006001/003006001/-/-1/0/-/0/-/-/en/global/rr,最后访问日期:2019 年 10 月 31 日。

② Sanum Investments Limited v. Lao People's Democratic Republic(ICSID Case No. AD-HOC/17/1),https://icsid.worldbank.org/cases/case-detabase/case-detail?CaseNo=ADHOC/17/1,最后访问日期:2019 年 10 月 31 日。

③ ICSID Eleventh Annual Report 1976/1977, p.3.

政理事会授权中心秘书处实行一个适用于缔约国（或该国的任何组成部分或机构）与其他一非缔约国之间争端的程序。秘书长需要向行政理事会提交关于附加便利程序的运行状况的年报，行政理事会将根据这些报告在其运行的第一个五年后决定继续运行还是废止该程序。

五年试运行期结束后，行政理事会决定，将附加便利程序的评估推迟一年。1984年4月30日，秘书长向行政理事会成员提交报告，建议保留附加便利程序。[①]"考虑到一些成员国在签订双边投资条约时已经将附加便利规则作为争端解决的一种方式，行政理事会批准无限期地继续运行该程序，与此同时，确认秘书处可以协助利益相关方使用该附加的服务"，[②]因此，附加便利程序成为ICSID中心争端解决程序的组成部分。《附加便利规则》包括《附加便利仲裁规则》《附加便利调解规则》《事实发现规则》。

### （二）《附加便利规则》的法律地位

《附加便利规则》第3条规定："因为第二条所构建的程序在中心管辖范围之外，《ICSID公约》的条款不适用于该程序以及由此程序作出的调解书、裁决书。"这一条款旨在为行政理事会行使不属于其权力范围的行为（建立一个不属于《ICSID公约》管辖范围内的程序）提供合法性证明。

1.《附加便利规则》独立于《ICSID公约》。在《附加便利规则》制定之初，其合法性备受质疑。中心秘书长指出，"附加便利程序是通过修正案的形式授权行政理事会建立的，它需要缔约国的一致签署"[③]。作为修正案的《附加便利规则》是《ICSID公约》的组成部分。但是《附加便利规则》并不符合《ICSID公约》第65条、第66条规定的修改程序。根据其规定，公约的修改应由缔约国通过秘书长向行政理事会提出，修改程序的启动需要行政理事会成员三分之二的多数同意，修改的内容需经所有缔约国一致同意、认可或者签署。《附加便

---

① ICSID 1984 Annual Report, p. 6.

② ICSID 1985 Annual Report, p.14.

③ ICSID Additional Facility Report, p.3.

利规则》是由秘书处应缔约国的要求提出的提案，秘书处代替行政理事会提出了草案，行政理事会成员的多数票数同意即通过《附加便利规则》，并没有经过全体缔约国的一致同意、认可和签署。因此，根据当时《ICSID 公约》的规定，《附加便利规则》只是一个没有法律约束力的解释、评论性文件。[①]

在 1984 年对《ICSID 公约》进行修订时，其增加了第 7 条第 4 款，即行政理事会可由其成员的三分之二的多数决定建立一种程序，可以不召开理事会而进行理事会表决。这一条款以事后授权的形式，为《附加便利规则》提供了合法性的依据，即《附加便利规则》是由《ICSID 公约》授权行政理事会建立的一种程序，这一程序不构成对《ICSID 公约》的修改，而是一种独立程序。由此，《附加便利规则》是独立于《ICSID 公约》存在的。

2.《附加便利规则》构成了对《ICSID 公约》的补充。从《附加便利规则》制定的目的来看，附加便利程序是秘书处应其成员国（特别是资本输出国）的请求建立的，旨在使非缔约国（以及非缔约国投资者）能够使用中心的争端解决机制，扩大其管辖范围而作为对原有的 ICSID 管辖范围的补充，可以说《附加便利规则》制定的目的就是提供中心扩大其管辖权的依据，是对《ICSID 公约》的补充。从《附加便利规则》的制定主体来看，行政理事会是《ICSID 公约》建立的执行机构，其权力均来自《ICSID 公约》的授权。国际组织机构的权力，必须严格限制在为履行该组织义务的必要范围之内，不能超出该组织的目的范围。因此，由行政理事会建立的附加便利程序不能被解释为是一个完全与《ICSID 公约》没有关系的程序，它也是为《ICSID 公约》所欲实现的目标而服务的。

附加便利程序的管辖范围与《ICSID 公约》的不同并不意味着《ICSID 公约》的所有条款都与《附加便利规则》不兼容。《附加便利规则》作为《ICSID 公约》的补充，与《ICSID 公约》有着相同的目的，虽然在严格意义上，《ICSID 公约》

---

① ICSID Additional Facility Rules, https://icsid.worldbank.org/en/Pages/icsiddocs/ICSID-Addition-al-Facility-Rules.aspx, 最后访问日期: 2019 年 10 月 31 日。

的条款不能直接适用于附加便利程序，但是可以作为对《附加便利规则》条文解释时的参考。在用附加便利仲裁程序审理案件时，其既用到了《ICSID 公约》条款对相关条款进行进一步的解释，也用到了依《ICSID 公约》作出仲裁的裁决理由作为案件的参考。例如，在 Lao Holdings 诉老挝政府一案中，在确定案件管辖权，原告行为是否是条约选购行为时，仲裁庭引用了 Phoenix 等案件中的裁决依据作为确定该案管辖权的参考因素。

2017 年年底，ICSID 启动了对其相关规则的改革程序，其中 ICSID 中心目前拟对原 ICSID《仲裁规则》和《附加便利仲裁规则》进行的修订主要集中在以下几方面：（1）通过仲裁文件的电子化，节约仲裁时间和费用，细化和重新规定各类程序规则时限，引入快速仲裁程序；（2）公开裁决、决定和命令，完善第三方参与制度，增强机制的透明度；（3）增强仲裁员的利益冲突披露；（4）要求披露第三方资助情况，包括仲裁员与第三方资助人的关系。但由于本轮改革不涉及公约本身，因此改革受制于《ICSID 公约》，更多是对 ICSID《仲裁规则》的细化和修补，很难取得突破性的进展。即使 ICSID 已经意识到某一问题需要进行改革，也无法跳出《ICSID 公约》进行大刀阔斧的改革。但是由于《附加便利仲裁规则》是独立于《ICSID 公约》的，《附加便利仲裁规则》的改革便不受《ICSID 公约》的制约，因此在一些问题上作了相比之下更为大胆和创新的改革提案，也表明了国际投资仲裁改革的发展方向。

## 二、《附加便利仲裁规则》的管辖范围

《附加便利仲裁规则》最突出的特色是其对《ICSID 公约》管辖权的扩张。《附加便利规则》第 2 条规定："附加便利程序适用于国家与投资者之间：（1）直接因投资产生的争端，因争端一方不是《ICSID 公约》的缔约国或者缔约国国民而不在《ICSID 公约》的管辖范围之内。（2）非直接因为投资而不属于《ICSID 公约》管辖范围之内的且争端一方不是《ICSID 公约》的缔约国或者缔约国国民。"这一条款是《附加便利规则》中最重要的一条，直接体现出制定《附

加便利规则》的核心目的,即在属人管辖和属物管辖两方面都扩大了《ICSID 公约》的管辖范围。

### (一)属人管辖权的扩张

《附加便利规则》要求争端双方分别为国家(或其组成部分或国家机构)与他国投资者,其中一方为缔约国或拥有缔约国国籍的投资者,另一方为非缔约国或者不具有缔约国国籍的投资者。2017 年开始的 ICSID 相关规则的第五轮改革中,《附加便利规则》对属人管辖权进行了进一步扩张,将管辖权范围扩张到双方均不是《ICSID 公约》缔约国的案件,并且将区域经济一体化组织(REIOs)纳入管辖范围,将另一国国民的概念进行了调整。

1. 将管辖范围扩张到双方均不是《ICSID 公约》缔约国。两项提案中均规定将《附加便利规则》的属人管辖范围扩大到当事双方均不是公约缔约国或者缔约国国民的情形。即除了缔约国和缔约国国民之间的投资争端属于《ICSID 公约》管辖范围之外,其他的投资争端都符合《附加便利规则》的管辖范围。提案通过后,从主体方面看,所有投资者与东道国的投资争端案件都能够在 ICSID 中心提起投资仲裁。

2. 将 REIOs 纳入管辖范围之内。《提案 1》第 1(4)条和第 1(8)条中的定义为《附加便利规则》提出的主要修改地方之一,即允许 REIOs 作为《附加便利规则》的当事方。因此《提案 1》允许 REIOs 利用附加便利程序,并且提出了两个新的定义。第一,拟议的第 1(4)条载有区域经济一体化组织的定义,即"由国家组成的组织,它们已将本《规则》所管辖事项的管辖权,包括就这些事项作出对它们具有约束力的决定的权力移交给这些国家"。这一定义包括两个主要内容:①区域经济一体化组织是由国家组成的;②这些国家就《附加便利规则》所涵盖的主体事项向该组织移交某些管辖权。第二,拟议的第 1(8)条将"缔约区域经济一体化组织"定义为"本公约对其生效的区域经济一体化组织"。REIOs 在国际投资协定方面更加活跃,有部分 REIOs 以自己的名义缔结了国际投资协定(例如欧盟)。《提案 1》中第 1(4)条对 REIOs 作出定义,并且在本规则通过后将允许 REIOs 适用附加便利规则。此外，第 1（8）条规定了"作为缔约方的 REIO"。这似乎意味着，REIOs 可以加入《ICSID 公约》，成为公约的缔约方。《ICSID 公约》第 67 条规定，目前仅对世界银行成员国或行政理事会邀请加入《ICSID 公约》的国际法院成员国开放。解决投资争端国际中心成员国在今后对《ICSID 公约》进行修正，可能会允许区域经济一体化组织加入《ICSID 公约》。但是在《提案 2》中，删除了"作为缔约方的 REIO"的表达，认为《ICSID 公约》尚不允许 REIOs 加入公约，因此使用"作为缔约方的 REIO"的表达是不准确的。《提案 2》同时将涉及 REIOs 的管辖要求修改为一方为 REIOs 的争端，无论他国投资者是否具有公约缔约国国籍。

3. 另一国的国民概念的细化。《附加便利规则》第 1（6）条规定，"另一国国民"是指不属于本程序中的东道国国民，或该东道国同意不将其视为该东道国的国民。《提案 1》对其进行了修改，拟议的第 1（5）条对另一国国民的定义是对现行《附加便利规则》作了若干修改，为当事方提供了额外的灵活性。第一，将"另一国国民"界定为"非争端当事国国民"。第二，涉及 REIOs 的案件中，另一国国民为不是该 REIOs 任意成员国的国民。第三，区分法人和自然人。将国家（提案中包括 REIOs）同意不将本国国民视为其国民限于法人。第 1（5）（b）条中的定义中规定，国家和 REIOs 可以同意在程序开始时将拥有其国籍或者其组成国国籍的法人在一定情况下视为另一国的国民。这通常是在法人具有外国企业所有权或控制权的情况下。这并非东道国或者 REIOs 的义务，东道国和 REIOs 在确定是否将其视为另一国国民的判断上具有完全的自由裁量权。第四，自然人国籍取得的时间。《附加便利规则》没有对国籍取得时间进行限制，《ICSID 公约》第 25 条规定在同意和提出请求的时点时都必须是另一国国民。《提案 1》也采取这一认定方法，《提案 2》中只要求在同意时。

**（二）属物管辖权的扩张**

《附加便利规则》第 2 条（b）项规定，非因直接投资而产生的争议也属于公约的管辖范围。但这并不意味着所有类型的案件都在附加便利程序的管辖范围内。根据该规则第 4 条第 3 款的规定，要适用第 2 条 2（b），其所涉及的交易与通常情况下（ordinary）的商业交易（commercial transaction）存在不同的适用特征。但是《附加便利规则》和《ICSID 公约》中都没有对什么是"通常情况下的商业交易"进行定义，甚至都没有对什么是"投资"进行定义。在起草该《ICSID 公约》的准备活动中，其对投资的定义进行了深入的讨论，最后放弃对投资给出一个一般性定义，而是要求争端双方自行对投资的定义达成一致。第 4 条第 3 款中的"通常情况下的商业交易"似乎就是为了界定第 2 条 2（b）中以及《ICSID 公约》中规定的"直接因投资"而产生的交易。但它并没有起到应有的作用，因为什么是"通常情况下的商业交易"更加难以界定而形成一个统一的理解，需要争端双方共同的合意。

迄今为止提起的所有 59 起诉讼都是根据第 2（a）条提起的。尚未根据第 2（b）条提出任何争端。因此，提议删除第 2（b）条，同时删除第 4 条第 3 款、第 4 款。鉴于现行第 2（b）条已被删除，而且建议尊重当事各方对投资的定义，因此不再需要这些规定。这使当事方有充分的自主权来确定争端的性质，这些争端可以在相关的同意书中提交仲裁。

## 三、仲裁裁决的承认与执行

与《ICSID 公约》不同，《附加便利仲裁规则》中没有包含承认和执行的程序，依据该程序所作出的仲裁裁决的承认与执行受仲裁地相关法律的约束。《附加便利仲裁规则》要求依据该程序所选择的仲裁地必须是《承认及执行外国仲裁裁决公约》（以下简称《纽约公约》）的缔约国，[1] 这意味着依据附加便利仲裁程序所作出的裁决要依据《纽约公约》的规定进行承认与执行。《纽约公约》

---

① 现行《附加便利仲裁规则》第 19 条对选择法院地（仲裁地）作了限制，规定仲裁程序只能在《纽约公约》缔约国进行。这一条规定是不妥当的。在 1987 年首次起草这一条款时，只有 52 个《纽约公约》缔约国，为了仲裁裁决的执行力，规定仲裁地必须是《纽约公约》的缔约国在当时是有一定的意义的。现在《纽约公约》的成员国已经有 159 个国家，并且其他机构的规则没有类似的限制，虽然当事人可能倾向于将《纽约公约》缔约国作为仲裁地，但没有理由以这种方式限制当事人的意思自治。在《附加便利规则》的两次提案中，其都删除了该条款。

虽然没有明确地提到国家作为当事人的情形，但是在《纽约公约》适用于针对主权国家的裁决的承认与执行问题上没有疑问。[①] 然而，《纽约公约》承认与执行依据《附加便利仲裁规则》作出的仲裁裁决可能会遇到以下困难。

**（一）互惠保留对裁决承认与执行的影响**

根据《纽约公约》的规定，可以依据该公约向缔约国法院申请承认与执行的国际商事仲裁裁决分为：（1）外国仲裁裁决，即在被请求国领域外作出的裁决；（2）非内国裁决。缔约国可以作出"互惠保留"，即任何国家在加入该公约时可以在互惠的基础上声明，本国只根据本公约承认与执行在另一缔约国领土作出的仲裁裁决，即对承认与执行"非内国裁决"提出保留。

非内国裁决是由《纽约公约》创设的一个概念，"非内国裁决"的认定是《纽约公约》中最为复杂的问题之一。在目前理论和实践中大致有以下三种认定标准：第一，按照本国仲裁程序法作出的具有涉外因素的仲裁裁决；[②] 第二，按照另一国家仲裁法在执行地国家作出的仲裁裁决；第三，不受任何国家仲裁程序法支配的仲裁裁决。虽然目前对"非内国裁决"的判断依然是由执行地国自由裁量，但是无论按照上述何种标准，依据《附加便利规则》在被请求国作出的仲裁裁决很可能会被视为非内国裁决，从而不能在这些已经提出互惠保留的国家获得承认与执行。

**（二）商事保留对承认与执行的影响**

《纽约公约》允许成员国加入公约时作出商事保留，即只承认与执行裁决内容是依据本国法律属于商事关系的仲裁裁决。根据现行《附加便利规则》的

---

① Matthew Saunders Claudia Salomon, Enforcement of Arbitral Awards Against States and State Entities, Arbitration International, 2007, 23（3）, pp. 467-476, http://ffxc30fd8c346ef34d67903a5b6d8ea5-d318so0n5k9xv9u0p6vq0.ffxc.oca.swupl.edu.cn/10.1093/arbitration/23.3.467，最后访问日期：2019 年 10 月 31 日。

② 例如，在 Bergesen v.Joseph Muller Corp 案中，上诉法院认为"非内国裁决"是指属于《纽约公约》的范围并非因为它们是在国外作成，而是因为它们符合另一国家的法律制度，如符合外国程序法，或涉及当事人在外国有住所或其主要营业地位于执行地国家之外。Bergesen v.Joseph Muller Corp，710 F.2d 928（2d Cir.1983）.

规定，其管辖范围包括因直接投资产生的争端，以及由不同于通常的商业交易而产生的争端。何种争端属于不同于通常的商业交易依据争端方国内法判定，不同国家对商事关系的范围划定是不同的。即使是美国（美国在加入《纽约公约》时也提出了商事保留），对商事交易范围宽泛到几乎包括所有已知的交易活动，商事关系也不能包括附加便利程序中所列的所有可仲裁事项。例如，在利比亚美国石油公司诉利比亚政府案仲裁裁决执行时，法院认为不能执行该仲裁裁决，因为征收和补偿被视为政府行为，不能以仲裁方式来解决该争端。因为商事关系是平等主体之间的一种关系，国家在征收和补偿时是处于行政管理者的角色而不是商事主体，与投资者不是平等的关系。在政府执行征收补偿行为时与投资者之间形成的关系便不构成商事关系。因此，由于商事保留的存在，使得依《附加便利规则》作出的仲裁裁决在执行中也将受到阻碍。

《附加便利规则》第2条2(b)和第4条第3款排除了因投资关系和商业关系产生的争端，由此可以得出结论：这里所涉及的争端是在商业范围之外的，不符合一般意义上国际仲裁的条件。也有学者认为，第4条规定的"区别于通常商业事务的潜在事务"也是一种商业事务，也是具有商业性质的。根据第一种观点，提出互惠保留的成员国不能对依据第2条2(b)所作出的仲裁裁决进行承认与执行。而根据第二种观点，《纽约公约》的缔约国即使提出商事保留也不应当将依据第2条2(b)所作出的裁决排除在外。问题的焦点在于，"非直接因投资产生的争议"或者"区别于通常商业事务的事务"是否具有商业性质。在法条原文中，将"非直接因投资产生的争议"定义为"事务"(transactions)。从字面上看，其最终落脚到"事务"上，而不是"商业事务"。该条表达的"事务"在法律英语中的解释是"一个人所做的任何影响他人权利的行为，由此可能会招致诉讼"。[1] 其本身并没有包含任何商业性质。其通过一种否定列举的方式，规定了何种争端属于附加便利程序管辖范围内的争端。该条文关于争端

---

① Black's Law Online Dictionary，http://thelawdictionary.org/transaction/，最后访问日期：2019年10月31日。

性质的部分可以表述为："该程序适用于投资者与国家之间的事务，但是不包括通常商业事务。"如果将事务分为商业事务和非商业事务，商业事务分为通常商业事务和非通常商业事务（简单地以 A 与非 A 的逻辑进行划分），那么该程序能够适用的范围就包括非商业事务和非通常商业事务。非通常商业事务属于商事关系之内，而非商业事务在商事关系之外。因此，商业事务和非通常商业事务不是全有全无的关系，而是部分包含的关系。对于提出商事保留的国家来说，按照第 2 条 2(b)所作出的属于非通常商业事务部分的裁决能够依照《纽约公约》得到承认与执行，而属于非商业事务部分的裁决不能得到承认与执行。因此，根据《附加便利仲裁规则》所作出的裁决在提出互惠保留和商事保留的国家进行承认与执行存在困难。

## 四、"一带一路"建设背景下中国对《附加便利仲裁规则》的适用和完善

### （一）中国与"一带一路"沿线国家关于适用《附加便利仲裁规则》的规定

目前"一带一路"沿线国家中未加入 ICSID 的 13 个国家中有 9 个国家与中国订立了 BIT，其中只有《中国－印度 BIT》中明确规定投资争端可以使用《附加便利规则》[①]（如果争端双方同意，仲裁程序可以适用 ICSID 附加便利调解、仲裁和事实发现程序）；《中国－缅甸 BIT》中规定，投资争端可以提交依据《ICSID 公约》设立的 ICSID。[②] 有学者认为将争端提交依据《ICSID 公约》设立的 ICSID 不足以构成对提交《附加便利仲裁规则》的同意。[③] 但是 ICSID 对投资仲裁设立了两种规则：一是缔约国之间适用《ICSID 公约》进行仲裁，二是适用《附加便利仲裁规则》。《中国－缅甸 BIT》中规定仲裁可以提交"中心"解决，而缅甸不是公约缔约国，如果该条款不能解释为适用《附加便利规则》，

---

[①] 《中国－印度 BIT》，http://tfs.mofcom.gov.cn/aarticle/h/at/201002/20100206778944.html，最后访问日期：2019 年 10 月 31 日。

[②] 《中国－缅甸 BIT》，http://tfs.mofcom.gov.cn/aarticle/h/at/201002/20100206778937.html，最后访问日期：2019 年 10 月 31 日。

[③] 张万洪、张玲：《论我国境外投资权利救济路径的选择——基于"密松项目"的个案研究》，载《上海对外经贸大学学报》2016 年第 2 期。

该条款就失去了意义。因此应当认为该条款是包括使用《附加便利规则》的。《中国-老挝 BIT》[①]、《中国-斯洛文尼亚 BIT》[②]、《中国-阿联酋 BIT》中规定，投资争端可以提交专设仲裁庭，专设仲裁庭应当自行制定其程序，但可以参照 ICSID 的仲裁规则。这里所指就是《附加便利规则》。2017 年中国澳门 Sanum 公司就是依据《中国-老挝 BIT》适用的《附加便利规则》。[③]《中国-波兰 BIT》《中国-塔吉克斯坦 BIT》《中国-越南 BIT》《中国-伊朗 BIT》中没有关于可以适用《附加便利规则》的条款。

由此可以看出，中国在与"一带一路"沿线国家中的非 ICSID 成员国签订双边投资协定时对《附加便利规则》的适用存在以下问题：第一，部分 BIT 没有关于适用《附加便利规则》的规定，部分 BIT 规定不明确，容易产生歧义。在修改与这些国家签订的双边投资协定时应将适用《附加便利规则》的内容明确地写进双边投资协定中。例如，《中国-缅甸 BIT》可以修改为"投资争端可以提交依据《ICSID 公约》设立的 ICSID，适用《附加便利规则》"；《中国-老挝 BIT》可以修改为专设仲裁庭应当自行制定其程序，但可以参照 ICSID 的《附加便利规则》。此外，对于没有与中国签订 BIT 的非 ICSID 国家，我国要加紧与这些国家订立 BIT 并明确规定可以适用《附加便利规则》。第二，在规定可以适用《附加便利规则》的 BIT 中，部分国家对提交仲裁的案件类型作了限制，例如，《中国-老挝 BIT》和《中国-斯洛文尼亚 BIT》中规定只有涉及征收补偿款的争议，才能提交专设仲裁庭仲裁；《中国-阿联酋 BIT》中规定关于补偿数额以及双方同意提交仲裁的其他争议可以提交专设仲裁庭。这些规定都将可以适用《附加便利规则》的案件限制在很小的范围之内。《中国-阿联酋 BIT》

①　《中国 - 老挝 BIT》，http://tfs.mofcom.gov.cn/aarticle/h/at/200212/20021200058372.html，最后访问日期：2019 年 10 月 31 日。

②　《中国 - 斯洛文尼亚 BIT》，http://tfs.mofcom.gov.cn/aarticle/h/au/200212/20021200058365.html，最后访问日期：2019 年 10 月 31 日。

③　Sanum Investments Limited v. Lao People's Democratic Republic（ICSID Case No.AD-HOC/17/1），https://icsid.worldbank.org/case/case-detabase/case-details?CaseNo=ADHOC/17/1，最后访问日期：2019 年 10 月 31 日。

中虽然没有限制争议的类型，但是除补偿数额发生争议外，其他争议提交仲裁需经双方一致同意，往往在实践中东道国政府大多数是不愿意被诉的，从而限制了《附加便利规则》的适用。这些 BIT 订立的时间都比较早，依据中国加入《ICSID 公约》所提出的保留，中国只将涉及国有化、征收赔偿数额的争端提交 ICSID 管辖。在 1998 年之前中国对外签订的所有 BIT 中，都对该保留作了强调。而中国从 1998 年《中国-巴巴多斯 BIT》就开始全盘接受了 ICSID 的管辖，在之后签订的 BIT 中 90% 以上完全接受了 ICSID 的管辖。据此，完全接受 ICSID 的管辖已经成为大势所趋，在对较早签订的 BIT 进行更新时，中国应当考虑删除对案件类型的限定，使所有投资争端都可以适用《附加便利规则》，例如《中国-印度 BIT》和《中国-缅甸 BIT》中规定的投资者与东道国因投资产生的"任何法律争议"都可以提交仲裁。

### （二）仲裁裁决承认与执行问题及完善

依据《附加便利仲裁规则》作出的仲裁裁决需要通过《纽约公约》进行承认与执行。中国在加入《纽约公约》时提出的"互惠保留"和"商事保留"都会对依据《附加便利仲裁规则》作出的仲裁裁决的承认与执行的适用产生一定的阻碍，因此，也会减损仲裁裁决的执行力，导致当事方之间对《附加便利仲裁规则》不信任。《提案 1》和《提案 2》将《附加便利仲裁规则》的适用范围扩张到除了《ICSID 公约》缔约国之间的投资争端之外的所有投资争端案件。因此，《附加便利规则》和《ICSID 公约》之间最本质的区别就是承认与执行的问题。

1．"非内国裁决"问题。根据我国加入该公约时所作的互惠保留声明，我国对在另一缔约国领土内作出的仲裁裁决的承认与执行适用该公约。从字面意思上看，我国依据《纽约公约》承认与执行的裁决只有在另一缔约国的领土内作出的仲裁裁决，非内国裁决并不包含在内，[①] 并据此解释依据《附加便利规则》在我国所作出的仲裁裁决。但是，《纽约公约》中规定的互惠保留可以被理解为仅仅是对第 1 条第 1 款中所规定的"外国仲裁裁决"作出的保留。互惠保留的

---

① 李剑桥：《国际商事仲裁裁决的国籍问题》，载《中山大学法律评论》2018 年第 1 期。

基础是互惠，只有国家之间才存在互惠的关系。国际上普遍是以地域为标准划分本国裁决与外国裁决的，"非内国裁决"的实质是本国裁决，[①]不存在互惠的基础，也就谈不上对其提出互惠保留。从《纽约公约》设置互惠保留的意图来看，其是将根据《纽约公约》承认与执行的外国裁决限定为"另一缔约国领土作出的裁决"。在我国司法实践中也有执行"非内国裁决"的案例[②]。因此，结合《纽约公约》第1条第1款和中国提出的互惠保留，中国人民法院依据《纽约公约》承认与执行的仲裁裁决包括在其他缔约国领土上所作出的外国仲裁裁决和在中国认为非内国裁决的仲裁裁决。因此，依据《附加便利规则》在我国领土内所作出的裁决可以依据《纽约公约》得到承认与执行。

2. 商事保留问题。中国加入《纽约公约》作出的商事保留是承认与执行依据《附加便利规则》所作出的仲裁裁决最大的障碍。《最高人民法院关于执行我国加入的〈承认及执行外国仲裁裁决公约〉的通知》第2条指出，根据我国加入该公约时所作的商事保留声明，我国仅对按照我国法律属于契约性和非契约性商事法律关系所引起的争议适用该公约；并且明确规定，外国投资者与东道国政府之间的争端不属于"契约性和非契约性商事法律关系"。当时将投资者与东道国的争端排除在商事关系之外，可能是出于以下两个因素的考虑：第一，投资者与东道国的争端具有公法属性，因为它牵扯到投资者与东道国之间的行政监管关系，可能涉及对东道国政府法规、政策的审查，不是纯粹的商事关系；第二，当时中国是资本输入大国，在投资者与东道国的争端中更加强调保护东道国的利益。投资者若在中国提出承认与执行，必然是在中国有可执行的利益，这些利益可能涉及国家安全、公共利益等，而根据《纽约公约》，法院对仲裁不予承认与执行的情形有限。因此，出于对我国利益的考虑，我国将这类争端排除在可以依据《纽约公约》申请承认与执行的范围之外。但是，商事保留中

---

① 赵秀文：《非内国裁决的法律性质辨析》，载《法学》2007年第10期。

② 在"旭普林案"中，无锡市中级人民法院将被诉裁决（ICC裁决）定性为"非内国裁决"，适用《纽约公约》；在宁波工艺品案中，宁波市中级人民法院将申请承认与执行的仲裁裁决（ICC裁决）认定为"非内国裁决"，并且予以承认与执行。

明确排除投资者与东道国的争端在现在看来并不妥当。一方面，投资者与东道国的争端的性质不能一概而论，而应当依据其争议的具体内容来确定；另一方面，中国目前是双向投资大国，我们不仅需要维护我国作为东道国的利益，还需要维护我国海外投资者的利益。"一带一路"建设中资金主要流向基础设施建设，而中国企业走出去进行基础设施建设的多为国有企业，投资资本多为国家资本。因此，维护国有企业海外利益也是维护我国的利益。况且，中国作为东道国的基本利益若真的受到国际投资仲裁的威胁，还有国家豁免原则、《纽约公约》第 6 条违反执行地公共政策不予承认与执行作为最后屏障。我国可以考虑删除《承认及执行外国仲裁裁决公约》的通知中关于"外国投资者与东道国政府之间的争端不属于'契约性和非契约性商事法律关系'的规定"，解除投资仲裁裁决承认与执行的限制。

国际投资争端解决机制的有效性是保障"一带一路"建设持续稳定发展的重要内容，ICSID 附加便利仲裁程序是目前能够有效利用的制度安排，在新一轮 ICSID 改革中也显示出其积极回应国际投资仲裁正当性危机、保持机制活力作出的有益尝试。ICSID《附加便利仲裁规则》是维护中国企业海外投资利益的重要工具，因此，应当消除中国企业适用 ICSID《附加便利仲裁规则》中的阻碍，护航"一带一路"建设。

第三章

# 征收风险

## 第一节　征收风险的定义

### 一、征收的概念

#### （一）概念及特征

征收是指国家以行政权取得集体、个人财产所有权以满足其公共利益需要的行政行为，通常会给予被征收主体适当的补偿。换句话说，当国家出于公共利益考虑，在给予补偿的条件下，必须对公民财产进行特别限制，这种行为就属于征收，征收必须经过法定程序。国际投资中的征收是指国家基于社会公共利益对外国集体或个人的财产实行剥夺的行为。

征收的特征如下：

1. 强制性

征收行为的本质在于行政机关履行国家赋予的征收权，以强制他人服从。因此，征收是行政机关单方面的行为，无需征得相对人的同意，违背相对人意志作出的征收行为也是合法的。征收的程序、对象和数额，完全采取"法定原则"，不存在与相对人约定的空间，若不服从行政征收命令，被征收主体需承担相应不利的法律后果。

2. 无偿性

国家需要足够的资财支撑其行使职能，维护国家安全。然而，国家行政机关本身并不是直接创造财富的主体，所以，在某些特殊情况下，只有通过行政征收等国家强制的方式才能取得足够的资财。财产一经征收即为国家所有，属于国家财产的组成部分，国家对其享有处分权。国家通过处置这部分财产以满足自身行使职能的开支。行政征收是一种单向流转，必定具有无偿性，国家仅根据法定标准向被征收主体给予一定的"补偿"，而无需向被征收主体支付"报酬"。

3. 法定性

行政征收的强制性和无偿性决定了其对相对人的财产权益存在侵害性。因此，必须确立行政征收法定原则以免行政相对人的合法权益遭受行政征收滥用的侵害。通过法律规范行政征收的全过程，使行政征收的主体、相对人、项目、金额、程序都有法可依，这是实施侵益性行政行为的基础和前提。只要没有法律根据，任何擅自决定征收的行为，都是违法行为。此外，行政征收的缴纳主体相当广泛，包括各行政机关、企事业单位、个体工商户及一般公民个人。行政征收主体与缴纳主体间的关系属于管理与被管理的关系，但这不意味着缴纳主体扮演着完全被动的角色，缴纳主体有权依法主张自己的合法权利。

**（二）国际投资仲裁实践中有关征收的案例**

1. Belco 石油公司征收案。该案例明确阐明了征收的含义。秘鲁政府采取不同于当时许多拉美国家对外资实行严格审查和限制的对外开放政策，以此吸引投资。秘鲁政府通过了一部新的石油法（232331 号法律），向投资者提供税收优惠以促进石油勘探和开采领域的投资。然而，这种税收优惠却被秘鲁新任总统强行终止，外资石油公司不仅被要求补缴先前所有被减免的税款，税率也被大幅度提升，包括 Belco 公司在内最大的三家外国石油公司与秘鲁政府签订的产品分成合同遭到取消，秘鲁政府强行要求就合同内容重新展开谈判。后来，由于 Belco 石油公司拒绝履行秘鲁政府的无理要求，该公司在秘鲁境内的全部财产遭到征收。值得一提的是，Belco 石油公司因投保了美国国际集团（AIG）的政治风险保险，在资产被征收后，该公司获得了 2.3 亿美元的赔偿金，挽回了部分损失。之后 AIG 在对秘鲁政府进行了长达 8 年的索赔金追偿后，最终与秘鲁政府达成了 1.847 亿美元的赔偿协议。

上述案例，就是外国投资者被征收的全过程。外国投资者处在不断变化的全球市场中，因此，关注投资中存在的各种潜在风险显得尤为重要。投资者在进行投资决策时确有必要全面考查存在的各种风险，并采取有效措施规避风险。本章节要讨论研究的正是目前出现频率比较高的征收风险。

2.Metalclad 案。20 世纪 80 年代，美国 Metalclad 公司向墨西哥 COTERIN 公司购买了墨西哥某市的一块土地以修建废物处理厂。墨西哥 COTERIN 公司在这块土地上建造危险废弃物转运站早已得到墨联邦政府的许可，但后来该市政府又以该项目缺乏地方建设许可为由要求其停工。尽管联邦政府向美国 Metalclad 公司承诺联邦政府对其建设该项目的授权是完全授权，但还是建议美国 Metalclad 公司有必要去申请地方建设许可，于是美国 Metalclad 公司便进一步申请了地方建设许可。然而，在该项目完成建设后，市政府又驳回了美国 Metalclad 公司的地方建设许可申请，理由是该废物处理厂违反了 1997 年 9 月该州颁布的关于保护珍稀仙人掌并在该区域永远禁用垃圾处理场的一个生态法令。

美国 Metalclad 公司向北美自由贸易协定（North American Free Trade Agreement, NAFTA）仲裁机构提起仲裁，主张该市政府的行为属于征收。仲裁庭认定案件中市政府延误时机导致国内法上及实质上无理由的不许可，美国 Metalclad 公司对联邦政府的承诺属于合理信任，因此认定该市政府诸种措施相当于征收，原因在于 NAFTA 中的"征收"包括了全部或大部分剥夺投资者对财产的合理期待经济利益的行为。该裁决对征收作了非常宽泛的定义而备受瞩目，之后加拿大政府提交了修改 NAFTA 中有关征收规定的建议案。在多边投资协定（Multilateral Agreement on Investment, MAI）谈判中，NAFTA 成员方也表达了是否存在征收条款被滥用的嫌疑。2004 年，美国和加拿大均在其双边投资条约范本中对间接征收的认定作出限制。即使该裁决被认为过度宽泛地界定了征收的标准，但在之后的 NAFTA 仲裁裁决中仍有裁决肯定性地参照了该裁决关于"征收"认定标准的界定。

3.Tecmed 案。[①]Tecmed 公司在墨西哥设立的子公司 Cytrar，获得了阿莫西约市的土地使用权和建设设施许可，以开展产业废弃物处理事业，该许可一年更新一次。Cytrar 事业开始后获得了一次更新许可，却因该废弃物处理设施与居住地的距离过短不符合要求而遭到居民团体的反对。Cytrar 于是与政府达成转移设施的合意，并同意自己承担大部分的转移费用，已取得代替地的必要许可。但是 1998 年 Cytrar 再一次申请更新许可时遭拒，最后导致废弃物填埋地被封。仲裁庭认为，判定拒绝更新许可是否构成征收的标准在于该行为是否根本上剥夺了投资者对投资财产的经济性利益，例如，与填埋地相关的利益是否已不存在。即使不影响投资财产的所有权，除非仅仅是对投资财产经济性利益的暂时性剥夺，否则均被认为是国际法上的剥夺财产。因此，拒绝更新许可，永久性地封闭填埋地的行为，构成了剥夺财产。在判断是否构成征收的时候，仲裁庭认为必须就政府行为本身与行为目的、投资者经济权利的剥夺程度等多方面进行分析。该政府行为能否均衡需要保护的公共利益和投资财产，对投资财产会产生很大影响。关于均衡性，仲裁庭指出政府自身也认可并非一定要采取取消许可这么严重的措施，居民反对的是 Cytrar 设施的运营形态且反对的规模较小，责任不在 Cytrar，况且 Cytrar 提出同意转移并负担费用，该设施带来的环境风险也并未得到证据证实，因此，尚不能达到拒绝更新许可的程度。

仲裁庭认为拒绝更新许可产生了剥夺财产的效果，但许可的财产价值并非在能否更新这一时间点上会一瞬间全部消失。该案较为突出之处在于，对于征收行为的认定采取了比 Metalclad 更严格的标准，以从根本上夺取使用和享有或者收入利益的权利作为征收[②]的判断标准，同时考虑了政府行为在其所要达

---

① Tecnicas Medioambientales Tecmed, S.A. v. The United Mexican States, ICSID Case No. ARB（AF）/00/2, May, 29, 2003.

② 在该投资协定中，不是使用征收"expropriation"一词，而是使用剥夺"deprivation"一词。

到的目的和投资财产保护中是否达到平衡，若未达到平衡则认定为征收，反之则不构成，以此维护政府规制目的与投资财产保护的平衡。

4.CME 案。[①] 德国企业 CEDC 和捷克企业 CET21 在捷克成立了合资企业 CNTS 以开展电视剧运营。捷克媒体法规定，开展电视剧运营的前提条件是作为电视剧经营者 CNTS 的投资者之一的捷克企业 CET21 必须持有电视剧运营许可证。捷克企业 CET21 取得许可证后，CNTS 在国会的同意下有"无条件的、明确的、排他的"使用许可的权利，并持有 12% 的股份。1996 年修改后的媒体法规定，电视剧运营许可证的持有者，可以申请免除给予许可时所附的部分条件。由于 CNTS 的投资者捷克企业 CET21 也申请了免除，因此媒体委员会要求其遵守的前提条件的法律依据就不复存在。然而，同年，媒体委员会仍然认为 CNTS 开展电视剧运营欠缺合法性，着手剥夺投资者捷克 CET21 的许可证。于是，捷克 CET21 变更了对 CNTS 的许可，但此时 CNTS 仍然享有"排他"许可。Zerezny 氏就职于媒体委员会后，媒体委员会允许 Zerezny 氏享有"非排他的"电视剧运营和提供服务节目服务的权利。Zerezny 氏即捷克 CET21 的成员，同时也是 CNTS 的最高负责人，Zerezny 氏以其"非排他"许可为基础，删除了 CNTS 的"排他"使用许可的权利，CET21 也以未提出每日节目记录为由与 CNTS 解除合同。

仲裁庭认为捷克 CET21 被迫变更赋予 CNTS 的许可，实质上破坏了 CNTS 投资财产的法律依据，因而构成征收。其后，CNTS 被迫放弃提供电视节目的"排他"权利，更对其造成了损害。即使征收行为并未与合理执法行为作出明确划分，该案媒体委员会的行为也无法定性为"依据媒体法进行的合法电视播放规制行为"。

该案的重要意义主要有三个方面。第一，分析了对知识产权的损害是否构成征收。仲裁庭认为被剥夺的排他使用权在对 CNTS 开展电视剧运营中具有

---

① CME Czech Republic B.V. ( The Netherlands ) v. The Czech Republic, UNCITRAL Case, Partial Award, Sep. 13, 2001.

极其重要的商业价值，明确认定了剥夺所有权以外的其他财产价值也可认定为征收。第二，参考投资财产遭受损害的具体时间节点对征收行为进行判断。该案仲裁庭认为 CNTS 无法继续开展电视剧运营的时间节点在于 CNTS 被迫削除排他使用权的阶段，此阶段 CNTS 成为一个"有资产而无实业"的公司，据此作出"征收"的判定。第三，仲裁庭将 CET21 解除合同这种以私营企业形式实施的行为认定为政府措施，进而否定了媒体委员会的规制措施的正当性，这一认定的意义是非常重大的。

5.Eureko案。[①]荷兰的 Eureko 公司从国有财产部买入 PZU 公司的股票，并约定了 Eureko 公司购入股票的数额数、相关手续、监事会监事的任命权等。合同签订后不久，国有财产部部长为扩大对 PZU 经营的影响力，违反合同任命监事会，同时提起仲裁申请合同无效。随着财政部长的更替，再交涉不断推进。2001 年年末，实行股份公开期间 Eureko 等公司签订了股份追加合意书。但是由于 2001 年 9 月 11 日发生恐怖活动，同年内公开股份面临困难，Eureko 等公司缔结的股份追加合意书，遭到国有财政部长的拒绝。

仲裁庭讨论了 Eureko 公司的何种投资财产受到了损害。根据《荷兰—波兰投资协定》的定义以及该案的相关合同，仲裁庭认为，通过持股享有的企业支配权是投资的重要因素，具有经济价值，存在投资协定保护的价值。此外，股份公开时购入股权的权利同样受到保护。该案重点讨论了投资者遭受损害的财产类型，逐个分析该类型的财产是否受相关规则的保护，这种判定方法非常具有说服力，也非常具有借鉴意义。

6.Siemens 案及 Vivendi 案。[②]德国 Siemens 公司在阿根廷设立子公司 SITS，从而与阿根廷订立关于"身份证明和入国审查综合项目"的合同。2000 年 2 月，新政府以该项目系统不合适为由中止该项目。同年 11 月，受经济危机

---

① Eureko B.V. v. Republic of Poland, adhoc arbitration, Aug. 19, 2005.

② Compania de Aguas del Aconquija S.A. and Vivnedi Universal S.A. v. Argentine Republic, ICSID Case No. ARB/97/3, Aug. 20, 2007.

的影响，阿根廷颁布了《2000 年经济非常时期法案》，总统有权对涉及公共项目的合同进行"再交涉"。随后，2001 年 5 月，阿根廷新政府以该法案为依据发表了 Decree699/01，终止了该"身份证明和入国审查综合项目"的合同。仲裁庭认为，阿根廷解除合同的行为属于行使国家权力，而并非是以合同相对方的地位实施的行为。仲裁庭认为 Decree699/01 属于永久性措施，构成征收。虽然《2000 年经济非常时期法案》是出于公共意图，但 Decree699/01 不能被认定为其与该法案一样具有公共目的。总之，不支付补偿，就是违法征收。

阿根廷图库曼州的上下水道实施民营化时，法国的 Vivendi 公司的子公司 CAA 公司与州订立了为期 30 年的上下水道运营的连续性合同。但当时新的州政府更多地是为了赢得选举的胜利，并未做好对民众的解释工作。新的州政府认为 CAA 公司提供服务后发生的水道水污染问题会损害民众健康，同时严厉指责合同价格上涨问题和认缴税金问题。实际上，双方都非常清楚民众的健康并未遭受损害和威胁。而且 CAA 已向民众作出了解释说明并努力治理污染。最终新的州政府还是以 CAA 公司违反合同为由解除了合同。值得注意的是，旧政府并未指出 CAA 存在相关问题。

仲裁庭认为，对于"征收损害"的界定，大多数仲裁判例对部分价值剥夺和完全价值剥夺做了区分。而行为的主观意图在认定"征收与否"时仅起到补强作用，并非认定征收的必要条件，所以"存在公共目的"不能作为证明该行为不构成征收的依据。因此，仲裁庭认定，首先，新的州政府的行为是为了强制解除合同而进行的违法行使国家权力的行为，并非针对相关问题的合法规制。其次，受新的州政府行为的影响，CAA 公司在损失扩大和无法收回费用的情况下，被迫无法继续运营，资金的存续性遭受了破坏性的打击，属于被"根本性剥夺了投资财产的经济性使用和享有"，因此认定为征收。

该裁决既判定了政府的解约行为的性质，也分析了 CAA 受到的实质损害。除此以外，仲裁庭还对规制行为是否合理及公共目的作了解释说明。该案说明了若政府的行为属于合理规制，则可能产生不一样的裁决。

由此可见，上述两个案件均对"行为意图"和"投资财产所受损害"进行了综合考虑，并且"投资财产所受损害"对征收的认定起到了更加重要的作用。Tecmed案引出了两个值得关注的焦点："如何对国家规制的合法性判断"和"行为的目的与手段间的平衡是否可以作为认定征收的标准"，这给实践中征收的认定指明了新的衡量标准。虽然这两个焦点问题在除Tecmed案以外的案件中并未得出统一定论，但是可以肯定的是，征收必须给予补偿。一般情况下，即使是出于公共目的通过正当法律程序实施的征收，也必须支付补偿。在这一点上，Tecmed案裁决参照了《欧洲人权公约》。《欧洲人权公约》第1条规定明确了除非出于公共目的，否则不得剥夺财产。

7.ICSID仲裁实践。ICSID是根据《解决国家与他国国民间投资争端公约》所成立的，旨在用"非政治的"方式有效地解决国际投资中产生的争端。在ICSID涉及征收的案件数量在20世纪90年代以后才开始大量出现，原因在于此时几乎所有的BITs以及包括NAFTA、ECT在内的区域性投资条约均赋予ICSID对征收案件相应的管辖权。阿根廷被数十次诉至ICSID，2001年年底至2002年年初，阿根廷政府采取了一系列紧急措施以面对阿根廷国内最严重的经济危机，其中包括实施《公共紧急状态法》。在阿根廷的外国投资者由于该法对相关保护性待遇和优惠政策的废除，以及对公共事业的国有化而遭受了重大损失，于是这些遭受损失的外国投资者向ICSID主张阿根廷政府已构成了间接征收，在这些裁决里阿根廷多以失败告终。[1]ICSID裁决的第一个有关阿根廷的征收案件就是CMS案[2]，该案裁决阿根廷须赔偿CMS公司13320万美元；2006年6月23日，Azurix案中ICSID仲裁庭裁决阿根廷须赔偿1.65亿美元，阿根廷再一次承受巨额赔偿。

近年来，ICSID有关征收的案件数量较为平稳，在ICSID受理的这些征收案件中，大多数案件都以间接征收作为补偿请求的依据和理由，因此ICSID

---

[1] 石俭平：《国际条约中的征收条款研究》，华东政法大学2011年博士学位论文。

[2] CMS Gas Transmission Co. v. Argentina, ICSID Case No. ARB/01/8, May. 12, 2005.

在各国 BIT 中征收条款的解读占据着非常重要的地位，也产生了数量众多的 ICSID 征收案例。

8.ECT 仲裁实践。根据 ECT 第 29 条有关争端解决机制的规定，投资者可在 ICSID、UNCITRAL 或者斯德哥尔摩商会中进行选择。截至目前 ECT 已经作出实质性裁决且公开的案件只有 4 个，这 4 个案件中涉及征收的案件仅有 2 个，仲裁庭对这 2 个案件都作出驳回申请的裁决。ECT 仲裁的第一个征收案件是 Nykomb 案，该案申请人为瑞典 Nykomb 公司，该公司同拉托维亚的 Latvenergo 签订了协议，向拉托维亚电网出售其生产的热电。合同履行中，双方在价格方面产生了争议。最初，拉托维亚允许瑞典 Nykomb 公司收取平均税率两倍的电费，双方在协议中明确约定了该税率。但实际上，政府以各种法律法规对瑞典 Nykomb 公司不断进行限制并最终取消了双倍电费的激励措施。瑞典 Nykomb 公司认为拉托维亚政府违反了 ECT 第 13 条关于征收的规定，其行为剥夺了申请人销售收入的主要部分，使申请的投资失去了价值，已构成间接征收。但申请人的请求遭到了仲裁庭的驳回，仲裁庭以谨慎的态度认为，"认定征收的最主要因素在于该措施对企业财产或者控制权的干涉程度，该案中申请人的财产并未被剥夺，其股东的权利或者管理运营企业的权利也未受到干涉"。ECT 的规定相较于 NAFTA 似乎更有利于保护投资者，但在实践中，仲裁庭的严格认定起到了重要的平衡作用。

ECT 仲裁的第二个涉及征收的案件是 Petrobart 案。英国 Petrobart 最初与吉尔吉斯政府控制的 KGM 公司之间就天然气供应签订合同，然而，不久以后 KGM 公司破产，新成立的国有公司 Kyrgyzgz 和 Munai 接管了 KGM 公司的财产和业务。Petrobart 最终选择斯德哥尔摩商会仲裁院根据 ECT 进行仲裁。Petrobart 认为 "KGM 公司负有的责任并未当然地连同财产和业务一起转移，同时，由于吉尔吉斯当地法院的延迟，造成申请人没能够取得破产公司的财产，这些行为已构成了 ECT 第 13 条的征收"。仲裁庭认为，"吉尔吉斯政府的措施虽然对申请人产成了负面的影响，但并非是特别针对申请人的投资或者意在将经济价值从 Petrobart 转移给政府"[①]，进而驳回了申请人的主张。

由此可见，ECT 对于判定构成"征收"是比较严格的，但其关于"征收"的仲裁实践较少，其为"征收"的界定提供的参考作用是非常有限的。

9.NAFTA 征收仲裁实践。[②]1994 年旨在"消除贸易壁垒，促进经济流动"的《北美自由贸易协定》（NAFTA）正式生效。[③] 被称作"投资者的权利法案"的 NAFTA 第 11 章中的第 1110 款专门就征收问题作出明确表述，"任何直接或间接征收，或者等同于征收的措施，应是非歧视的、基于公共目的、在正当程序下进行，并且给予及时、有效和充分的补偿"。但关于征收的条款在 NAFTA 中绝不仅仅依照第 11 章第 1110 条进行解释，而需要结合盖章的其他条款来理解和适用，例如，第 1102 款"国民待遇"、第 1103 款"最惠国待遇"、第 1104 款"最低待遇标准"等。NAFTA 的征收条款是国际法在近一个世纪中所积累和发展的结果，较为完善，因此也成为投资者提起有关征收案件的仲裁时，可依赖的重要 NAFTA 投资规则之一。此外，NAFTA 第 1122 款也允许申请方选择运用 ICSID 或者按照 UNCITRAL 仲裁规则进行仲裁。

自 NAFTA 生效以来，已出现许多有关征收的争议，其中包括 Ethyl Corpo-

---

① Petrobart Ltd .v. Kyrgyz Republic, No. 126/2003, Arbitral Award, ( Stockholm Chamber of Com-Inst.. Mar. 29, 2005.

② 石俭平：《国际条约中的征收条款研究》，华东政法大学 2011 年博士学位论文。

③ 该协定由加拿大、美国、墨西哥三国于 1992 年正式签订。

ration案①，Metaclad案②，Pope&Talbot案③，Marvin Feldman案④，S. D. Mayers案⑤，以及Methanex案⑥等。NAFTA的三个成员国在上述案件中均有涉及。

　　总之，基于NAFTA第1110款提起的征收仲裁案件相互之间存在着不一致甚至矛盾的实践操作。例如，Methanex案的仲裁庭判定善意的、以公共目的而制定的法规不会构成征收，而Metaclad案、Feldman案以及Pope & Talbot案则指出公共目的在界定征收时并不会产生比较大的作用。其中Feldman案明确了即便是出于公共目的、公平且符合正当程序的征收也必须给予补偿；

---

　　①　该案是NAFTA首起仲裁案件，涉及加拿大关于禁止跨境买卖MMT燃料添加剂的一项联邦法律。Ethyl公司是MMT的唯一生产商，它许可其加拿大子公司制造和经销MMT。加拿大通过颁布一项法律将MMT的生产和经销有效地限制于加拿大每个省的范围内。Ethyl公司被允许在加拿大境内生产、经销MMT的前提条件是它必须在每个省建立工厂设施以便本地生产和经营，不得跨国或跨省交易。

　　②　1993年1月，墨西哥COTERIN公司经国际生态学会（INE）的许可，获准在San Luis Potosi州的Guadalcazar城市的La Pedrera地区建造有毒废物垃圾掩埋场。同年5月，州政府签发了项目土地使用许可证。不久，美国公司Metaclad与COTERIN签订了购买COTERIN（包括被许可建造有毒废物垃圾掩埋场在内）的选择权合同，但其尚需获得一份联邦经营许可。因地理原因，该地区建造垃圾掩埋场容易引发公共卫生安全问题，所以该项目遭到了极力反对。Metaclad建造垃圾掩埋场的5个月之后，该市政府命令其停止建设该项目。

　　在多次提出许可申请后，该市政府仍然拒绝了Metaclad的申请，Metaclad即提起了对墨西哥政府的诉讼。1997年9月，该州长签发了一项建立生态保护区的法令，法令禁止保护区内包括经营垃圾场的所有工业活动。1997年1月，Metaclad将向ICSID提起仲裁，主张墨西哥政府违反了NAFTA第11章的关于"公平与公正待遇"及"征收补偿"的条款。最终仲裁庭裁决墨西哥政府对其投资损失给予补偿，但对预期的利润不予补偿。

　　③　申请人通过其加拿大子公司向美国出口软木，1996年加拿大对向美国出口软木实施数量限制，申请人认为这种数量限制对其加拿大子公司有所歧视，指控加拿大违反了NAFTA第11章的规定。仲裁庭最终驳回了申请人的申诉。

　　④　2002年，墨西哥政府拒绝对美国人Marvin Feldman先生在墨西哥投资的烟草出口公司CEMSA所出口的香烟进行退税，Feldman向NAFTA提起申诉，认为墨西哥政府违反了国民待遇、最低待遇标准以及征收和补偿条款，从而要求补偿。

　　⑤　该案涉及一位美国投资者在加拿大从事PCS废物处理行业，加拿大环境事务部部长的紧急命令阻止其从加拿大输出PCS废物，S. D. Myers公司因与其美国废物处理厂距离近而距离上存在的竞争优势被消除。S. D. Myers公司主张禁止PCB出口是阻碍了其加拿大工厂的运营。

　　⑥　Methanex公司于1998年运送了132000吨甲醇至加州的精炼厂用以生产一种称为MTBE的燃料添加剂。但加州政府因一份研究报告指出MTBE会造成水污染而颁布了三道行政命令禁止生产MTBE，同时要求大力发展加州的乙醇工业。Methanex公司认为加州政府的行为从实质上损害了其经济权益，违反了NAFTA第11章的规定，遂向NAFTA仲裁庭提请仲裁，要求美国政府赔偿损失。

S.D.Myers 案的仲裁裁决认为界定是否属于征收必须对该措施的目的和效果进行考虑；Metalclad 案作出更广泛的界定，认为显著剥夺财产权人预期经济收益的公开和附带的干涉行为均构成征收，并须给予适当金额的补偿。NAFTA 仲裁庭的判例形成了参差不齐的对"征收"的界定，这将极大地限制了 NAFTA 对国际投资征收中间接征收界定的指导效果。

通过上述案例及仲裁实践的介绍，我们能够看出征收风险是国际投资中一个较为常见的政治风险，且在解决征收争议的实践中尚不存在统一的、具体的标准对征收行为进行判断，这就导致了征收风险维权的不确定性。但值得强调的是，各个案件均将"投资财产受到损害的程度"作为一项至关重要的标准，投资者面临征收争议时可着重考虑该标准。通过对各仲裁机构有关征收的案例进行研究，有助于把握征收案件的认定标准，有助于更有针对性地防范征收风险。

## 二、征收的理论依据

### （一）征收理论的发展历程

征收的产生早于宪法。古代君王常常出于备战的目的征收人民的粮食或其他财产，同时不会给予被征收者任何补偿，其本质近似于临时加税。由于被征收者无法得到任何补偿，容易导致统治的不稳定，因此，某些情况下君主会考虑作出补偿，但这种补偿与被征收财产的价值相差甚远。人民不断遭受被剥夺财产的痛苦，开始采取各种方式隐藏财产，避免被君主征收，在这种背景下，君主迫于压力被迫给予被征收者适当的给付。由此可见，征收自始具备三个构成要件：第一，征收行为意在公共目的；第二，该行为是国家强行获取财产的行为，没有考虑人民的利益；第三，作出征收行为时必须给付适度的补偿。故征收制度须以公共目的为依据，国家强制取得财产，必须给予补偿。[①]

最早的与征收相近的概念是罗马法时期出现的概念"没收"，随着公共利益需求的增加，在古罗马、古希腊时期出现了"征收"的概念。17 世纪，格劳秀斯

---

① 王贵国：《国际投资法》，法律出版社 2008 年版，第 357 页。

的《战争与和平法》对征收的相关思想以及概念作出了完整且清晰的表述,"私有财产权并不是完全不受限制的,政府可以以公共利益为由进行征收,同时应明确,此时的公共利益应是政府获得征收权力的目的与条件"①。但是,当私人利益受到侵害时,其理所应当得到补偿。古典征收理论广泛地体现于欧美国家早期法规中,例如,美国宪法第五修正案规定,"未经公证补偿,私有财产不得为公共使用目的而被征收"。再如德国 1849 年法兰克福宪法指出,"征收只有在以公共利益目的且确有必要,并依照法定程序且进行公正补偿时才合法"。②

### (二)征收扩大化

古典征收理论中征收的定义仅包括财产所有权的完全剥夺。罗马法时代出现了最初的有关征收制度的立法,罗马法赋予私人财产以绝对性、排他性、永久性。同时,罗马法也规定了特殊情况下对私人财产的限制,"出于公共利益的必要,国家可以通过特别立法取得私人财产,财产所有人有权因其损失获得充分补偿"。20 世纪初,经济发展速度越来越快,发展规模越来越大,政府干预逐渐增多,古典征收理论扩大为扩张征收。现代征收制度呈现出新的特点,首先,征收目的扩大为一般意义上的公共利益;其次,征收主体由政府演变为政府及政府授权的私人机构;最后,征收范围由完全剥夺财产权转变为可以对财产使用权进行限制。征收制度的发展演变主要体现在法国、德国、美国等欧美国家。

1. 法国。1789 年法国《人权宣言》第 17 条规定:"财产是神圣不可侵犯的权利,除非出于依法认定的公共利益的需要,并且在实现公平补偿的条件下,不得予以征收。"这是法国征收制度确立的标志,并第一次以法律明文规定了"公共利益"的存在是征收的前提。法国在实践中不断扩展"公共利益"的范围,从"公共必要性"变化为"公共用途",再延伸到"公共利益",适用征收的前提条件的范围不断扩展。法国行政法院以极为宽容的态度对"公共利益"这一抽象

---

① 张千帆:《"公共利益"的困境与出路——美国公用征收条款的宪法解释及其对中国的启示》,载《中国法学》2005 年第 5 期。
② 陈新民:《德国公法学理论基础》(下),山东人民出版社 2001 年版,第 421 页。

的措辞作了相当广泛的解释，只要公共利益受到某种影响时，行政法官就会倾向于判定征收行为是符合"公共利益"这一前提条件的。

2. 德国。19 世纪，德国开始出现征收制度，并逐渐由古典征收演变为扩张征收。1848 年法兰克福宪法草案将征收作为明确的法律概念，成为古典征收理论阶段的标志。[①] 古典征收理论阶段的征收制度有三个特征：一是仅对有体物实施征收，包括动产和不动产；二是征收是行政机关的行政行为；三是征收必须出于公共利益的意图，征收以公共事业单位的存在为前提；四是征收必须给予全额补偿。20 世纪初，社会本位思想取代了个人本位的思想成为当时德国社会思潮的主流。在社会本位思潮的带动下，德国法中的征收概念范围进一步扩大，德国《魏玛宪法》第 153 条第 2 项规定，"征收必须以公共利益为目的，且依照法律实施。除联邦法律有特别规定外，征收必须给予适当的补偿"。由此可见，扩张征收理论有四项特征：第一，对于有形财产也可实施征收，债权、著作权等权利均被纳入征收的范围；第二，征收不仅由行政机关以行政行为的方式作出，还可以以立法的形式实施征收；第三，确定了征收不局限于对财产所有权的转移，对财产进行限制也会构成征收；第四，对公共利益作出更广泛的解释。我们可以从德国征收制度的演变看出，征收立法不再一味地强调对私有财产的保障而抑制公权力，随着社会思潮的转变，征收立法越发重视满足公共利益需求。

3. 美国。美国的征收立法最初由宪法第五修正案的征收条款确定，"非经正当程序任何人的生命、自由和财产不得被剥夺；征收私人财产作为公共使用必须给予公平补偿"。该征收条款明确了实施征收的三个要件，即正当的法律程序、公平补偿、公共利益使用。

与美国征收密切联系的一个概念就是"警察权"（police power）。"警察权"是为了保护公众健康、安全等，按照法律可以无偿对任何人的财产实施限制乃至剥夺的权力，包括土地区划、土地分割以及出租管制等。由于该权利容易给

---

① 姜玉琴：《德国行政征收制度探析》，载《决策和信息》2006 年第 5 期。

公民的财产权带来很大损害，因此，出于对公民权利的保护，警察权的运用必须受到法律的严格限制以防止滥用，其适用范围极其有限。将征收与警察权作出区分的目的在于分析征收是否需要给予公正补偿。若该限制私人财产的行为被认定为是行使警察权，则不构成征收，也无需给予公正补偿；反之，若该限制行为超出了警察权的权限范围，则构成征收，必须给予补偿。征收和警察权的共同之处在于二者都以公共利益为目的，只是限制财产的程度不同。如果财产权被限制剥夺的程度较深，则可以通过行政、司法等途径寻求公平的补偿。

美国法院在认定征收与警察权的相关判例中显示出在实践中警察权的范围呈扩张趋势，这就给征收和警察权的区别认定带来了严峻的挑战。国际投资中的"间接征收"也由这两个概念催生而来，国际仲裁庭对间接征收所作出的判例也推动了美国国内法的变化。

欧美国家征收制度演变的过程中存在着某些相同之处。第一，各国最初判定征收的标准只包括完全剥夺财产权，经过逐渐演变，各国均认可过度限制财产权也构成征收。第二，各国均以公共利益作为实施征收的前提，关于公共利益与私人财产权间的平衡成为各国讨论的焦点。第三，欧美国家法律中的征收制度及其适用的术语已成为国际征收立法与实践的来源。

### （三）征收的理论基础

18世纪到19世纪期间，对外投资随着殖民扩张而开展，这一阶段正处于西方自由资本主义时期，该时期注重保护私人财产权，这种理念随着殖民扩张而不断被推广，但这种理念与国家权威长期存在矛盾。该理念主张东道国无权征收外国投资者的财产，东道国对外国投资者财产的征收行为属于侵权行为，应当承担国际法上的国家责任。[1] 东道国无权限制外国投资者的财产权利，仅承担保护的义务。一旦对外资实行征收，投资者的母国就有追究东道国的"国家责任"的权利，甚至可以"护侨"为名兴兵索债，而面对这种横暴的武装入侵，

---

① 杨树明：《国际投资法原理》，重庆大学出版社1992年版，第142~143页。

东道国"有忍受干涉的法律义务"。<sup>①</sup>自由资本主义逐步兴起以后，人们对于确认私人财产权合法性的要求愈加强烈，终于在 18 世纪时确立了财产权体系。1789 年，"财产权神圣不可侵犯"出现在了法国的《人权宣言》之中，该法案禁止对财产权随意限制和剥夺，财产权人应享有绝对的自由。1804 年《法国民法典》规定："任何人不得强制被出让其所有权。"这无疑是对所有权地位的再次明确。美国宪法第五修正案确认了财产权为宪法上的一项重要权利，并规定征收必须通过正当的法律程序，且给予公平补偿，"不经正当法律程序，任何人的生命、自由与财产不受剥夺；不给予公平补偿，私有财产不得充作公用"。财产权受到宪法保护，私人财产权与政府公权力之间形成了严格的界限，从而推动了资本主义的发展。

最早提出征收概念的著作是 17 世纪著名法学家格劳秀斯的《战争与和平法》，该著作中将征收表达为"国家征收权"，他提出"臣民的财产权低于国家的征收权，因而国家或者为国家做事的人可以使用，甚至剥夺、摧毁这样的财产，不仅在极端的情况下可以这样，为公共用途也可以这样，只要建立文明社会的人愿意，私人的目的就必须为这样的目的让路。不过，应当补充说，国家在这样做的时候，需要补偿那些损失了其财产的人的损失"<sup>②</sup>。

虽然宪政时代被誉为是保护私人财产思潮最高涨的时期，但在宪政时代一旦满足一定的条件，征收仍然是被允许的，不同时期的征收仅在限制程度上存在差异。关于征收的正当性与合法性的来源有四种理论学说——财产权效率说、国家主权说、财产权人同意说、财产权社会义务说。

1. 财产权效率说。财产效率说认为效率财产制度决定了征收的正当性。效率财产制度是指财产权的转让只有从一个低效率使用者手中转移至高效率使用者手中才是有效率的。从社会的整体福利出发，为了协调个体利益之间的矛

---

① 陈安：《国际投资法的新发展与中国双边投资条约的新实践》，复旦大学出版社 2007 年版，第 78 页。

② [荷] 格劳秀斯：《战争与和平法》，何勤华译，上海人民出版社 2005 年版，第 29 页。

盾，政府通过自愿交易来获取公民的财产成本很高，强制征收便可带来对社会最优的结果，使资源转向更有效率的使用，以纠正市场失灵，这也是征收在经济学意义上的合理性所在。[①]

2. 国家主权说。国家主权原则衍生出了征收正当性。这一观点的提出者格劳秀斯认为，"国家征收权是主权的属性之一，是国家保留的一项权利"。国家是一国的最高统治者，支配着领土内的任何人和物，必要时可以不经财产所有人的同意将其财产征收，用于公共利益，财产的拥有者必须服从与主权者之间这项默示的协定。这一观点认为财产权者之所以需要服从有权者的指挥，原因是这些有权者行使着代表整个社会作出有拘束力的决策的权力。但这一观点只是看到了征收所体现出来的一些表象和特征，却没有真正探究到财产征收权正当性的终极来源。[②]

3. 财产权人同意说。财产权人同意说主张财产权人自愿让国家征收其财产的原因在于，它是一个理性人就社会公共利益和个人财产利益进行最终衡量后所自愿作出的选择。人们在社会中的共同需要（如维护国防安全、建设道路交通设施等）驱使人们寻求公共利益的实现，这些公共利益能否实现将会影响个人其他方面需求的满足。因此，财产权人接受国家对其财产进行征收，但毋庸置疑的是，国家必须给予补偿，以将个人损失降到最低程度。

4. 财产权社会义务说。财产权具有社会义务性，其行使在于满足个人利益，同时也具有促进公共利益实现的义务，原因在于财产权因具有促进社会利益实现的机能而受到尊重和保护。有利于公益或者不违背公益的个人财产权才能受到法律保护。

负有社会义务的财产权给予征收实施的合理性和正当性。17、18 世纪初奉行"财产绝对原则""意思绝对自治原则""所有权绝对原则"，强调财产权人

---

① 廖建求、姜孝贤：《行政征收权与私有财产权的冲突与协调——以财产保护方式为视角》，载《湖南科技大学学报（社会科学版）》2008 年第 11 期。

② 闫桂芳：《财产征收的正当性分析》，载《中国合作经济》2005 年第 6 期。

应享有绝对自由,禁止随意剥夺、限制财产权人的权利,国家层面也实行"不干预""自由放任",仅充当"守夜人"的政策,这给社会带来了许多问题,造成了负面影响。于是为了解决社会问题,19世纪末财产权社会化的思想出现了,即公共利益与私人财产权相抗衡。征收权迎合了这种社会化的趋势,克服了私有财产权导致的市场失灵,现代法治理念注重公益与私益适当平衡,既强调对财产权的保障,也主张对财产权实行必要的限制,于是在公共利益需求的刺激下,按财产实际价值给予补偿的征收制度逐步建立。[①]征收虽来源于国家主权权利,却并非完全不受限制,国家只能在满足前提条件的情况下行使征收权,且须承担相应的义务。同时,征收行为不能违反国际投资法或国际人权法中规定的该国所应该给予外国人的保护。国际法承认国家征收权的合法性,但东道国必须根据国际最低标准给予在其境内的外国投资者公平和公正的待遇。实践中对外国投资者财产的保护程度并未形成统一的标准。

## 三、征收与征用

### (一)征用的概念

征用是指国家依法将个人或集体所有财产强制收归国有使用,重在"使用"二字,财产被征用后,国家须给予财产所有人合理的补偿。

### (二)区别与联系

征收与征用是既有联系又相互区别的。不同之处在于,首先,征收会改变财产所有权,例如土地被征收后,土地由农民集体所有变为国家所有;而征用作用的对象是财产的使用权,土地被征用后,其所有权仍然属于农民,土地使用结束后需还给农民集体。简言之,涉及所有权改变的,是征收;不涉及所有权改变的,是征用。其次,征收的对象是不动产;征用既可适用于不动产又可适用于动产。最后,征用仅转移使用权,若标的物没有毁损灭失,征用以后返还原物即可,若标的物发生了毁损灭失的情况,则应该给予补偿;而征收涉及转移所有

---

① 闫桂芳、杨晚香:《财产征收研究》,中国法制出版社2006年版,第7页。

权,不存在返还原物的问题,应当依照法定标准进行补偿。

征收和征用也有共同之处,征收和征用都是为了公益需要作出的行为,且主体都是国家,都要通过法定程序,都要依法给予补偿。具体来说,一是公共利益需要的原则。公共利益是指社会整体利益,在实践中要严格界定社会公共利益。二是无论是征收还是征用,均对财产权所有人的财产权带来了很大的限制。因此,把握好公共利益需求和私人财产保护二者间的平衡是至关重要的。三是必须依法给予合理补偿的原则。毫无疑问的是,征收和征用均须依照法律确定的标准对财产所有人给予补偿。由于征收是改变不动产的所有权,所以征收须给予金钱或其他形式的补偿。而征用针对的是财产的使用权,使用结束后要物归原主,若征用导致该财产价值减少,则应就减少的部分给予补偿且补偿必须及时。

## 四、征收与国有化

国有化是指把私人所有的生产资料转化为国家所有。出于公共利益的需要,国家颁布专门的法律强制接管某个企业、某类企业或对土地及附属物的所有权,相对人因此失去对财产所有的一种方式。[①]例如,2007年委内瑞拉政府将委内瑞拉境内一家私营的电信公司CANTV(西班牙国际电信和美国AT&T都有股份)国有化。虽然国家会给予相对人补偿金,但补偿金往往低于市场价格。国有化是国家所有制经济形成过程中的一个重要途径。

国有化和征收都是由国家作为主体采取的强制措施,都是将私人财产收归国有;都是一个国家内部的主权行为并且都涉及财产向公众的强制转移;都要按照法定程序和条件实施。二者存在以下几方面的区别:第一,国家改变征收财产的原有用途,而国有化保留财产的原有用途;第二,征收的实施不以专门法令为依据,而国有化则一般需要颁布专门的国有化法令;第三,征收是个别的,而国有化往往是大规模的,具有一般性。有学者认为,一战前征收的对象主要

---

① 金伟峰、姜育富:《行政征收征用补偿制度研究》,浙江大学出版社2007年版,第15页。

是个别的个人财产,而二战后,征收的对象逐渐扩大,"征收"演变为"国有化",国有化由宪法规定,或者直接依据其他的法律实施,它通常由"土地改革""工业社会化"等国家社会经济结构变化推动而来。[①]尽管征收与国有化存在一定程度上的区别,但它们的基本法律性质是相同的,"征收"相较于"国有化"其内涵和外延都更为广泛,因此为了扩大国家征收权的适用,绝大多数的投资条约都将"国有化"及其他类似概念纳入征收条款之中。

20世纪初,国有化是最主要的剥夺外资所有权的形式,苏俄和墨西哥实施的国有化推动了征收的国际立法。俄国十月革命后因政体的改变对外资施行了大规模、无偿的国有化。如,苏俄颁布的《关于银行国有化的法令》第一次使用"国有化"一词,宣布将外资垄断的银行业收归国有。[②]二战后,殖民地国家独立浪潮袭来,20世纪60年代到70年代外资国有化显著增加,到1974年和1975年外资国有化程度达到了峰值,在此之后逐步减少。到90年代,国有化几乎不再出现,据统计称,1984年至1992年间仅有三起国有化行为。

## 第二节　征收的类型

### 一、直接征收与间接征收

征收分为直接征收和间接征收。直接征收是指东道国直接剥夺外国投资者的财产所有权。间接征收并非直接取得投资者的财产权,而是通过对外国投资者的资本进行约束和管制,达到满足本国利益需要的目的,实质上这种行为已对外国投资者产生了相当不利的影响。间接征收具有间接性和累积性的特点。它通过间接的效果达到剥夺投资者的财产和权力的目的,并且这种效果需要一系列行为进行累积。随着经济全球化的发展,直接征收容易降低投资者的积极

---

① 余劲松:《跨国公司的法律问题研究》,中国政法大学出版社1989年版,第28页。
② 史晓丽、祁欢:《国际投资法》,中国政法大学出版社2009年版,第197页。

性,因此间接征收就成为一种采用愈加频繁的限制外国投资者资本的方式。各双边投资协定对间接征收的表述都不尽相同,如有的表述为与征收"其他类似措施"①、有的表述为与征收"效果相同的其他措施"②以及"其他任何具有与征收同样效果或同样性质的措施"③等。这些间接征收方式包括:(1)强制出售财物;(2)强制出售所持股权;(3)实行本土化措施;(4)接管外资财产的控制权;(5)通过他人的直接接管而间接控制财产;(6)东道国法律不给外国投资者财产提供保护;(7)吊销外资企业所必需的从业许可证或取消已作出的许可决定;(8)过高的征税;(9)不经正当法律程序驱逐外国投资者;(10)实施冻结银行账户等造成罢工或其他无法正常经营的扰乱行为。④目前的国际条约倾向于扩大间接征收条款的适用范围,以此更好地保护外国投资。下面举几个案例来说明间接征收的问题。

### (一)谢某某诉秘鲁政府案

香港居民谢某某持有秘鲁鱼粉公司 TSG90% 的股权。2004 年,秘鲁国家税收管理总局以 TSG 公司欠税为由冻结了该公司的银行账户,该公司无法维持正常经营。于是,谢某某以秘鲁政府行为已构成征收且未补偿为由,将该案提交至 ICSID 仲裁庭。⑤该案存在较大的争议:(1)中秘 BIT 是否适用于香港居民;(2)仲裁庭的受案范围如何确定,是否限于"征收补偿";(3)秘鲁政府冻结账户的行为是否构成间接征收;(4)征收补偿额的计算方法及数额。⑥2011 年仲裁庭确认秘鲁政府的行为构成间接征收,裁决秘鲁政府败诉,秘鲁政府需支付 786306.24 美元的补偿并支付相应的利息。

---

① 如 1982 年《中国与瑞典双边投资协定》第 3 条第 1 款。

② 如 1983 年《中国与罗马尼亚双边投资协定》第 4 条第 1 款。

③ 如 1995 年《中国与摩洛哥双边投资协定》第 4 条第 1 款。

④ Sornarajah M, *the International Law on Foreign Investment*, Cambridge University Press, 2010, p.375.

⑤ Señor Tza Yap Shum v. The Republic of Peru, ICSID Case No. ARB/07/6.

⑥ Señor Tza Yap Shum v. The Republic of Peru, ICSID Case No. ARB/07/6, Summary of Award ( from International Arbitration Case Law, IACL ), July 7, 2011.

### (二)中国平安保险诉比利时政府案

富通集团在 2008 年的全球金融危机中遭受巨大打击,比利时政府以远低于市场价的价格强制购买了富通比利时银行的股份,后将该银行 75% 的股份出售给法国巴黎银行,获利 16 亿欧元,仅给富通集团留下少量国际保险业务、出售子公司所得现金和价值堪忧的美国次级债券。比利时政府未将所获利润公平地分配给富通集团的所有股东,仅对欧盟个人股东给予了补偿,而中国平安保险作为富通集团最大的股东和其他非欧盟股东均不能获得任何补偿。[①] 该案的主要争议在于:(1)该强制拆分程序不符合规定,是由比利时政府单方面决定作出;(2)该强制拆分行为是否已经构成了间接征收;(3)分配利润时是否歧视了中国平安保险公司。2012 年 9 月 19 日,中国平安保险将该争端提交至 ICSID 仲裁庭,认为比利时政府的行为构成了间接征收。

### (三)Genin 案 [②]

Genin 事件中(美国-爱沙尼亚 BIT),主要争议在于爱沙尼亚政府取消许可的行为是否构成征收。该案由 EIB 的股东 Estonian Credit 和 Eurocapital 公司的实际所有人 Genin 氏提交至仲裁庭。EIB 发现,其在央行竞拍中购入股票的 Koidu 支店的借贷对照表中存在矛盾,并以书面形式通知了中央银行,但中央银行否认存在责任。EIB 将中央银行诉至国内法院,审判确定 EIB 遭受了 210 万美元的损失。虽然央行已支付了部分债务,但 90% 的债务尚未支付。EIB 和中央银行虽缔约了债券转让合同,但根据爱沙尼亚的规定,一旦指示文书中约定持股超过一定比例,就必须申请股份持有许可。申请人向法院起诉请求认定该指示文书的正当性,在正当性尚未确定时,EIB 就因其股东 Eurocapital Ltd 未申请股份持有许可并抽出 10% 的股份而被央行取消了许可。

---

① Ping An Life Insurance Company of China, Limited and Ping An Insurance ( Group ) Company of China, Limitedv. Kingdom of Belgium, ICSID Case No. ARB/12/29.

② Alex Genin, Eastern Credit Limited, Inc. and A.S. Baltoil, v. the Republic of Estonia, Case No.ARB/99/2, Award, June 25, 2001.

然而，事实上是以"Eurocapital Group Company"的名义申请的股份持有许可，它与"Eurocapital Ltd"是同一个住所。

该案中的仲裁庭并未直接讨论行为是否构成征收，而是对"取消许可的行为是否合法"展开分析，指出 EIB 无正当理由拒绝公开股东信息，同时存在公司间资金交易的嫌疑导致重大损失，最终认定该取消行为不违反国际法[①]。进而仲裁庭认定爱沙尼亚政府行为不构成征收。但是政府行为是否违反公正性与是否属于征收及是否需要补偿是两个不同的问题。因此，仲裁庭虽然未就是否构成征收展开实质上的讨论，但承认该"取消许可"的行为合法，在一定即认定了该行为不构成征收。

虽然取消许可本身是合法的，但仲裁庭认为政府作出取消许可决定的程序是不符合法律规定的，政府作出决定时并未履行通知 EIB 的代理人参加讨论会议的义务。

### （四）Methanex 案

甲醇制造者 Methanex 公司主张认定美国加利福尼亚州导入石油添加剂 MTBE 的禁令的行为构成征收。仲裁庭认为在本案中 Methanex 公司的财产没有被剥夺，所以该公司的主张缺乏有力证据。"出于公共目的，遵循正当程序，没有特别约定不实施某种规制的，给外国投资者财产造成影响的非歧视性的行为，则不构成征收，不需要补偿。"另外，那种特别的约束并未实施。而且，该案中该禁令是出于公共目的、无差别的、在遵循正当程序下实施的。据此仲裁庭认定从国际法的角度出发，该禁令属于合法规制而非征收。

Methanex 公司并未提出证明公司支配权被剥夺、对内部管理的干涉等的有力证据。虽然该公司主张顾客、商权以及市场份额丧失，但是这些要素仅在认定补偿金数额时作为参考，不能作为认定征收成立的依据。

---

① 仲裁庭在判断 EIB 的取消许可的正当性时，曾在开始部分提到，爱沙尼亚是刚刚独立的国家，政府在金融规制方面的经验尚浅，虽然很明显这是并未违反公正待遇的证据，但是给是否征收的判定究竟带来多大的影响是不明确的。

该裁决关于"正当规制"的论证受到了广泛关注。该案明确了"正当规制"的要件包括"无歧视""公共目的""正当程序",但是并未说明这与"合法的征收"的构成要件有什么不同。

### (五)Saluka 案

申请人 Saluka 的母公司野村网络主张捷克政府对其持有 46% 股份的 IPB 银行的行为构成征收。IPB 本身就存在严重的不良债权问题,也没有收到政府的财政支援,其经营状况恶化,作为股东的野村网络欲寻求政府的财政资源和与其他银行合作的机会以改善 IPB 的经营状况。但捷克政府以 IPB 经营状况持续恶化为由,禁止 IPB 股权交易,欲向 CSOB 转让该银行。在 IPB 被转让给 CSOB 以后,捷克政府才向该银行给予财政支援。

仲裁庭对《荷兰-捷克 BIT》第 5 条剥夺 "deprivation" 一词作出了正当化理解,但关于何种国家规制措施被允许,国际法并未作出统一的定义,因此仲裁庭就该案的具体情况对捷克政府行为的合法性作了分析。捷克央行在实施规制行为时,指出 IPB 失去了银行法规定的支付能力,已对银行系统的安全性构成威胁,IPB 也没有提供改善对策,基于此中央银行才出于公共利益的考量并依照法律作出明确的法律文书。仲裁庭支持该法律文书,认定中央银行合法地适用法律,公共管理是基于正当的动机,中央银行最终夺取了 Saluka 经营权的措施是正当的公共管理,并未超出国家规制权限的范围,不构成征收。另一方面,仲裁庭承认捷克政府的规制行为违反了国际法上的公平待遇义务,其判定该政府行为不构成征收的原因是无论政府是否作出行为,IPB 银行经营状况的恶化都给捷克的经济形势带来负面影响。虽然该案与 Methanex 的事实关系完全不同,但二者裁决的基本态度是一致的,即出于公共目的并符合正当法律程序作出的非歧视性行为构成"正当规制"。

## 二、正式征收与反向征收

### （一）概念

正式征收即传统征收，顾名思义，正式征收是按照法定程序由政府向财产权利人进行征收的行为。反向征收则是与之相对应的一个概念。反向征收的含义是在政府出于公共利益目的对财产权进行限制的情况下，一旦这种限制达到了"特别牺牲"的程度，财产权人可以主动依法要求政府对其财产直接实施征收并提供补偿。[①] 反向征收制度的出现是由于政府对财产权的限制随着政府职能的加强越发过度，国外针对此类现象形成了一套较为完备的反向征收制度，便于更好地保护财产权利人的利益。

### （二）反向征收的发展

《魏玛宪法》扩大了征收的概念，德国联邦法院在实践中通过"法官造法"的方式，按限制财产权的程度将限制财产权的行为划分为"准征收侵害"与"征收性侵害"。将合法侵害、违法侵害、合法行为附随效果的侵害（即反向征收）三种财产权侵害行为共同纳入征收体系，形成德国现代征收制度。征收条款被认为是有关财产权保护的最为重要的宪法条款，然而，当公权力运行时，公权力本身的恣意性以及财产权社会义务界定困难导致对财产权的过度限制，目的是达成公共利益的提升以及更好地保证社会共享福利，但少数的财产权利人承担了达成这一目的的代价，这种牺牲程度远超于一般社会义务，造成了与征收行为类似的效果，这些牺牲自身利益的财产权人作了"特别牺牲"。而这种过度限制并不构成传统征收，且无法基于传统征收而受到公平补偿，这种情况下财产权的保护在理论和法律上都处于空白地带。因此，某种形式的限制实质上已经剥夺了财产权的内在价值，产生了类似于征收的效果，同时，权利人也并未得到任何补偿时，财产权利人明显遭受了不公平待遇，这种限制行为就构成了对财产权的侵害，因此不存在正当性。为了应对此种情况，更好地保护财产权利人

---

① 介晨飞：《反向征收制度研究》，西南政法大学 2015 年硕士学位论文。

的利益,因此,其在传统征收理论的基础上发展出了反向征收理论。在财产权利人面临此种过度限制时,反向征收制度将征收制度扩大适用,赋予财产权利人主动启动征收程序的请求权,以补偿的形式对财产价值进行保障,也是对限制行为的一种"限制",是对财产权限制与财产权保障之间的平衡。

### (三)反向征收的特征

反向征收与正式征收相比,具有以下几个方面的特征。第一,反向征收的提起主体是被限制的财产权利人,并非通常情况下作出征收行为的政府。财产权利人享有"反向征收请求权",有权请求政府对其被限制的财产进行征收并按法定标准进行补偿。这一特征是反向征收有别于正式征收的重要区别。第二,反向征收中的政府仅仅对相应的财产作出限制行为,并无征收意图,但这种限制行为达到特别牺牲的程度,使得财产的价值受到减损或者超越财产权人所应承受的社会义务范围,这种限制达到了与完全剥夺财产所有权相类似的效果。而正式征收本就剥夺了财产所有权,反向征收的限制行为与正向征收行为达到的效果相类似。第三,反向征收一般要通过司法程序,需要法院判断是否构成财产权限制并确定限制程度如何,同时对补偿内容、标准等进行说明;正式征收往往是行政程序。第四,反向征收的客体既包括不动产的权利,也包括动产权利;正式征收主要针对不动产。第五,反向征收以法律或者物理形式对财产权施加限制,以满足公共利益的需要,是一种限制行为。

### (四)主要国家的反向征收制度

1.美国。美国通过判例确定了反向征收制度,是最早确立反向征收制度的国家。在美国,有一套较为完备的法律体系保护征收之中财产所有人的权益。[①]征收制度建立之初有一个必备的前提条件,即公共利益目的,征收必须依照正当法律程序并给予公平补偿。随着时代的发展私人对财产权的要求越发提高,

---

① 如美国宪法第五修正案规定:"非依正当程序,不得剥夺任何人的生命、自由或财产;非有合理补偿,不得征收私有财供公共使用。"第十四条修正案规定,州政府依据正当法律程序取得私有财产并保证不得拒绝法律对公民的平等保护。

人们也越来越关注私人财产权所受的苛刻的限制。因此，美国联邦最高法院大法官在 1922 年的 Pennsylvania Coal Co. 案中提出了"过于严苛的规制条例应视为征收"的观点①，该观点一提出便受到极为广泛的关注。从此，反向征收的合法性得以确立，即财产权遭受了过度的限制，那么这种过度的限制行为导致的效果与征收行为导致的效果是等同的，但此时政府并未启动征收程序，出于保护财产权人权利的考虑，财产权人可提起反向征收诉讼以获得补偿。美国按不同的产生原因将反向征收划分为两种类型，即占有型反向征收（physical takings）和管制型反向征收（regulatory takings）。这两种类型的反向征收都对财产造成了类似征收的损害效果。

占有型反向征收表现在对私人财产的物理侵入或占有使用，且财产权人无法凭借其对财产享有的权利对这种物理侵入予以排除。在 United States 一案中，原告在其拥有的机场附近的土地上建有住宅和养鸡场，美国军用飞机低飞滑行的安全路径正好经过该土地上方，长期严重影响着原告的正常生活，军用飞机产生的巨大噪音造成原告饲养的 150 只鸡受惊而死亡。原告在诉讼中主张美国政府实际上已对其财产构成了反向征收，法院初审驳回了该主张。最后联邦最高法院认为，土地所有人除享有土地本身的所有权外还享有对该土地上空的占有和使用权，是否借助建筑物占有该上空不影响土地所有人对该上空的占有使用权。但这并不意味着军用飞机在私人领域上空飞行就一定构成反向征收，只有在其飞行高度过低、噪音过大而严重损害了土地所有人权利的情况下才构成反向征收。该案中的军用飞机事实上就是在原告的私人领域上空飞行，给原告的财产及生活均造成了极大损害，实质上已经构成了反向征收，应给予原告公平补偿。联邦最高法院认为原告享有反向征收请求权，补偿数额应以原告遭受的损失为计算标准。② 另一个占有型反向征收的典型案件是，Nollan 夫妇意图对其在加利福尼亚州租赁的一块土地和房屋进行购买和改造，但该土地

---

① Pennsylvania Coal Co. v. Mahon.206U.S.393（1922）.

② 328U.S.256（1946）.

和房屋由于紧挨公共海滩、公园,且有一座海堤穿过该土地,所以改建必须向加州海岸委员会提交申请。随后在 Nollan 夫妇的申请下,加州海岸委员会附条件地同意了该申请,其所附条件要求 Nollan 夫妇必须容忍公众在其位于涨潮线与海堤之间的土地上通行。前两个法院经审理后均否定加州海岸委员会的行为构成了反向征收,而联邦最高法院认定,无论是出于公共利益考率,还是仅对财产权人存在微弱的影响,毋庸置疑的是财产权具有排他性,只要该行为实质上造成了对财产的"永久性物理占有"就构成了反向征收。该案中海岸委员会所附条件对财产权人的侵入明显已经达到"永久性物理占有的程度",所以无论是否为了便于公众出行,该附条件的行为均构成了反向征收,必须对该土地进行征收并给予财产权人公平的补偿。[①]

管制型反向征收是以制定管制立法实现的,管制立法直接规定对私人财产权的限制,财产权人必须遵守管制法律法规。Miller 案中,弗吉尼亚州政府颁布法令全面禁止种植可能是传染性病害来源的红刺柏树,并强制砍伐苹果园一定半径范围内的红刺柏树旨在保护该州苹果树种植。Miller 种植的绝大部分红刺柏树也被强制要求砍伐,Miller 遂向法院起诉主张这种行为对其财产构成了反向征收。巡回法院驳回了原告的主张,认为对于该红刺柏树的强制砍伐要求,执行人仅需支付原告 100 美元的砍伐费用,而无需就原告因红刺柏树被强制砍伐而遭受包括土地价值减损在内的损失提供补偿。联邦最高法院认为,州政府并未证明所有的红刺柏树都会感染并传染腐烂病,因而不能以公共利益为由砍伐健康的红刺柏树,政府强制要求原告砍伐其红刺柏树的行为不属于行使警察权的范畴,因此认定州政府颁布法令的行为构成管制型反向征收,应当给予原告公平的补偿。[②] 但也存在不认定构成管制型反向征收的案例,在 Jacob Ruppet. 一案中,战时的联邦法令将那些不会致人酒醉的酒类饮料也纳入了禁止销售的范围,这导致酿酒厂等啤酒制造业主的产销量受到极大的冲击,进

---

① Nollan California Coastal Commission. 483 U.S. 825 ( 1987 ).

② Miller v. State of Virginia. 276 U.S. 272 ( 1929 ).

而出现利润大幅减少的情况。但法院认为政府的这种行为是为了给包括原告在内的民众日常生活带来安全和稳定，由此带来的损失属于啤酒制造业主应当承担的容忍义务的范围，因此认定该法令并不构成管制型反向征收，也不负有给予原告补偿金的义务。[①]

从以上案例中可以得出占有型反向征收与管制型反向征收在判断是否成立的标准和难易程度上均存在着较大的区别，这是因二者的"侵入"性质不同造成的。占有型反向征收是公权力对财产权的"有形"侵入，实质上构成了永久性占有。这些侵入与占有非常明显地侵犯和剥夺了财产权，权利人因此完全丧失了财产所有权，基于此必须对财产权人进行补偿，这是判例中的一项本质规则；管制型反向征收是以管制立法的形式损害财产权，不存在"有形"侵入，而是一种"无形"的剥夺，所以管制型反向征收本身不属于本质规则。[②]换句话说，占有型反向征收是"永久性物理占有"财产，其本质明显就是征收行为，一旦对侵犯财产的程度达到"几乎剥夺所有权人被占有部分财产之全部权能，或者拒绝财产所有权人对财产之使用"[③]，即构成了占有型反向征收。而管制型反向征收，则须判断该管制型法律是不是为了合法的公共利益，财产权人负担的义务是否超过了一般范围，财产权人负担的义务与公共利益是否不成比例，等等，因此造成了管制型反向征收的认定相当困难的局面。实践中，法院往往认为公共利益高于私人利益，进而判定管制型反向征收不成立，所以认定构成管制型反向征收非常困难。

20 世纪 70 年代以前，美国针对构成反向征收的法律法规采取的救济措施是宣告无效或发布特定令状。在 20 世纪 70 年代后期，凭借反向征收请求权提起诉讼进行救济的方式出现了，财产权人可以用此种方式获得公平补偿。美国法院在众多判例中按不同类型的反向征收确立了四种救济方式，分别为"宣告

---

① Jacob Ruppet v. United states. 252 U.S. 264（1920）.
② 蔡怀释：《美国之土地使用法管制以及其宪法许可界限》，载《玄奘法律学报》2004 年第 2 期。
③ 谢哲胜：《财产法专题研究（二）》，中国人民大学出版社 2004 年版，第 174 页。

无效""给予金钱补偿""时机成熟原则""放弃管辖权理论"。如何判断采用哪种救济方式，其在实践中形成了一套判断步骤，即反向征收之诉开始后：第一步，先判断行为属于哪种类型的反向征收，若该侵害行为属于"占有型"，则直接构成反向征收，法院宣告侵害行为无效，就财产权人所受损失判决政府给予财产权人相应的补偿；若该侵害行为属于"管制型"，则开启第二步讨论。若联邦法院认为该案牵连的州法律涉及敏感领域，且无益于解决联邦宪法出现的争议，则联邦法院可以放弃该案的管辖权；若联邦最高法院认为尚未确定土地的最终使用权，则联邦法院可因土地使用权未决而驳回诉讼；联邦最高法院已经确定了土地使用权后，联邦法院根据侵害行为是否符合公共利益、财产权利人负担的义务是否超过一般范围等方面展开审查。若法院将该侵害行为认定为管制型反向征收，则宣告该涉案法规无效，但不同于占有型反向征收的是，这种情况下可判决给予财产权人任何补偿。仅特殊情况且经特别授权，才能作出补偿判决。对于反向征收的案件中是否适用金钱补偿的问题，美国实践中，不同法院的处理方式不同，一部分法庭在判决中采用了"金钱补偿"的方式，另一部分法庭则采用宣告无效，或适用时机成熟原则或放弃管辖权理论以拒绝对特定案件的管辖。①

2. 德国。德国区别于传统征收的概念规范主要是通过联邦普通法院与联邦宪法法院的相关判例纳入征收体系，同时还在法律中规定了反向征收请求权的相应内容。德国行政法学家毛雷尔将征收分为四种类型，包括准征收侵害、征收性侵害、典型征收、应予公平补偿的内容限制。准征收侵害与征收性侵害尤为重要。

准征收侵害又被称为类似征收侵害，起源于《德国基本法》第14条的征收制度，准征收侵害的本质是违法侵害，法律行为与事实行为、作为与不作为均属于规制范围。准征收侵害是指行政机关对合法财产实施的过失侵害，导致财产

---

① D. Mandelker, R. Cunningham, *Planning and Control of Land Development*, LexisNexis Matthew Bender Miehie Press, 1985, p.50.

权人遭受了特别牺牲，应当给予财产权人补偿。它解决了无过错违法侵害行为能否按照征收寻求补偿的问题。依照德国判例，无论民用不动产还是军事行为的过失给财产权人造成的损害均属于准征收侵害，必须对财产权人进行补偿。

征收性侵害，又被称为"实际上导致征收效果的侵害"，指若私人财产权受到合法行政行为带来的附随效果的持续性侵害，超过财产权利人应当承担的一般义务范围时，国家应给予相应的补偿。[①] 当财产权人所承受的牺牲没有超过一般社会义务范围时，行政机关就无须给予补偿。但某些情况下，合法行为会带来一定的附随效果，财产权人会承受遭受较为严重的、超出社会一般义务范围的特别牺牲，此时国家就必须按照征收标准给予补偿。比如公共道路修建产生的附随效果会使临街商铺遭受超出社会一般义务的损失，国家必须就该损失进行补偿。

德国《建设法典》第 92 条赋予财产权利人反向征收请求权。其中第 92 条第 2 款规定："土地所有权以此权利作出申请时，并无须附具任何理由，一旦权利人作出该请求，征收机关即应予准许。"[②] 德国法律明文赋予被限制权利的土地所有权人无条件的反向征收请求权，为财产权人提供了强有力的保障。除此以外，它还详细规定了"完全征收请求权"与"全部征收请求权"。德国《建设法典》第 92 条第 2 款亦规定："若土地上被设定了地上权利，土地所有人可以放弃对其土地设定的负担而要求对土地所有权进行征收，若土地被设定其他权利负担，且该负担对权利人不公平，则所有权人可以要求征收其所有权。"这是关于"完全征收请求权"的规定，明确了当物权受到过度限制时权利人可以请求政府对其土地等进行完全征收并给予其补偿。该法第 92 条第 3 款、第 4 款规定了在土地等财物的其中一部分被征收的情况下可适用"全部征收请求权"，请求政府对该财物剩下的部分进行征收并给予补偿，以达到减少财产权人损失

---

① 房绍坤、王洪平：《从美、德法上的征收类型看我国的征收立法选择——以"公益征收"概念的界定为核心》，载《清华法学》2010 年第 1 期。

② 董彪：《财产权保障与土地权利限制》，社会科学文献出版社 2013 年版，第 220 页。

的目的。

## 三、全部征收与部分征收

全部征收是指将该财产所有的部分进行征收。部分征收即仅对某财产的某一部分实施征收,剩余部分的所有权仍归财产权人。毫无疑问,部分征收与全部征收财产权人受到的损失不同,所以在补偿标准上一定是不同的。在部分征收中,补偿金额不仅包括被征收的部分的公平市场价值,还包括征收行为给剩余部分造成的贬值损失。但考虑到某些财产在经过部分征收以后可能会出现增值的情况,如在被征收部分的土地上建设高速公路,剩余部分的土地就会因此而增值,因此,在实践中,计算剩余部分的补偿金数额时可以减去剩余部分因征收而增值的数额。综上,在部分征收的情形下补偿金的计算方法是,财产被征收前的公平市场价值与被征收后剩余部分财产的公平市场价值之间的差额。[1]按照此种征收前后公平市场价值差额的计算方法可以有效避免因残值获利导致的"过多补偿",又能弥补剩余财产遭受的损失,该补偿金数额比较接近财产权人实际的损失,较为公平合理,尽管如此,仍存在尚未顾及的损失。后文补偿部分会详细介绍征收补偿方法。

## 四、行政征收与立法征收

行政征收是指行政主体凭借国家行政权,根据国家和社会公共利益的需要,依法向行政相对人强制地、无偿地征集行政相对人财产所有权的一种具体行政行为。立法征收是制定法律规定征收及相应程序、标准的行为,可以归类为抽象行政行为。例如,《中华人民共和国宪法》第 13 条第 3 款规定:"国家为了公共利益的需要,可以依照法律规定对公民的私有财产实行征收或者征用并给予补偿。"《物权法》第 42 条规定:"为了公共利益的需要,依照法律规定的权限和程序可以征收集体所有的土地和单位、个人的房屋及其他不动产。征收集体所有的土地,应当依法足额支付土地补偿费、安置补助费、地上附着物和青

---

[1] United States v.8.41 Acres of Land, 680 F.2d.388, 392-94 ( 5thCir.1982 ).

苗的补偿费等费用，安排被征地农民的社会保障费用，保障被征地农民的生活，维护被征地农民的合法权益。征收单位、个人的房屋及其他不动产，应当依法给予拆迁补偿，维护被征收人的合法权益；征收个人住宅的，还应当保障被征收人的居住条件。任何单位和个人不得贪污、挪用、私分、截留、拖欠征收补偿费等费用。"第43条规定："国家对耕地实行特殊保护，严格限制农用地转为建设用地，控制建设用地总量。不得违反法律规定的权限和程序征收集体所有的土地。"第121条规定："因不动产或者动产被征收、征用致使用益物权消灭或者影响用益物权行使的，用益物权人有权依照本法第四十二条、第四十四条的规定获得相应补偿。"以上法律条款均是中国以正当立法程序对征收制度的实施条件、对象、程序等作出的规定，是中国立法征收的实践。

## 第三节 征收的条件

### 一、符合公共利益

#### （一）公共利益的内涵

公共利益，又被称为公众利益、社会福祉等。公共利益在私法中是一项重要的法律原则，但也不代表它是一个独立于公法的概念。公共利益意味着要代表多数人的利益，要符合大多数人的利益。在私法中各国征收制度基本上都确认了公共利益原则，但对公共利益都存在着不同的表述。德国在其所签订的投资协定中使用的是"公共目的或者国家目的"，英国在其所签订的条约中使用的是"公共使用或者国防利益"。法国《人权宣言》第17条规定，"出于公共利益的必要，可以剥夺财产"。德国《基本法》第14条第3款规定："征用仅在为了社会利益时才可实施。"美国宪法第五修正案规定："非经公平补偿不得征收私有财产以公共使用。"《日本国宪法》第29条规定："财产权应由法律明确作出规定。符合公共利益且经正当补偿才可以征收私有财产供公共使用。"各国的征收制度将"符合公共利益"作为实施征收的前提条件，其目的在于防范东道国政府出于私益或恶意地滥用征收权，这不仅仅是国家财产征收权的界限，还是对公民财产权的一种内在的限制。

如何判断是否符合公共利益，学界总结出了三个判断标准。

1.标准一：因征收而获益的主体的数量。即少数服从多数原则，因征收而获益的主体必须达到较大的数量，只有多数人获得利益才能被认为是"符合公共利益"的。但我们不能片面地理解为每个人都必须获得同等的利益才能称之为"多数人获益"，能满足大多数的公众需要就是多数人获益，损害公共利益以满足个人需求的行为是不被允许的。

2.标准二：性质是否属于公共服务和产品。通信、交通运输、供水、供电、供热、卫生等产品和服务称为公共服务和产品。公共产品的配置若纯粹交由市场进行调节，往往极为低效乃至无效，因而国家就充当了公共产品的配置者和调节者。

3.标准三：国家经济、文化、国防等建设目标。每一个国家在特定时期都有特定的建设目标和政策，基于该时期特定目标实施的征收一般而言都是符合公共利益的。其实，不同历史阶段国家对"公共利益"的解读也是各不相同的。以西方国家为例，在自由资本主义时期其认为私人对公共产品的消费推动产生了公共利益；垄断资本主义时期，其认为国家需对经济社会生活进行调节。这就导致了这两个时期国家对公共利益会作出不同的理解。

**（二）投资仲裁实践中对公共利益的界定**

许多国际法规则中都设置了征收条款，大多数的征收都必须符合公共利益，这已经成为一项国际法习惯。但是，国际仲裁的实践中对界定公共利益很难操作。原因在于公共利益是一个较为抽象的概念，其涵盖的范围非常广泛。另外，东道国本身对公共利益的界定有着巨大的自由裁量权，其他国家无法对东道国关于公共利益的界定展开再次审查。这就是为什么部分学者怀疑"公共利益"这一征收的前提条件设置的实际效果。虽然东道国界定公共利益的自由裁量权非常大，但公共利益的范围并非完全仅凭借东道国主观说辞作为判断，争议中仲裁庭会要求东道国政府提供客观证据证明其行为符合公共利益。

### （三）案例中的公共利益界定

1.利比亚征收案。利比亚政府为了报复英国就伊朗占领三岛实施征收而对英国在利比亚的石油公司 BP 实施了征收。仲裁庭认为该行为是违法的，因为该行为完全是出于政治原因对英国进行的恶意报复，并不符合征收的前提条件"公共利益"，利比亚政府的行为带有歧视性，显然违反了国际法，不能构成合法征收。可以看出，该案是将"公共利益"作为征收行为和发行的判断标准，但在实践中，对于是否运用"公共利益"作为判断征收行为是否合法的标准，仲裁庭在不同案件中的做法各不相同。"符合公共利益原则"出自格劳秀斯等法学家的学说，但该原则并未以国际通行的权威规则的形式加以明确规定，也不存在国际权威司法机构明确指出涉及征收的案件要使用该原则。出于"公共利益"的目的属于"动机"范畴，这并不在国际法规制的范围之内，"是否存在公共利益需求"以及"是否符合公共利益"原则上属于每个国家自由把握的区域，第三方无权干涉。[1] 这种观点与欧洲人权法院所持观点异曲同工，欧洲人权法院认为，一国政府或者立法者有权根据实际情况对社会经济政策进行权衡和抉择，应当尊重其判断"公共利益"的权利，除非该判断存在明显的不公平、歧视性和恶意，否则不得质疑或否定。[2]

2.ADC 案。该案仲裁庭认为匈牙利政府对 ADC 实施的征收行为缺乏"公共利益"的目的，且匈牙利政府将其从 ADC 手中征收得来的权利交给了另外的外国投资者，这种做法明显带有歧视性。这一认定同前文所述 BP 案类似，其潜在的含义似乎表明：若一国政府的行为不具有歧视性，则不能以缺乏"公共利益"目的为由对其行为进行否定。

---

[1]　Libyan American Oil Company（Liamco）v. Government of the Libyan Arab Reyublic（1981）20 ILM1.

[2]　James v. Unite Kingdom（1986）8 EHRR.123.

3.Siemens案。在Siemens案中，仲裁庭并未以不符合"公共利益"或缺乏"公共利益"目的为由否定阿根廷政府的行为，而是认为阿根廷政府并未及时给予征收补偿。这再次表明仲裁庭在审理有关征收的案件时，对于凭借"公共利益"而判断征收行为是否合法持迟疑和谨慎的态度。

综合上述案例，目前实践中，由于一国政府在界定公共利益中的自由裁量权过大，导致征收"符合公共利益"这一项要求无法真正发挥阻遏征收中"公共利益滥用"的作用。有学者甚至认为"公共利益"的存在只是为了区分征收行为是否需要给予补偿，且涉及"公共利益"的相关材料均是描述式地对公共利益进行说明，并非强制性规定，"公共利益"无法达到限制征收行为的实质性效果。"公共利益"这一设置，其目的在于保证财产权人在权利遭受征收行为的侵害时能够获得公平补偿。实践中，"非法征收"的结果很少是基于缺乏"公共利益"这一单独要件而作出的。

## 二、符合正当程序

征收应当遵循正当程序，按法定程序进行，避免专横武断；同时还要求东道国要给予外国投资者救济的机会，包括行政、司法救济程序，确保外国投资者能够主张自己的合法权益。要求征收行为符合正当程序，有利于规制国家行使征收权，使得征收的透明度和公示性得到提高，能够有效地防止权力滥用。

### （一）正当性原则的含义

最早提出"正当程序"思想的学说是古罗马查士丁尼的《法学阶梯》，在该著作中并没有将"正当程序"一词明确归纳出来，而是表述为"任何人都不能成为自己的法官"。1215年英国《自由大宪章》首次以法律形式确定"正当程序原则"，其中第52条规定："任何人凡未经其同级贵族的合法裁判而被剥夺土地、城堡、自由或其他合法权利的，应当立即将其被剥夺的权利予以归还。"该条虽未提及"正当程序"一词，但明确了最初的正当程序规则。正当程序是为了保障个人权利而产生的，它规定政府行使权力必须经过法律强制规定的步骤和程序，未按法定步骤行事则属于违法行为，不具有正当性。如果某人认为政府行为侵犯了自己的合法权益与自由，那么他有权依照司法程序请求撤销行政机关先前对其作出的违法行为，并由司法机关进行公平合法的审查之后作出裁决。"正当程序"被某些西方学者视为国际习惯法以及公平与公正待遇的最低标准。如何界定"征收应符合法律规定的正当程序"中的"法律"一词呢？此处亦存在着许多分歧。西方发达国家从投资大国的角度出发，普遍认为"国际程序法"是确实存在的，东道国实施征收措施时必须履行包括事先通知、举行听证会等在内的一套法定的征收程序。发展中国家正好相反，常作为东道国的发展中国家主张征收权是一个国家固有的主权权利，仅通过一国国内法律对其实施程序加以规定，并不存在国际通行的征收程序。

这两种截然相反的态度的对立在众多投资协定中均得到了体现，有些投资协定直接明确"征收要符合国内法的正当程序要求"[①]，或者"征收必须在符合国内法的前提下发生"[②]。该表述的缺陷在于，一旦东道国国内法对征收正当程序制定的标准过低，甚至空白，那么正当程序条款就无法得到落实。另外，英美法系国家自始至终都将正当程序作为国内法中保障私人财产权利的重要理念和基本方式。基于这种渊源，其在与其他国家签订投资协定时针对正当程序一般会设置相当高的标准。比如，如果东道国在实施征收行为以前没有事先履行通知义务，那么无论投资者是否可以通过其他方式取得该消息，东道国不履行通知义务的行为都在事实上违反了正当程序。因此，在这种背景下，首先，至关重要的是征收必须符合国内法，违反正当程序即违反国内法；其次，严重违反程序的行为即使得到事后的纠正，也属于违反正当程序的行为；最后，征收行为应当同时满足符合东道国程序法和国际法中关于征收程序的最低标准，只有两项标准均符合才能被认为是符合正当程序的，包括通知、公开、听证和非独断性（non-arbitrariness）。

---

① China-Poland（1998）.

② China-fetherlands（2001）.

此处衍生出了另外一个问题——司法审查是否属于正当程序的国际法标准要求之一。我们从审查主体的角度将审查分为立法审查、司法审查和行政审查。征收的立法、行政、司法审查均属于一国主权范围之内,按照国家主权原则上,述事宜只能由东道国自身开展,他方无权干涉。例如,1988 年《丹麦-匈牙利 BIT》中规定:"依照征收国法律,投资者应当享有由司法等部门实施及时、有效的审查的权利。"1990 年《美国-突尼斯 BIT》规定:"若条约缔约方的投资者的投资财产被东道国征收,则应当享有经司法等机构及时、有效审查的权利,审查内容包括征收的事实、补偿是否存在以及是否符合国际法规则。"此外,对征收财产的估价和补偿数额的计算是由不同机构完成的。征收财产的估价原则上只能由东道国相应的机构开展,而征收补偿数额的计算投资者享有选择权,可选择适用东道国法律程序或国际仲裁程序。值得思考的是,投资者通过东道国国内司法程序对补偿数额进行计算后,是否还能将该问题提交至国际仲裁庭进行申诉,目前尚存在争议。

### (二)ADC 案中的正当程序问题

ADC 公司的投资财产在遭受征收后,因并未获得在"公正的裁决者"面前通过"公正听审"而"寻求司法复审的机会",ADC 公司认为政府不给予其司法审查的机会的行为违反了正当程序。仲裁庭肯定了申请人的主张,认为法律的正当程序应当基于投资者救济权利的基本途径,例如事前通知、公平听证以及公正的司法审查等。只有这样才能保证被征收财产的投资者能在合理时间内就其合法权利进行申诉。若不存在这样的救济程序,则正当程序形同虚设。[①] 案件中要求保证存在外国投资者对征收法规本身的合法性进行质疑的司法途径,这种要求是超出了国际法对正当程序的一般要求的。

综上,无论是遵循国内程序法还是依照国际正当程序标准,其目的都是确保外国投资者的财产权不因东道国滥用征收权而被侵害。

---

① ADC Affiliage Limted and ADC & ADMC Management v. the Republic of Hungary. ICSID Case No.ARB/03/16.para.428.

### （三）各主要国家的正当程序要求

1.美国。美国征收的正当程序包括首先进行预先通告，宣告涉及被征收人财产的征收启动，然后由政府方对征收财产价值进行估价，估价完毕后得出评估报告，作为征收财产价格的决定依据。随后政府向被征收方发出关于征收补偿金数额的要约，被征收方应就是否同意该金额提出反要约。政府须召开听证会对征收行为的必要性和合理性进行说明，对公众的知情权进行保障。若双方达成协议，则政府按协议将补偿款发给被征收方；若不能达成协议，一般情况下由政府方将案件送交法院依征收程序解决。征收程序中，双方当庭交换评估报告，裁决前，双方还有最后一次机会就补偿价款进行平等协商，争取和解。若经过上述程序后，双方仍然无法确定征收补偿金的数额，则征收补偿金的数额就交由民事陪审团（由普通公民组成）确定。除征收补偿金以外，政府因征收行为给予被征收方搬迁和再安置等费用，且政府必须在法院判决生效之日起30日内支付全部补偿金，同时取得征收财产。

2.法国。法国征收程序由行政阶段和司法阶段两部分构成。行政阶段包含四个程序，即调查、公共利益目的批准、位置查明、可转让决定，用以审批征收目的并确定可转让的财产。司法阶段主要是确定财产的转移和确定补偿金。双方可针对补偿金进行协商，协商不成或者不服财产的转移，可向最高法院提起上诉。

## 三、非歧视性要求

### （一）非歧视原则的含义

歧视，意为人对人就某个缺陷、缺点、能力、出身以不平等的眼光对待，使之得到不同程度的损失。带有偏见的认识构成了歧视，它直接指向偏见目标，以不平等的方式对待该目标。将该词放到国际法领域，则歧视既包括本国人间的歧视，也包括本国人与外国人之间以及外国人之间的歧视。曾经有学者这样概括投资法中的非歧视原则："首先，在本国人获利的领域对外国人采取针对性的财产措施使其受到不平等待遇的行为构成歧视；其次，某些措施是统一实施的，但外国人财产却不在该措施范围之内，导致外国人财产遭受不平等的待遇，这样的措施构成歧视。"[①]

"非歧视性要求"在征收制度中的体现主要是确保遭受征收时被征收的外国投资者可以与该国国民以及其他国籍的外国投资者得到相同的待遇。在某些情形下，一国政府必须将某个行业收归国有，诸如通信、钢铁等关系国家经济命脉的重要工业，为了避免这些重要行业被外国投资者垄断，该国政府单独将这一行业收归国有，自然而然不会受到质疑。除此以外，某些外国投资者拥有对国家至关重要的财产，例如，工厂位于具有战略意义的地区或者掌握了重要矿藏等，当事国应当有权对相关外国投资者的财产单独征收。而歧视性征收一般发生于政府对一国所有外国投资者进行的征收的情形。最典型的例子就是古巴对美国所有投资者的全部投资的国有化，该案中外国投资者在东道国的投资几乎控制了当地经济。带有极端歧视性的征收在国际上是非法的，但如果实施的征收是为了摆脱殖民统治，那么就不受这一原则的限制。例如，印度尼西亚曾是德国的殖民地，被德国控制经济，德国法院认为印度尼西亚的征收行为属于合法行为，否定了被征收的企业主张的印尼的征收措施因只针对德国公民和企业而违法这一观点。强调一点，旨在消除殖民时代遗留的经济不平等问题而采取的带有"歧视性"色彩的征收，属于"非歧视原则"的例外，但也必须给予征收补偿。Campbell 案中政府依据津巴布韦宪法修正案对白人农场主所有的土地进行征收，却没有充分给予征收补偿，仲裁庭最后认定该征收行为违法，理由是并非构成歧视，而是政府未给予充分补偿。

### （二）非歧视原则的适用

作为征收行为的前提条件之一，非歧视原则的目的在于防止东道国在征收过程中对不同国籍、不同种族的人或企业实施歧视对待，这就为外国投资者提

---

[①] Gillian White, Nationalization of Foreign Property, *Journal of International Law*, 1941（253），p.187.

供了一种特别的保障，尤其是国民待遇条款或者禁止歧视的措施没有完全被规定到投资条约的情况。在正当程序和补偿方面，非歧视的要求也是同样适用的，政府对于同类型的外国人实施的征收措施、程序等均应当遵循"非歧视性原则"。但在实践中，因具有"歧视性"而被判定为违法的案件仅仅是极少数，歧视的举证变得越发困难。

在 ADC 案中，仲裁庭认定政府禁止外国人从事机场经营的行为是具有歧视性的，但仲裁庭的这一认定在某些方面受到了质疑，申请人认为匈牙利政府的行为是针对申请人实施的，带有明显的歧视性而非普遍性的。原因在于，在整个匈牙利只有申请人一家私人机场经营者，而匈牙利政府禁止其在机场开展经营。但匈牙利政府认为其"禁止经营"的决定适用于任何机场经营者，而事实上正好碰巧仅存在一家经营者，所以并非政府对申请人的歧视。最终，仲裁庭支持了申请人的主张，指出"被申请人表示如果征收中存在歧视，则必须存在不同的当事人遭受了不同的对待。但是，被申请人忽略了在将不同待遇进行比较时，须将经营者与作为一个整体的外国投资者进行比较"。该案的裁决显示，当对仅有一国外国人经营的行业进行征收时，这种征收从开始就是带有歧视性的。但通常来说，只有存在争议的情形中存在着多个外国投资者，且国籍不同的外国投资者得到不同的待遇时才能就是否存在歧视性进行判断。而该案中不存在其他的外国国籍的机场经营者，因而，对于是否遭遇了不同的对待，尚无其他对象进行比较，所以该案的裁决是存在争议的。

此外，一些案件中，仲裁庭将不同类型和类别的投资者的区别对待进行比较，这种情况也不属于歧视。只有同一类型的投资者受到的待遇不同才会构成歧视。在 Feldman 案中，对 NAFTA 征收条款中的规定存在着争议，即该条款中的"歧视"是否包括不同类型的投资者间的差别待遇，比如，烟草产品生产者和零售商之间是否存在差别待遇。

### 四、给予补偿

#### （一）给予补偿的含义

基于一国对本国财产和自然资源的永久主权，国家有实施征收的权力，有权自由选择本国社会经济制度，他国不能干涉。但是，值得强调的是，国家合法进行征收的权力并不能免除政府应当给予征收补偿的义务。一般来说，征收的补偿事项是约定在双边投资条约或者多边投资条约中的，国际上并不存在一个普遍适用的补偿原则。

#### （二）Santa Elena 案

1978 年，哥斯达黎加政府出于保护圣埃伦娜地区生态环境的目的，对 CDSE 公司进行征收，该公司主要负责该地区的观光及居住地开发。政府确定了 190 万美元的征收补偿金，但 CDSE 公司认为补偿金数额不合理，遂提起仲裁。由于政府承认该征收属于直接征收，因此对于是否构成征收以及构成何种类型的征收双方并无异议，但就补偿金计算方法无法达成一致。仲裁庭明确指出补偿金数额与其环保目的无关，环保目的属于公共目的，所以征收行为是合法的，但这并不意味着该征收无需给予合理补偿。在征收认定时，措施的目的只不过是认定时的次要或无关因素。因此，征收财产时，即使为了保护环境这一公共利益，国家也必须履行支付补偿的义务。

## 第四节　征收的补偿

### 一、征收补偿的理论依据

十六七世纪以来，各国宪法都强调私有财产权的神圣不可侵犯地位，因此，当这种私人权利与公共利益并存时该如何取舍便成为征收制度研究的问题。为了尽可能地减轻因公共利益对私人财产权造成的侵害，其衍生出了征收补偿制度，征收必须按法定程序、法定标准给予财产权利人补偿方可实施。征收补偿制度主要以"既得权说""特别牺牲说""公平负担说""恩惠说""人权保障论"这几个学说为基础产生。

### （一）既得权说

其认为公民天生就享有既得权，这种权利由法律予以保障，公民的人身权、财产权均是天赋权利，保障公民的人身财产不受非法侵害是宪法的首要目标。如果遇特殊情况必须限制或者剥夺公民的财产权，即使该行为属于合法行为，只要公民在客观上遭受了损失，则国家应当给予财产所有权人合理补偿，这是保障公民既得权并维护正义的必要条件。[①]

### （二）特别牺牲说

奥托·麦耶首次提出该理论。其认为若财产权人因公共利益而遭受特别牺牲，则这种牺牲属于公众承担的范围，而非个人承担。国库来源于公众税收，该特别牺牲的损失应由国库支付，国家从国库拿出一部分财物作为给予财产权人的补偿。人人生而自由平等是公平正义原则的本质要求，个人利益为公共利益作出牺牲时，为了达成个人利益与公共利益间的平衡，理所应当要给予财产权人合理的补偿。

### （三）公平负担说

该说主张在民主法治国家里，公民的权利和义务是对等的，法律设定公民义务时必须遵守对等原则。如果个别公民因公共利益而承担了比正常情况更重的义务，国家应对这种不公平进行平衡。国家应当从税收收入中拿出一部分对遭受损害的财产权人予以补偿，以达到使全体公民与受损害者重新恢复平衡的效果。

### （四）恩惠说

该观点以公共利益的"绝对至上性"为理论基础，"绝对至上性"即公共利益高于一切，个人利益始终低于公共利益，法律是万能的。在这种情况下，个人

---

① 张家洋:《行政法》,三民书局1989年版,第819页。

利益通常是被忽视的对象,当个人财产因公共利益而被剥夺、限制时,财产权人无法获得补偿。个别例外中国家会给予补偿,但这种补偿完全是国家对个人的恩惠行为。

### (五)人权保障论

该理论主张保障人权是民主法治国家的主要目标。当公民的合法权益遭到其他公民或组织的非法侵害时,国家有义务运用法律对侵害人实施制裁,并使侵害人赔偿遭受权益侵害的公民的损失;而当国家本身的行为给公民权益造成侵害时,国家本身也负有对公民予以补偿或赔偿的责任。

综上,"既得权说"来源于"自然法"思想,早已不符合民主法治社会的要求,如果遭受损害的权利超出既得权范畴,则该权利不存在获得补偿的法律依据;"恩惠说"将公共利益摆放于过高的位置,而相对贬低了公民的个人权利,与现代民主法治的理念显然是不契合的;"人权保障论"注重保障人权,这一点是值得肯定的,但并未涉及人权与公权力的平衡。总体而言,相对更符合现代法治理念的是"特别牺牲说"和"公平负担说"。

19世纪以来,行政补偿制度得到了广泛发展,人权得到越来越广泛的重视。人们意识到国家与人民间的关系是权利与义务的关系,而非人民服从于国家。法国公学家狄骥有一个著名的观点,即法律的重要原则之一,就是国家必须受到法律限制。国家主权命令在很大程度上与法学的某些重要原则相违背。只要国家行为损害了人民利益,无论其行为是否具有合法性,国家都要承担责任。根据是否可归责于国家,我们将国家责任分为赔偿责任和补偿责任两种类型。非法行为侵犯公民合法权益,国家应当承担"赔偿责任";合法行为给公民权益造成的损害,国家应承担"补偿责任"。国家因征收而给予的补偿属于补偿责任的范畴。从历史上来看,国家补偿理论的产生明显早于国家赔偿理论。最早的国家补偿原则可追溯至法国大革命时期,《人权宣言》最早对国家补偿理论持肯定态度,这一理论在经过多次立法以及补充后,逐渐发展为现在的制度。18世纪的德国处于开明专制主义时期,该时期的自然法思想主张,每个人自出生以来就享有财产权;到了垄断资本主义时期,随着政府职能的转变,其性质更倾向于服务型政府,政府职能在处于公共利益目的的情况下限制或剥夺了私人财产权,且必须给予补偿。20世纪后,政府和公民的关系越来越密切,公权力损害公民合法权益的现象越来越多,征收补偿制度的发展也是顺应了时代之意。

## 二、征收补偿的标准

### (一)有关征收补偿标准的争论

根据国际法确定征收补偿标准的争议颇大,"除了使用武力的问题以外,还没有任何一个问题像国际投资征收的补偿标准问题那样,在国际法上引起强烈的争议"[1]。多为资本输出国的发达国家(以美国为代表)与多为东道国的发展中国家,在征收补偿标准上存在着严重的分歧。发达国家大多坚持"及时、充分和有效的补偿",即"赫尔公式";后者站在资本输入国的角度,认为"适当的"补偿即可,在补偿的数量、时间以及方式上保留了较大的自由裁量权。

此处先介绍一个征收补偿的相关概念——赫尔原则。赫尔原则以私有财产神圣不可侵犯为理论基础,主张完全补偿原则,其以"充分、及时、有效"的补偿标准著名。"充分"是要求被征收财产的全部价值都能得到补偿(即以"公平市场价值"为补偿标准),还要包括到支付完毕为止以补偿金金额起算的利息,更有甚者还涵盖了财产的预期利益;"及时"是为了确保所有补偿的支付均应当及时实现,即使是分期支付,也应当支付尚未支付的款项的利息作为分期付款的补偿;"有效"是指支付的补偿金必须是可以再投资、可以盈利(profitable reinvestment)的形式。一般而言,能够自由兑换国际通行的货币的补偿金被认为是有效的。[2]"赫尔原则"支持东道国对外国投资者作出全额补偿,获得补偿后投资者可选择运用补偿金重新投资或者带回本国投资,如此可以将被征收人的损失降到最低。投资输出国对此标准持支持态度,但发展中国家对此进行

---

[1]　Oscar Schachter, Compensation for Expropriation, *Journal of International Law*, 1984.

[2]　曹华群:《外资征收及其补偿标准:历史的分野与现实的挑战》,载《国际经济法学刊》2013年第6期。

了深入的批判。

发展中国家更倾向于适当补偿原则。其内涵包括三方面：第一，征收补偿原则上应遵循东道国法律，出现争议时也应根据东道国的法律确定，即一般情况下，补偿数额、支付方式和时间，以及争议的解决等事项都属于依照东道国法律规定行事的范畴；第二，若东道国与投资者母国间存在双边投资保护协定或双方均承认的其他征收补偿相关的国际法规则，则征收补偿的确定应按照该协定或相关规则决定；第三，存在个别情况时，即征收补偿相关的国内或国际规定过于抽象，有关事宜的条款不够具体时，双方应充分协商并按"公平原则"对征收的数额、支付方式、时间等进行确定。[①]这一原则既考虑东道国的经济发展水平、财政支付能力以及社会和经济改革的需要；又考虑外国投资者遭受损失的实际情况，达到既保护外国投资者利益又能维护本国国际投资领域的形象的双赢局面。

### （二）美国的征收补偿标准

美国是一个巨大的投资输出国，征收补偿标准相对完备，我们以其为例介绍征收补偿标准。美国宪法第五修正案规定："除非经过公平合理的补偿，否则不得征收私人财产以供公共利益使用。"该条款确定了"公共利益使用"和"公平补偿"为美国财产征收的两大核心。联邦最高法院通过一系列判例确立了征收补偿的标准——公平价值标准（简称 FMR），并被普遍接受。此标准就涉及一个关键概念的认定，即"公平市场价值"。

公平市场价值并不意味着完全依照客观情况确定，而是通过将各种评估技术相结合的方式对补偿标准加以确定，由于各种评估技术本身均各有倾向性，并非完美，所以不同的评估技术确定的数额具有较大的差异性。确定公平市场价值常用的四种评估方法：（1）根据被征收财产最近的销售价格确定；（2）参考该地区与被征收财产类似且具有可比性的财产的最近销售价格；（3）按照被征财产实际或者潜在的资本化后的租金收入确定；（4）根据用被征收财产的重

---

① 单文华：《国有化补偿理论与时间的发展及中国对策》，载《法律科学》1995 年第 4 期。

建成本减去其折旧(参考被征收财产的新旧程度、损耗程度等计算得出)得到
的数额加以确定。实践中,不同法院所采取的方法不尽相同,具体到每个案件
中法院会根据实际情况进行决定。原则上最常采用的是该区域与被征收财产类
似且具有可比性的财产的最近销售价格的方法,但也通常将多种评估方法综合
使用。虽然存在着多种评估方法,但双方当事人均会提出更有利于自己的评估
报告,而法院决定公平市场价值时,并不会受限于双方的评估报告和评估方法。
法院既可选取一种评估方法,也可多种方法并用,还可以就双方提出的评估报
告作出折中的决定。

　　除上述方法影响公平市场价值的确定以外,财产的用途也是确定公平市场
价值的一个重要因素。美国征收制度将财产的最优用途作为确定公平市场价值
的参照,而非以现有用途为依据。由此可见,被征收财产的最优用途被视作是
确定公平市场价值的关键因素。美国的公平市场价值本质上是虚拟的,旨在促
使补偿数额尽可能地接近于实际自由交易中双方的买卖成交价格。我们可以从
多种方法中看出,自由交易中买卖双方价格谈判所涉及的任何因素(财产的用
途就是其中之一),均可能作为确定公平市场价值的参考。由于在现实的自由
交易中,诸如土地一类的财产的潜在用途,会在相当程度上对财产的买卖价格
产生影响,这是由买方购买时会考虑该财产实际上更有价值的用途造成的,所
以才要依照被征收财产的最优用途确定公平市场价值。

　　中国的土地和房屋征收补偿问题同其他各种措施混杂在一起,极其不完
善,补偿标准也极不统一、复杂繁冗,非常容易导致补偿数额畸高或畸低以及
"同地不同补"一类的不公平现象发生,因此,美国的公平市场价值标准具有很
强的借鉴意义。

### 三、征收补偿的数额计算

　　征收补偿的数额计算是决定补偿价款多少的最直接的一环,无论选择哪种
征收补偿标准,最终都可能会因数额计算方法不同而得出不同的结果。长期一

段时间，我国法学界强调对外投资征收标准的研究，相比而言，对征收补偿数额的计算存在一定的忽视。当前，对于征收补偿数额判定有以下几种方式：

### （一）公平价值的估算方法

要理解"公平价值"首先需要明白一个概念的含义，即"价值"。国际投资中的"价值"，意指在公开市场以及公平交易的情况下，买家愿意向卖家支付的价格，而征收补偿的规定在国际投资条约中也日趋集中化。国际条约中的大多数均规定，补偿应该等同于"公平市场价值"、"市场价值"或者"真正价值"；也有部分条约主张补偿标准应低于全额补偿，条款中通常运用"适当的补偿"等字眼；还有部分条约只规定了需要补偿，但对补偿的标准及数额的计算方法没有花费任何篇幅。以中国为例，中国与各国签订了大量的BIT，其中补偿标准的规定不尽相同，这种局面导致的问题就是，若投资者将最惠国待遇应用到征收补偿中，则该投资者也许会从其他BIT中以更高计算标准获得补偿。

有仲裁庭将"公平市场价值"表述为，"买卖双方均能自由、平等、充分地获取信息，并都追求利益最大化的情况下，买方自愿向卖方支付的价格"[1]。但实践中，通常缺乏相关公开市场或者缺乏类似的具有可比性的财产。公平市场价值并非在所有情况都是一个比较容易计算的概念，如果征收涉及的买卖双方数量众多且交易市场密集，那么市场价值的确定就相对容易。但事实上，政府总是在垄断性的市场中实施征收，该类型市场中的交易数量往往较少，通常仅存在一个垄断经营者，无法找到替代商，也几乎不存在自愿交易。此时，由于不存在真正意义上的市场，亦无"公平市场价值"可言。综上，"公平市场价值"并非真正客观的标准，必须借助于其他的估值方法。

后来常用的估值方法发展为"账面价值法、重置价值法、清算价值法、实际投资法、比较价值法、可选择价值法"六种，其中的"重置价值法、比较价值法、可选择价值法"前文已经作出了解释，另外三种方法涉及会计方法。账面价值法是将资产负债表上投资财产的价值作为参考标准的方法，其计算公式是资产

---

[1]　Starrett Housing Corp. v. Iran. Final Award, 16 Iran US CTR 112, para. 201.

扣除负债后的资产净值；清算价值法以无法继续盈利的被征收企业的资产或其具体资产拍卖所得，扣除清算费用以及应还债务等之后的余额作为参考标准；实际投资法以投入资产的原始价值，减去已获得的投资回报后的资本净额作为参考标准。[①]上述方法均强调会计学上的一个概念即"持续经营价值"，这个概念在征收补偿中会起到一个关键作用，下文将会对这一概念作一个介绍。

如果一个外商投资企业构成一个持续经营的企业，那么在计算征收补偿数额时需要全面考虑企业的无形资产（如商誉）以及预期收益等；一个失去了持续经营价值的企业，即失去了持续盈利的能力，因此，剩余财产的简单相加就是该企业的征收补偿数额。世界银行制定的《外国直接投资待遇指南》指出，要构成持续经营企业必须具备两项要素：第一项要素是企业中必须存在能够产生收益的资产，同时运营时间够长，足以产生计算利润的稳定数据；第二项要素是构成持续经营企业的前提是征收发生以前能够持续经营，一般而言，采取征收措施后，该被征收的企业会继续产生正当的收入。尚未完工、尚待开业或者刚刚开始运营的企业不会计入持续经营企业的计算中，因为计算这类企业取得利益的数据尚无法稳定产生。进一步说，若一个企业在运营期间内并未产生稳定的收入，不存在计算未来收益的依据，则亦不构成持续经营企业。那么如何确定该财产时刻盈利呢？其有两种常用方法即账面价值法（简称"NBV方法"）和现金流量折算法（简称"DCF方法"）。NBV方法常被称作"向后看"方法，即用财产的历史价值扣除负债和折旧得出数额。与NBV相反，DCF方法则是"向前看"，作出不会被征收的假设，进而预估未来收益以折算现有价值。站在投资者的角度，更愿意采用DCF方法，这种方法得出的价值更高，反之，东道国更青睐NBV方法。两种方法也并非完全对立的，企业发展的不同阶段可适用的方法不同。NBV方法适用于由于时间因素尚未取得商誉并获取盈利的近期投资的估算，DCF方法适用于已经拥有盈利历史并且获得了持续

---

① 陈安：《国际投资法的新发展与中国双边投资条约的新实践》，复旦大学出版社2007年版，第98~99页。

经营价值的企业实体。DCF 方法专业技术型很强，一般必须依赖于专家的估算并出具估算报告，一般的法律从业者无法胜任，由于专家出具的估算报告通常带有浓厚的主观色彩，因此 DCF 计算结果的不确定性很高，甚至估算结果畸高。

## （二）征收的时间、利息及可兑换性确定

征收的时间点对征收补偿具有非常重要的意义，因为补偿数额并不能直观地反映征收措施对投资价值的影响或者任何消极效果。一般情况下，补偿从征收措施生效之日或公示之日起算，因为一旦征收措施生效或公示，被征收财产的价值将受到重大的负面影响，这种情况下，若补偿基础仍然以征收法令生效之日起的财产价值为依据，难免有失公平。学者 Reisman 和 Sloane 对此问题的观点是"应当分解征收发生的时间点和评估价值的起算点，征收发生的时间点决定的是责任层面的问题，而评估价值的起算点涉及的是损害补偿问题，将二者进行区分有助于征收争议解决的精确性"[①]。当前，国际上尚不存在统一的区分标准，"美国-伊朗求偿法庭"曾在案例中就征收发生的时间点明确了两条原则：第一，当东道国政府对外国投资者的财产由轻度干预演变为剥夺财产权时，第一个时间点或最后一个时间点并非一定是征收发生的时间点，确定征收发生的时间点的关键在于权利何时遭受了"不可逆转"的剥夺，该时间点才为征收发生的时间点；第二，若存在东道国政府任命新的人员以取代外国投资者财产中的管理人员的情况，且这种取代构成了对外资方管理权的永久剥夺，则该任命日期为征收发生的时间点。[②]

国际投资条约通常规定补偿的支付应当使用可流通、可自由兑换的货币，这种货币应当满足一定条件，即货币为被征收者母国的货币，该货币可自由兑换任意货币，或者该货币双方一致同意的币种。简言之，补偿所支付的货币可

---

① WM Reisman and RD Sloane, Indirect Expropriation and its Valuation in the BIT Generation, *Britishi Yearbook of International Law*（2003）, See supra 7.15 on creeping expropriation.

② 杨卫东:《双边投资条约：中国的视角》，中国社会科学院 2002 年博士学位论文。

有效兑换并随意转让。

另外，征收补偿条款还包括利息的支付，这种利息是补偿款不合理延迟导致的。利息通常从征收之日开始或者从征收之日开始后的一段时间内起算至补偿支付之日。许多国际投资条约明确规定利率采用"正常市场利率"、"通常的商业利率"或者"伦敦银行同业拆借利率"（LIBOR）。征收发生的时间点或补偿数额确定的时间点在事实上与补偿实际支付时间点间，有一段的时间间隔。若东道国迟延支付补偿，则这段时间间隔更长，在这种迟延支付补偿金的情况下，仲裁庭可能会裁决东道国支付"复利"，因为投资者可以通过获得的补偿进行再一次投资，这种投资会给投资者带来一定收益，所以东道国应就其迟延支付行为承担责任。

**（三）主要国际投资条约中有关征收补偿数额的条款**

1.NAFTA。NAFTA 第 1110 条第 2 款至第 6 款对征收补偿作了明确的规定，主要内容包括征收补偿数额的确定、征收补偿的时间、征收补偿的形式、征收补偿的利息等。根据 NAFTA 的规定，补偿数额应当与征收发生日被征收资产的公平市场价值相等，且须包含继续经营的价值；补偿的支付必须及时，不延迟；补偿数额应当包含征收发生日至补偿实际支付日的利息；补偿应当以能够自由转移的形式支付。

2.ECT。ECT 相关条款规定，征收补偿数额应以征收发生之前被征收财产的公平市场价值确定，作出征收行为的东道国必须以可自由兑换的外汇计算被征收财产的价值，补偿数额应当包含利息。

## 第五节　征收风险的防控

### 一、征收风险的发展

随着"一带一路"深入开展，中国对外投资越来越多，但在这些海外投资中，许多项目并未获得投资企业预期的收益。如 2011 年, 中国铝业与澳大利亚奥鲁昆的铝土矿资源开发项目在合作过程中遭遇阻碍, 中国铝业遭受了高达 3 亿多元人民币的损失; 同年, 中国铁建投资建设的沙特轻轨项目更是遭受了 40 多亿元人民币的亏损; 中化集团 2009 年对外投资的 3 个油气田项目合计亏损额达到 1500 多万美元; 同年, 中铁同波兰合作的高速公路建设项目亦遭受巨额亏损; 值得一提的是, 中国三大石油公司近年的海外投资项目已有 2/3 处于亏损状态。[①] 征收风险是对外投资过程中面临的一项重大的风险。一方面, 资源价格不断飙升, 部分东道国对以前签订的合同持不满的态度, 进而采取一些措施来宣泄这些不满情绪。这类合同一般对投资者而言风险较高, 期限也非常长, 在合同履行期间, 资源价格极有可能上涨较快, 东道国为了应对资源价格上涨给自己带来的损失, 可能会通过提高税费等方式获得更多的收益, 这种做法会给投资者带来极大的损失。另一方面, 以经济管制为主要形式的间接征收曾通常出现于发展中国家。但是经济全球化的今天, 发达国家亦采取经济管理措施来克服金融危机造成的负面影响。在迅猛发展经济的同时, 以中国为代表的发展中国家也越发意识到保护环境、经济转型等方面的重要性, 不断强化社会管理功能。因此, 征收行为越发扩张化。

## 二、征收风险的应对

寻求东道国放弃征收政策, 这种规避征收风险的方式几乎不可能的, 而传统风险的规避措施无法适用于征收风险, 因此, 我们需要探索另外的征收风险防范措施来保障投资企业在东道国的合法权益。

### (一)事先预防

防止海外投资亏损首先应防患于未然, 通常会在投资条约中以条款的方式明确东道国要确保对外国投资者财产不予征收并提供相关的投资保护, 从而在征收行为发生以前事先预防。国际投资法诞生的最初目的便是保护投资者

---

① 福蒙蒙、林晓:《中国企业海外投资亏损近千亿, 70% 投资不赚钱》, http://finance.sina.com.cn/china/hgjj/20120211/081311358170.shtml, 最后访问日期: 2018 年 8 月 15 日。

避免遭受东道国非法征收行为的侵害，因此，征收条款自国际投资法出现开始就成为国际投资条约中最为核心的条款之一，例如，全世界第一个双边投资条约《德国-巴基斯坦投资保护协定》第3条第2款规定，在出于公共利益目的且支付了与被征收财产同等价值的补偿的前提条件下，东道国才可对外国投资者财产进行征收。二战以来，西方各国一直试图建立关于征收问题的统一国际规则，例如1959年《境外投资公约草案》、1961年《国家损害外国人利益国际责任公约草案》（又称《哈佛公约草案》）、1967年经济合作组织（Organization for Economic Cooperation and Development，OECD）起草的《保护外国人财产公约草案》，以及1987年美国法学会制定的《美国对外关系法重述》（第三版），因种种原因均未能生效，但可给世界各国构建征收规则提供参考。具体而言：1959年《境外投资公约草案》第3条规定，非经正当法律程序，且未能证明外国投资者违反先前的承诺的情况下，任何东道国不得采取措施直接或间接剥夺外国投资者的财产，即使在需要采取征收措施的情形下，该措施也不能是歧视性的。1961年的《国家损害外国人利益国际责任公约草案》中第10（3）条明确了，除对财产的直接剥夺构成征收外，不合理地干涉限制财产权人的使用权、处分权等也构成征收，这些行为会致使财产权人无法正常享有其权利。第10（5）条又规定，只要政府实施的措施出于公共利益目的，且不带有歧视性，不违反国家有关法律和该公约的规定，不违反公认的公正原则，非恶意或故意的，政府行使警察权对财产权人的财产实施的剥夺就是合法的，而且不用给予补偿。"该草案是国际法领域最早对'征收'下定义而作出的尝试。1967年的《保护外国人财产公约草案》第3条对征收作了与1959年《境外投资公约》几乎相同的规定，为后来的BITs奠定了基础。1987年美国法学会《美国对外关系法重述》将征收定义为"政府确实有效、显著地剥夺了外国人的财产利益，并且这种征收的意图可归责于政府，即使政府并未剥夺该财产的所有法定权益，也构成征收"。OECD也曾在1998年制定了《多边投资协定（MAI）》草案（该草案最终未能通过），该草案有关征收的条款反映了各国界定征收时考量的因素和态度，其明确，一般而言东道国不得直接或间接征收外国投资者的财产，除非出于公共利益考虑，且遵循正当程序并不带有歧视性，同时必须提供充分、及时和有效的补偿，方可实施征收行为。从这些条款可以看出，如今大多数国家的 BIT 中的"征收"条款已基本趋于统一。除此以外，征收风险也属于《多边投资担保机构公约》的承保范围。其对征收险的范围表述为，包括东道国政府对被保险人财产的所有权或控制权或应得收益实施了实际上的剥夺行为，或懈怠行为。[①] 中国企业海外投资面临的风险可由中国出口信用保险公司承保，其承保范围涉及征收险、汇兑限制险、战争及政治暴乱险、政府违约险和承租人违约险。[②] 中国企业向中国出口信用保险公司投保后，一旦发生征收等上述国家风险事件，中国出口信用保险公司先行向投保人给予赔偿金，然后取得代位求偿权后向东道国追偿。但仅在中国与其他国家签订的 BIT 中规定了代为求偿权的条款的前提下，才可行使追偿权。例如，《中日投资保护协定》中东道国应当承认另一方因支付给被征收人保险赔偿金而获得的代为求偿权。

除此以外，征收条款也广泛存在于区域双边协定中。之前的 NAFTA 指出，有关征收争议中最常见的申请依据就是"征收与补偿"条款。NAFTA 关于征收的规定堪称是各条约中保护投资者权益的标准和典范。该条款还明确了征收本质上属于各国主权范围，但无论是直接征收还是间接征收，均必须是非歧视的、出于公共目的、遵循正当程序，并且不违反合同或其他协议所约定的具体责任，同时应当给予充分、及时、有效的补偿，补偿数额应与被征收财产的价值相等，应按照征收发生前的公平市场价值进行价值评估，不应考虑征收行为带来的价值减损。补偿应当能够任意自由兑换与转移，不受任何资本转移的限制。ECT 扮演着能源投资领域的国际投资协定的角色，其对投资者起到了积极的保护作用。该条约于 1998 年 3 月正式生效，对于外国投资者在缔约国的经

---

① MIGA Convention, Article 11（1）（d）.

② 《中国出口信用保险公司投资保险简介》，http://www.sinosure.com.cn/sinosure/cpyfw/tzbx/gytzbx/gytzbx.html，最后访问日期：2018 年 8 月 15 日。

营，ECT 的第三部分是关于"投资保护"的条款，其中包括公平与公正待遇条款（FET）、国民待遇条款等。该条约对于相关条款的规定标准较高。第 13 条第 1 款规定，除非出于公共利益目的，经过正当程序的前提下才能实施非歧视性的征收，且征收必须给予充分、及时、有效的补偿。除前文所介绍的这些区域投资协定以外，还有些区域投资协定也都对征收作了相关规定，如中国-东盟投资协议等。

### （二）事后补偿

当征收已经实施，损失难以挽回的情况发生时，唯一减损的方法就是尽可能地寻求征收补偿。首先，在征收补偿认定的过程中应尽可能使得海外投资被征收企业被认定为持续经营企业。正如前文所言，持续经营企业在计算征收补偿数额时会考虑其预期收益和无形资产的价值，因此，只有被认定为持续经营企业，才会存在主张未来收益的可能性。其次，若主张持续经营企业认定成立，那么就在此基础上选择适用 DCF 方法进行征收补偿计算。从权益保护的角度来说，无论是合法征收还是非法征收，均要确保投资者权益不受征收行为的影响，最有效的补偿应达到使被征收财产恢复至征收前原有的状态的效果。中瑞、中日 BIT 中均明确了征收补偿应使外国投资者与征收发生以前处于同等的状态，[①] 换言之，即全部补偿。应确保以 DCF 方法为基础，兼顾实践中出现适用账面价值方法的情况，参照账面价值进行适当调整。此外，在运用 DCF 方法时，应主张 DCF 方法仅适用于被征收企业的预期收益，不包括其资产净值。在 Liamco 案中，仲裁庭认为利比亚政府应同时给予财产所有人有形资产的补偿和收益损失补偿，并明确 DCF 仅适用于收益损失补偿的计算，不适用于有形资产补偿的计算。在 Letco 案中，利比亚政府的行为构成了间接征收，仲裁庭将该法国公司受到的损失分为投资损失和利润损失，并明确 DCF 仅用于利润损失的计算，投资损失部分另行计算。DCF 方法仅用于预期收益计算更有利于投

---

① 参见 1982 年《中国与瑞典双边投资协定》第 3 条第 1 款，1988 年《中国与日本双边投资协定》第 5 条第 3 款。

资者的原因在于，DCF 方法是估算持续经营的企业未来收益的方法，并不就企业资产净值进行计算。

实践中的国际投资征收补偿问题大多都会出现补偿数额"打折"的情况，因此，为更好地降低投资者的损失，投资者需要就东道国政府是否通过征收而获得收益及其财政状况、征收规模大小等问题展开调查，依照公平合理原则，与东道国针对"打折要求"进行谈判，以降低征收风险。

第四章

# 政府违约风险

## 第一节　政府违约风险定义和特征

### 一、政府违约风险的定义

中国出口信用保险公司 2015 年编撰的《信用保险词典》将政府违约定义为一国政府不履行与外国投资者签署的合同或协议，从而给外国投资者的正常经营带来影响的违约行为。政府违约风险是指东道国政府与外国投资者在投资过程中，双方当事人就各自的权利和义务签订的投资协议，东道国政府单方面不履行或违反之前签订的协议，而给投资者带来经济上的损失。东道国政府不履行或违反与外国投资者签订的协议并不当然构成政府违约风险，还必须符合以下情形：外国投资者无法求助于当地司法或仲裁机关，或者当地司法或仲裁机关未能在东道国政府与外国投资者签订的合同规定期限内作出裁判，或者虽然在规定期限内作出裁判，但未能有效执行。

政府违约风险中的"约"既包括东道国与投资者母国之间缔结的双边投资条约，又包括东道国政府与外国投资者之间签订的投资契约。

双边投资条约是为调整国际私人投资关系，资本输出国同资本输入国签订的有关保护外国私人投资问题的条约。双边投资条约重点对外国投资者的待遇标准、投资项目及内容、政治风险保证及代位求偿权、处理投资争议程序等进行规定，是国际投资保护最重要的手段之一。

东道国政府与外国投资者之间的投资契约，其类型多样，最主要的属国家契约，常见的国家契约的形式包括核准文件、特许协议以及保证合同等三种类型。①

国家契约，也叫经济特许协议，是指一个国家（政府）给予外国投资者（自然人或法人）特别许可的法律协议，约定投资者在一定期间，在指定区域在一定条件下享有专属于国家的某些权利，从事公共事业建设或自然资源开发等投资的特殊经济活动，其规定的内容为投资者应当向东道国政府交纳报酬的金额与支付方式，并确定投资者在投资开发和经营等活动中应遵守的准则。②

投资者进行海外投资通常要与东道国政府达成投资契约，由于契约双方关系的不对等，东道国可通过行使行政或立法权违反或废止契约，从而给投资者造成损失。③

下面是关于政府违约风险的一个经典案例。1968 年 4 月，设在美国特拉华州的阿姆科（亚洲）公司与印尼一个军方控制企业 P.T. 威兹玛签订了一份投资协议。为履行协议，阿姆科（亚洲）公司向印尼政府提出申请，根据印尼 1967 年的《外国投资法》设立 P.T. 阿姆科公司从事卡迪卡饭店的建设与经营，同时规定 P.T. 阿姆科公司与印尼政府之间的任何争端交付 ICSID 仲裁。P.T. 阿姆科公司的授权股份资本是 300 万美元，且均为外国资本。1968 年 7 月 29 日，印尼公共事务部长批准了阿姆科（亚洲）公司的申请。饭店开业后，阿姆科公司与 P.T. 威兹玛发生了争端。1980 年 3 月 31 日至 4 月 1 日，P.T. 威兹玛在印度尼西亚军方和警察部队的协助下接管了饭店，并强行将阿姆科公司的管理人员从饭店赶出。此后不久，印尼政府取消了在投资开始时签发给公司的投资许可证。基于饭店管理权被剥夺以及投资许可被吊销这两项事实，P.T. 阿姆科公司、阿姆科（亚洲）公司与另一共同投资人香港泛美开发有限公司针对印尼

---

① 陈安主编：《国际投资法》，鹭江出版社 1988 年版，第 81～85 页。
② 李琮主编：《世界经济学大辞典》，经济科学出版社 2000 年版，第 464 页。
③ 王斌：《试论政府违约风险的法律控制》，载《浙江社会科学》2007 年第 4 期。

政府向 ICSID 提起仲裁请求。

## 二、政府违约风险的特征

政府违约风险与其他违约风险有很大的不同，这与政治风险的特殊性有关。政府违约风险具有以下三个特点：

第一，当事双方地位不对等。政府违约风险当事双方的地位具有明显的不对等性——一方为东道国政府，享有国家主权；另一方为外国投资者，不具备国际法律人格，也不能成为国际法权利的享有者，[①]无法与东道国政府抗衡。这种不对等使我们很难将政府违约与平等主体间的民事违约相提并论，也不能简单适用民法中的违约理论处理政府违约问题。

第二，复杂性。政府违约风险主要发生在一些政权不稳定、局势动荡的发展中国家，经常与其他政治风险事件同时存在，复杂性较高。东道国由于政权更迭等原因，导致国内的政策和法律缺乏一贯性。政府违约风险的复杂性导致很难采取传统的风险控制策略实现风险规避，企业规避减损难度较大，对企业的风险识别能力要求较高。

第三，不确定性。虽然投资母国可以进行本国投资者对外投资前的风险评估，投资企业也可以到东道国进行实地考察，但政府违约风险的发生具有隐秘性和不可预测性，对于政府违约发生的时间以及方式，投资母国和企业往往很难发现和预防。

## 三、政府违约风险与其他政治风险的竞合

跨国企业在东道国遭遇政治风险由来已久，但一直未引起学术界的关注。直到美国学者科布林（Stephen Kobrin）教授在 20 世纪 70 年代对政治风险进行了开创性的研究之后，这个重要问题才受到越来越多的重视。尽管迄今对于政治风险的概念界定还存有分歧，但科布林的定义在相当程度上被广泛接受。

---

① M.Sornarajah, *The International Law on Foreign Investment*, Cambridge University Press, 1994, p.342.

他将政治风险界定为：由于政治事件及其过程引起的潜在而重大的偶然性经营危机。据此，政治风险源于政治原因，其中既包括政治事件的直接冲击，也包括由政治事件引发环境变化造成的间接冲击。政治风险与商业风险等其他风险相比，具有一定的不可控性和较高的损失可能性。

以《多边投资担保机构公约》（以下简称"MIGA 公约"）对政治风险的规定为例，它所担保的政治风险既包括了东道国政府的行为（作为或不作为），并且除了中央政府之外还包括政府机构和地方政府，更在某种情况下还可以扩大到事实上的政府范畴；除了上述主体本身所采取的行为之外，还包括其所同意授权批准或指示的作为和不作为。[①]

MIGA 公约将征收行为定义为"东道国采取的、作为剥夺投保人（国外投资者）对其投资的所有权或控制权，或剥夺其投资产生的大量效益的任何立法或行政或懈怠行为"。

MIGA 公约对国际投资政治风险语境下的外汇风险，称为货币汇兑风险，指"由于东道国政府的责任而采取的，任何限制将其货币转换成可自由使用的货币或担保权人可接受的另一货币，并汇出东道国境外，包括东道国政府未能在合理时间内对该担保权人提出此类汇兑申请作出回应行动的措施"[②]。

政府违约与其他政治风险可能存在重合，政府违约行为可能导致征收或禁止自由汇兑等具体结果。例如，《美国对外援助法案》规定，"征收包括但不限于外国政府废弃、拒绝履行及损害其与投资者订立的合同，使该投资项目实际上难以继续经营"，[③] 而一些国际司法实践也明确将"合同权利"作为征收的对象，[④] 这样，政府违约可能构成征收风险。又如，东道国政府违反其对投资者的保证，禁止投资者将所获当地货币兑换为外币并汇回本国，则可能符合货币汇

---

① MIGA：Investment Guarantee：Types of Coverage, http://www.miga.org/investmentguarantees/index.cfm?stid=1797#toc3, last accessed 2011/12/27.

② 《多边投资担保机构公约》第 11 条 A 款。

③ U.S.Foreign Asistance Act of 1961.Sec.238（b）.

④ Phillipe Petroleum Co. Iran v.Iran, Award No.425-39-2 of 29 June 1989, 21 Iran-U.S.Cl.Trib.

兑风险的构成要件。

## 四、政府违约风险的类型

根据常设国际法院在 1929 年的塞尔维亚债券案判决中关于合同性质的权威解释：凡不属于国家之间签订的任何合同，都是以某个国家的国内法为依据。[①]因而，国家契约具有国内法意义上的合同性质，而不属于国际公法意义上的合同性质。

政府违约风险表现为以下两种形式：

### （一）直接违反契约

直接违反契约，指东道国政府实施的行为直接违反了与投资者签订的契约。典型案例如"杜克能源国际秘鲁第一投资有限责任公司诉秘鲁案"，该案中，杜克能源国际秘鲁第一投资有限责任公司参与了秘鲁 90 年代的私有化运动，为得到秘鲁政府对外国投资者的保证，杜克公司与秘鲁政府签订了"法律稳定协议"。其中，关于所得税的保证明确规定，根据协议生效时现行税法，对于红利或其他形式的收益不予征税。但是，2001 年 11 月，秘鲁税收当局决定对杜克公司征收 1996—1999 年度所得税。在申请免除所得税未果及提起行政申诉遭拒后，杜克公司上诉至秘鲁税收法庭，法庭基本支持了税收当局的做法，最终，公司向秘鲁税收当局支付了税款。2003 年 10 月，杜克公司向 ICSID 提起仲裁，指称秘鲁当局的行为违反了协议内容。[②]

### （二）通过法律废止契约

东道国指定或修改法律，该法律规定与契约内容相抵触，达到事实上废止契约的效果。例如，"利比亚美国石油公司仲裁案"中，利比亚美国石油公司与利比亚政府签订石油特许协议，在利比亚进行石油勘探与开采活动，协议有效期 50 年。随后，利比亚发生政变，为实现石油工业的本国化，利比亚政府于

---

①　（1929）PCIJ Series A.No.20, p.41.

②　Duke Energy International Peru Investments No.1, Ltd.v.Republic of Peru, Award, ICSID Case No.ARB/03/28（2006）.

1973 年 7 月颁布法律,对包括利比亚美国石油公司在内的多家公司的 51% 的权益实行国有化。1974 年 2 月,利比亚政府再次颁布法律,将利美石油公司剩下 49% 的权益实行国有化。案件最终交由仲裁解决。申诉方指称,利比亚违反了其在特许协议中所作的明示保证,构成重大违约。[①]

## 第二节　条约义务的违反

### 一、投资条约的类型和特征

国际投资条约分为多边投资条约与双边投资条约两种类型。

多边投资条约是一项以开放市场为目的、大力推进投资自由化进程和以开放市场与投资保护两个侧重点相结合的多边投资协议。OECD 在 1995 年至 1998 年进行了一次缔结综合性多边投资条约的尝试。虽然该协定因为意见纷纭抵触而于 1998 年搁浅,各成员国仅仅起草了一份多边投资协定草案,但是对该协定的谈判是国际社会建立统一国际投资法律框架的一次重要努力,其所作出的许多有益尝试和代表的开创精神使该草案具有统一多边投资规则的奠基地位。

双边投资条约以促进、鼓励、保护或保证国际私人投资为目的,资本输入国与输出国之间签订的蕴含双方权利与义务的书面协议。双边投资条约主要有四种类型:

#### (一)友好通商航海条约

友好通商航海条约所调整的对象和所规定的内容,主要是确立缔约国之间的友好关系,双方对于对方国民前来从事商业活动给予应有的保障、赋予航海上的自由权等。其中虽有关于投资保护的规定,但其主要是保护航海贸易,而不在于保护投资者。这一类型的条约主要出现在第二次世界大战以前,当时的

---

① 姚梅镇主编:《国际投资法成案研究》,武汉大学出版社 1989 年版,第 47 ～ 83 页。

国际经济活动以国际贸易为主，国际投资不占主要地位，反映在双边条约中就是关于贸易的保护规定较多，而关于投资的保护规定则很少。

第二次世界大战后，国际投资发展很快，各国缔结的友好通商航海条约，关于投资保护的规定相应增长，其中大都从总体上规定了对外国投资者财产的保障、待遇、征收的条件及补偿标准等。但由于此类条约涉及范围广、内容多，关于投资保护的规定太简略，远远不能适应实际需要。因此，国际社会便开始寻求别的缔约形式，以求更有利地保护国际投资。

### （二）投资保证协定

美国在第二次世界大战后针对当时的国际形势，首开实行海外投资保险制度之先河。但是，如果没有投资所在的东道国的同意与合作，美国投资保险机构的代位索赔权就无法实现。因此，美国除了与其他国家签订综合性的友好通商航海条约外，又与有关国家签订专门的投资保证协定，后来发展到以签订双边投资保证协定为主。

美国与别国签订的投资保证协定的核心在于让对方缔约国正式确认美国国内的承保机构在有关的政治风险事故发生并依约向投保的海外投资者理赔之后，享有海外投资者向东道国政府索赔的代位权和其他相关权利及地位。协定还规定了双方政府因索赔问题发生纠纷时的处理程序。这样的法律设计，其主旨在于使这类特定的美国国内保险合同的法律效力，得以通过这种特定的国际双边协定，延伸到美国国境以外，取得对方缔约国的正式确认，从而使对方承担具有国际法上约束力的履约赔偿义务。于是，原属美国国内私法契约关系上的代位索赔权，就被"国际化"和"公法化"了。美国现已同100多个国家签订了双边投资保证协定，我国也于1980年与美国签订了投资保证协议。

### （三）促进与保护投资协定

第二次世界大战后，民主德国经济恢复很快，有大量的"过剩"资本要向他国投资转移，以期获取更多利润，发展中国家因此获得的投资额极速增长。在这种背景下，依靠友好通商航海条约已很难满足日益增长的对外投资的要求，于是从 20 世纪 50 年代末开始，联邦德国及其他一些欧洲国家将传统的"友好通商航海条约"中有关保护外国投资的内容提取出并加以具体化，融合了上述美国式"投资保证协定"中有关投资保险、代位赔偿及争端解决的规定，与相关的国家签订了"促进与保护投资"的专门性双边协定。此类协定内容较为具体详尽，实体性规定和程序性规定并举，兼具"友好通商航海条约"与"投资保证协定"之长，是一种很好的保护国际投资的条约类型，因而一问世便得到各发达国家的竞相效仿和大力推行。据统计，迄今为止，已有 133 个不同的国家签署了总共将近 600 项双边性"促进和保护投资协定"，其中有相当一部分是在发展中国家相互之间签订的，目前国际法学文献中所称的"双边投资条约"或"双边投资保护条约"一般是指此类协定。

### （四）投资自由化、促进和保护协定

BIT 的内容和形式既受国际投资规模、方式和格局的影响，也受国际投资环境、法规和体制的制约。经过多年的调整和完善，时至今日 BIT 已经发展到了第四代，即投资自由化、促进和保护协定。这一代投资协定的内容更加丰富和全面，在促进和保护相互投资的基础上还增加了扩大产业开放与放宽投资准入的内容，较好地兼顾了产业开放与监管、保护投资者利益与维护政府出于公共利益采取管理措施的权力之间的平衡。

新一代 BIT 以美国政府 2012 年公布的双边投资协定为范本。与前一代相比，新一代即第四代 BIT 的内容在大的条款方面改动不大，变化主要发生在条款的具体规定和解释上。新一代 BIT 的主要条款包括：定义、领域与覆盖范围、国民待遇、最惠国待遇、最低待遇标准、征收和补偿、转移、履行要求、高级管理与董事会、透明度、投资与环境、投资与劳工、信息披露、金融服务、磋商与谈判、仲裁程序的透明性和适用法律等。

与 2004 年的旧范本相比，2012 年的新范本更强调透明度和公共参与，强化了关于劳工与环境的保护，并针对国有企业（即国家主导型经济体，stateled economy）的特殊待遇和自主创新政策带来的改变等情况制定了更加严格的规定。具体变化和特点主要有：（1）缔约方领土范围进一步明确，包括了领海；（2）在透明度规定上，要求公布的规章需要对制定规章的目的进行解释，规章公布之前必须开放给公众评论，而且最后的规章应该充分反映和吸收制定者收到的公众评论；（3）在环境和劳工标准方面，要求东道国在实施环境法和劳工法的时候不应为了吸引资本而减损这些法律的效力；（4）在第2条第2款脚注中，新增了一个关于"被授予政府职权的国有企业及其他人"的解释，这将使国有企业或其他机构在获得政府授权行使政府职权时，均被 BIT 管辖；（5）在技术购买和技术标准制定方面，要求缔约双方不得要求投资方购买特定技术，也不能阻止其购买特定技术，或者基于技术持有人或投资人的国籍采取优惠政策，并要求东道国允许缔约对方的投资者参与政府制定技术标准的工作。[1]

根据商务部条约法律司网站显示，中国已与世界上100多个国家和地区建立了双边经贸混委会机制，签订了104个双边投资保护协定。[2]商务部人士表示，通过商签投资协定，一国政府为外国投资者提供了稳定、透明、可预期的投资环境，有利于促进跨国投资和经济发展。特别是，现在各国的商签投资协定一般还会对投资市场开放作出安排，为境外投资者提供更广阔的市场和更多商机，从而能更有利于推动经济全球化。目前，我国已经先后启动了与美国和欧盟的双边投资协定谈判，力图就跨国投资保护、投资者之间的公平竞争以及市场开放问题达成高水平的协定，从而进一步改善各自的投资环境与市场准入，促进跨国投资、促进经济发展。

**二、实体性条款的违反**

对于投资保护而言，投资条约中最重要的实体条款包括：公平与公正待遇条款、征收条款、保护伞条款（the umbrella clause）、治安保护条款和战乱损

---

[1]　卢进勇、邹赫：《新一代双边投资协定的内容、特点与影响》，http://jjckb.xinhuanet.com/opinion/2014-05/08/content_503504.htm，最后访问日期：2022年1月11日。

[2]　http://tfs.mofcom.gov.cn/article/Nocategory/201111/20111107819474.shtml.

失条款等。

公平与公正待遇条款与国际习惯法上的最低义务关系紧密，很多学者将其直接等同于国际最低待遇标准或者将其作为该待遇标准的一部分，本节将在后续对二者进行详细的说明。保护伞条款是指现代双边投资条约中通常有专门条款规定，缔约方应该遵守其对另一缔约方投资者（国民或公司）所作出的任何承诺。例如，2006年《中国与俄罗斯关于促进和相互保护投资协定》第11条第2款规定："缔约任何一方应恪守其依据本协定与缔约另一方投资者就投资所作出的承诺。"由于该条款引发了是否可以把东道国在合同中的承诺一并放在双边投资条约下加以保护这一问题，所以被称为"保护伞条款"。关于保护伞条款的介绍在本章第三节第二项。

征收条款是投资者经常援引的条款。多数BIT规定，东道国对外国投资的征收须同时符合四个条件：以公共利益为目的，依照正当程序，非歧视，给予补偿。征收分为直接征收和间接征收。

### 阿根廷强行收购 Repsol 公司持有 YPF 石油公司股份案

2012年，阿根廷强行收购西班牙Repsol公司持有的YPF石油公司股份就构成了直接征收。2012年，《阿根廷石油主权》要求尽快"收回阿根廷的石油主权"。而其中第一步就是收购国内第一大石油企业YPF的第一大股东西班牙雷普索尔公司持有的51%的股份，以拥有对这家企业的控股权。YPF全称为Repsol-YPF，是阿根廷最大的石油公司。西班牙雷普索尔公司持有其57.43%的股权。法案很快得到了参众两议院的赞同，5月4日，阿根廷时任总统克里斯蒂娜正式签署将YPF公司国有化的法令。此举遭到了西班牙政府的强烈抗议，将阿根廷告到国际法庭，双方从此展开了长达两年的谈判。2014年4月28日，阿根廷政府颁布法令，决定一次性支付雷普索尔公司价值50亿美元的主权债券作为赔偿，并为其提供债务抵押担保。阿根廷政府由此成为YPE石油公司最大的股东，实现了国家对油气部门的控制。但另一方面，阿根廷也付出了沉重的代价，国际市场加深了对阿根廷投资的信任危机。

值得注意的是，克里斯蒂娜的"铁手腕"使得中石化避免了损失：据阿根廷《民族报》披露，就在阿根廷政府决定从 YPF 公司第一大股东西班牙雷普索尔公司收购 51% 的股份之前，感到暴风雨临近的雷普索尔公司正采取"金蝉脱壳"的战略，准备将其持有的 YPF 公司股份出售给中石化。如果中石化从雷普索尔公司手中高价收购 YPF 公司的股份，阿根廷政府将 YPF 公司国有化后，蒙受巨额损失的就将是中石化而不是雷普索尔公司；西班牙和阿根廷政府如今剑拔弩张的紧张局面也将变成中国和阿根廷政府之间的激烈冲突。

2014 年 5 月 23 日，西班牙雷普索尔石油公司在马德里表示，该公司日前出售了其在阿根廷能源公司 YPF 中的股份以及其从 YPF 国有化中收到的债券。雷普索尔公司 23 日称，该公司已完成向摩根大通证券出售其在阿根廷的资产，其中包括其在 YPF 中 51% 的股份被阿根廷政府没收以后作为赔偿所收到的债券。雷普索尔公司在一份声明中表示，雷普索尔公司从出售这些债券中获得了49.9 亿美元的总收入，使其偿清了阿根廷认可的 50 亿美元债务。

间接征收是指东道国政府通过干预、限制等手段，对外国投资者行使财产权的各种管制措施。在间接干预中，外国投资者行使财产权达到一定程度，以至于在效果上等同于直接征收，其包括：大幅提高税率（例如，厄瓜多尔于2007 年开征 99% 的石油"暴利税"）、禁止向股东分配利润、价格管制、进出口限制（例如，印尼实行矿石出口禁令）、撤销特许权或投资许可等。

## 厄瓜多尔征收 99% 的石油"暴利税"案

2017 年 10 月 12 日，厄瓜多尔政府以总统令形式宣布，征收非常重的特别收益金（当石油价格达到某个水平时，政府收取石油公司的一定比例的收入），外国石油公司额外收入中的 99% 收归国家所有，而此前按厄瓜多尔政府在 2006年 4 月份颁布的《石油修改法案》，这一比例为 50%。分析人士称，这意味着外国石油公司几乎所有高于约定价格的额外收入都将流入厄瓜多尔政府的口袋。

因此，这项决定将使各大公司与厄瓜多尔政府重新展开谈判，厄瓜多尔政府则希望向外国石油公司支付服务费用，以换取外国公司所有的石油收入。

特别收益金将使中国在厄瓜多尔的工程"破产"，并将使中国重新考虑对"资源有限，但风险不断上升"的产油国进行投资。其中，中石油、中石化的受损比较严重。2005 年，中石油和中石化共同出资 14.2 亿美元，收购了加拿大恩卡纳（EnCana）集团的安第斯石油公司（Andes Petroleum），该公司在厄瓜多尔有 5 个石油区块的资产和开发权，日产石油 8 万桶，产量居南美第 5 位，是厄瓜多尔最大的外资企业。目前，中石油、中石化正准备联合向国际仲裁机构申述，希望降低这一税额。受厄瓜多尔出台征收石油暴利税影响的不仅是中国的石油企业，美国、法国和巴西的石油公司也都在受影响的行列。

### 印尼实行矿石出口禁令案例

2009 年年初，印度尼西亚颁布了《矿业和煤炭法》，其中规定外国公司不再被禁止申请和持有矿业许可证，为外资注入矿业、促进矿业发展创造了条件。这段时期，印度尼西亚宽松的能源矿产政策为其吸引来了大批的能源投资者和大量的外来资本。外来资本的汇入一方面解决了印度尼西亚发展初期资金不足的问题，奠定了能源矿业发展的基础；另一方面，外资的投入带来了先进的能源矿业发展技术和管理经验，致使印度尼西亚的能源矿业迅速发展，从而支撑起了印度尼西亚早期的经济发展。

随后几年，印度尼西亚决策层开始重新思考能源产业方面的外资引进问题。首先，印度尼西亚政府开始密切关注外来资本在本国的能源投入，对一些重要地区和重要矿产加强管理。在 2008 年年底，印度尼西亚国会通过了新能源和矿物法，该法案的主要内容包括，要求投资商开发矿产资源的每一个步骤，包括地震勘探、开采、可行性研究和项目建设，都必须得到印度尼西亚政府的批准；限制投资商在某些特定地区进行开采活动以保护该国的小型和中型矿业公司；要求投资者必须在印度尼西亚国内设立冶炼厂对矿产资源进行加工。其次，印度尼西亚政府开始重点培养本国能源企业，给本国能源企业提供诸多帮助和支持，其中包括提供更便利的贷款和投资手续。2012 年 5 月 6 日，印度尼西亚开始对本国出口的包括镍矿、铝土矿、海砂等在内的 14 种矿产加征出口关税。自 2014 年 1 月 12 日起，印度尼西亚开始实施新的矿业法规，对原矿的出口禁令正式生效，同时，在印度尼西亚采矿的企业必须就地冶炼或精炼后方可出口。但是为了避免对印度尼西亚经济造成过大冲击，印度尼西亚政府还是作了一定的妥协，适当延长经过选矿或粗加工的精矿石（包括铜矿、锰矿、铅矿、锌矿等矿物）继续出口到 2017 年 1 月以后，同时，印度尼西亚政府仍然禁止镍矿和铝土矿出口。印度尼西亚政府希望通过严控能源矿产的出口来改变印度尼西亚能源矿业的发展结构。严控出口政策一方面减少了印度尼西亚能源矿产的直接出口，保护了本国的能源矿产储备；另一方面可以借机大力发展印度尼西亚的冶炼工业，增加能源产品的技术附加值，从而改变印度尼西亚在能源市场上的不利地位。

## Occidental v. Ecuador 案

在该案中，仲裁庭认为厄政府终止石油开采特许协议的行为等同于征收。1999 年 5 月 21 日，厄政府通过厄瓜多尔国家石油公司（PetroEcuador）与 OEPC 签订"分成合同"，共同开发厄境内的"15 区块"油田。"分成合同"规定，未经厄当局授权而转让该合同项下的权利或义务将导致该合同的终止。后因 OEPC 未经厄政府批准将"分成合同"项下的 40% 权益转让给注册于百慕大的 AEC 公司（AEC 公司随后转售给中国公司 Andes），厄能源与矿业部长颁发"失效法令"（caducidad decree），单方终止了"分成合同"。

2006 年 7 月 Occidental 公司向 ICSID 申请仲裁。仲裁程序中，双方争议主要包括仲裁庭是否有管辖权、OEPC 未经厄政府批准的转让行为是否发生效力、OEPC 的转让行为是否必然导致"分成合同"的终止、厄政府单方终止"分成合同"是否违反美厄 BIT 项下的公平与公正待遇条款和征收条款等。仲裁庭经法律推理后，多数意见裁定厄政府违反了公平与公正待遇和征收条款而应赔偿17.7亿美元。

2012年10月，厄瓜多尔政府向ICSID申请撤销上述仲裁裁决。2015年11月2日，ICSID专门委员会以"明显超越权限"为由，部分撤销"西方石油公司v.厄瓜多尔案"的仲裁裁决。经审理，专门委员会认为原案申请人西方石油公司仅对该案合同标的"15号区块"油田享有60%的权益，遂将厄瓜多尔的赔偿金额降至原赔偿额17.7亿美元的60%，即10.6亿美元。原裁决其余内容的效力不受部分撤销的影响。

## Yokus v. Russia 案

在赔偿额高达500亿美元的Yokus v. Russia案中，仲裁庭认为，俄罗斯当局对尤科斯公司的高额罚款、低价拍卖核心资产以及迫使破产的行为在效果上"等同于国有化或征收"。

发起仲裁的是控制前尤科斯公司超过70%股份的梅纳捷普集团（Group Menatep Limited, GML）。梅纳捷普集团成立于1997年，注册地在直布罗陀。在混乱的90年代，俄罗斯大公司纷纷将其资产转移由海外注册公司控制，这不仅是为了避税，也是为了分散资产以降低风险。GML随后建立了一系列的关联公司，其中就有此次参与仲裁的胡勒公司（Hulley Enterprises Limited）、尤科斯环球公司（Yukos Universal Limited）和石油老兵公司（Veteran Petroleum Limited）。

2003年11月，尤科斯公司总裁霍多尔科夫斯基因被控偷漏税、诈骗和洗钱等罪名被捕入狱，俄罗斯税务部门和金融监管部门开始对尤科斯公司进行调查。2005年，尤科斯公司最主要的资产——尤甘斯克石油天然气公司以93亿美元的价格被拍卖给当时一家名不见经传的"贝加尔金融集团"，随后贝加尔金融集团被国有的俄罗斯石油公司收入囊中。2007年，莫斯科仲裁法院宣布尤科斯公司破产，在进行的破产程序中，尤科斯公司的大部分资产都被俄罗斯石油公司收购。

　　同年，GML 向海牙常设仲裁法院提起诉讼。GML 称，俄罗斯当局对尤科斯公司查税并要求补缴税款的目的就是夺走公司，由于税款远远高于公司的支付能力，正是这一行为导致了公司的破产。

　　在此次海牙仲裁法院的判决中，俄罗斯当局采取了"为使尤科斯破产而针对该公司及其股东的全面攻击"，俄罗斯当局针对尤科斯公司的行动违反了《能源宪章条约》第 45 条有关政府收缴投资的规定。俄罗斯 20 世纪 90 年代曾签署这一文件，但立法机构并未批准。2014 年 7 月 28 日，位于海牙的常设仲裁法院裁定，俄罗斯政府在尤科斯公司破产案中不当侵占公司资产，致使公司破产。仲裁法院依据《能源宪章条约》中关于保护投资的相关规定，要求俄罗斯当局向其前股东支付总额超过 500 亿美元的巨额赔偿。其裁决，胡勒公司将获得 399.7 亿美元赔偿，石油老兵公司应获得 82 亿美元赔偿，尤科斯环球公司获得 18.5 亿美元赔偿。此外，俄罗斯政府还需要支付总额 6400 万美元的诉讼费用。

　　不少 BIT 规定，缔约一方应当向另一方投资者的投资提供充分的保护和保障。有的协定进一步明确，该条款旨在要求东道国采取合理和必要的治安措施保护投资。例如，在 2014 年 5 月越南的暴力排华事件中，如果有中资企业因越南当局保护不力而遭受损失，越方或需承担赔偿责任。

　　很多 BIT 还规定有战乱损失条款，即由于战争、武装冲突、动乱等原因造成投资损失的，缔约一方在赔偿或补偿损失方面给予另一方投资者的待遇不得低于其给予本国或任何第三国投资者的待遇。其和治安条款间存在一定的差异，该条款必须在东道国给予其他国家赔偿以后，才能使投资者也获得赔偿，属于相对待遇。例如，利比亚在 2011 年发生叛乱，中国在其境内投资兴建的数十个项目受到影响。若利比亚政府对其他国家或企业进行补偿，就应当也以此为标准向中国企业进行补偿。

　　即使同为 BIT，但是其在上文中所讲述条款的规定方面也存在较大差异，这就使得它们对企业的保护力度也存在差异。我国企业在国外进行投资活动的时候，必须对这一条款进行相应的评估，同时还应该借助国际筹划的形式，提升

BIT 中这一条款对企业的保护力度。

## 三、程序性条款的违反

程序性条款的违反第一个问题即关于可仲裁事物的具体界定。我国最开始签署的 BIT 中规定，投资者对于征收补偿额存在异议的应当提交国际仲裁庭进行仲裁。也就是说，当争议内容涉及征收行为本身或公平与公正待遇等条款时，不可以发起国际仲裁，或者说这类争议必须经由东道国同意，方可发起国际仲裁。而在新世纪伊始，世界上几乎所有的 BIT 都进行了革新，即投资者所产生的所有异议都可发起国际仲裁。但是在某些情况下，对于可仲裁事物的具体界定是一个无法避免的隐患。

### 中国平安 v. 比利时政府案

中国平安于 2007 年 11 月 27 日花费 18.1 亿欧元的代价成为富通集团持股最多的股东，共计持股 9501 万股，随后该公司继续通过多种方式增持自身股份，最终拥有富通公司 1.21 亿股的股份，共投入资金 238.74 亿欧元。但是由于世界经济放缓等情况的出现，使得截止到 2008 年 10 月 15 日，富通集团的股价下跌至每股 1.16 欧元，共造成中国平安损失 228 亿元。随后的长达 36 个月的时间里，比利时政府通过国有化富通集团的决议，承接了该企业所有与银行有关的业务，同时把银行业务中 75% 的股份售卖给了法国巴黎银行，还给予欧盟境内其他投资者一定的赔偿，但并未向身为富通集团最大股东的中国平安进行赔偿。

随后我国平安集团为了争取相同的待遇，借助各种办法向比利时政府提出合理的诉求，甚至我国外交部与商务部也就此事向比利时政府提出交涉，但是一直到 2011 年，比利时政府也没有向平安集团进行补偿，于是平安集团向世界银行投资争端解决国际中心发起国际仲裁请求，该机构受理了这一请求，具体案件编号为 ICSID Case No.ARB/12/29。

不过，比利时政府方面的辩护人 Foley Hoag LLP 律所向外界指出，我国平安集团就比利时政府针对富通集团的救助计划（即将富通先国有化，再出售给法巴银行）所发起的国际仲裁，其依据是我国政府于1984年和比利时政府签署的投资保护协定，但是平安集团提出的赔偿金额为7亿欧元至10亿欧元，这一赔偿的依据则是来源于两国政府于2009年年底新签署的投资保护协定。因此，国际仲裁法庭实际上并没有这一案件的管辖权，也就是说这一争议产生于新的投资保护协定以前，这一争议违反的是1984年的投资保护协定，并且平安集团向比利时政府提出这一争议的时候，两国新的贸易保护协定还未签署。

ICSID于2015年4月30日针对上述案件作出终审裁决，同年5月5日，比利时政府方面的辩护人指出，国家仲裁法庭驳回了平安集团的请求，其原因在于该法庭对这一案件缺乏管辖权。从目前可获得的信息来看，平安公司之所以在其与比利时政府的仲裁程序中败诉，正是因为1984年BIT只允许将"与征收补偿额有关的争议"提交仲裁，而2009年生效的中比2005年BIT又不适用于平安公司在2009年以前对富通集团的投资。

第二个问题即仲裁机构存在一定的不足。BIT在发展的初始阶段投资者是可以向临时仲裁庭请求发起仲裁的，但是在我国于20世纪90年代初叶加入《华盛顿公约》以后，BIT在这一方面的规定就出现了变化，即大部分BIT都规定投资者应当将争议事项提交ICSID仲裁庭，由其进行仲裁。

随着全球一体化进程的加快，国际经济纠纷事件大量增加，这就使得处理这类国际纠纷事物的机构也开始大量出现，例如：ECT仲裁机构等。

ICSID是依据1966年10月签订的《解决国家与他国国民间投资争端公约》而建立的世界上第一个专门解决国际投资争议的仲裁机构。目前，公约的签字国多达150个以上，中国于1993年正式成为公约的缔约国。

NAFTA仲裁机构是根据《北美自由贸易协定》而设立的。《北美自由贸易协定》于1994年1月1日签署，最初的签署国有三个，分别是美国、加拿大、墨西哥。目前，NAFTA仲裁机构已经处理了大量美、加、墨三国投资者与国家之间的投资纠纷，其作出的裁决是国际投资仲裁领域重要的判例依据之一。

ECT 仲裁机构是依据 1991 年 12 月 17 日订立于荷兰海牙的《能源宪章条约》而设立的。《能源宪章条约》提供的强制性仲裁争端解决机制为从事国际能源投资活动的投资者提供了保护其合法权益的有效途径。当前，世界上共计有 51 个国家与地区成为这一条约的缔约国，2001 年，我国正式成为能源宪章代表大会的观察国。

除此之外，还存在一部分专门进行国际商事仲裁的机构，例如：国际商会仲裁院（ICC）、英国伦敦国际仲裁院（LCIA）、斯德哥尔摩商会仲裁院（SCC）等，上述机构都能够开展涉及国际投资的仲裁活动。

第三个问题即仲裁前仲裁提出者的义务要求。大部分 BIT 的条款都明确规定了争议双方的协商与"冷静期"，也就是在投资者向有关机构发起仲裁前，必须将这一仲裁意向告知东道国，同时谋求通过协商处理双方的争议，唯有经过一定期限（通常为 6 个月）后，才可以发起国际仲裁。一部分 BIT 还规定投资者必须在利用当地所有救济方法无效后，才可以向国际法庭提起仲裁申请。而与之截然相反的是，一部分 BIT 中制定了"岔路口条款"，假如投资者已将争议提交东道国法庭进行仲裁，不可以再次发起国际仲裁。所以，投资者在向东道国法庭提交诉讼前，必须对该国的司法程序进行评估，以免无法再次发起国际仲裁。

第四个问题则是时效。比如我国与韩国签署的 BIT 明确指出，假如投资者在应当知道或第一次知道侵害发生之日起，若超出三年时限的不得发起国际仲裁。

## 四、争端解决条款的违反

多数 BIT 有三种处理东道国与投资者争议的方式，即协商、东道国国内救济与国际仲裁。针对东道国与投资者间存在的争议，最基础的处理方式就是协商。在大多数双边投资条约中，都规定对于投资者与东道国之间的国际投资争端，应首先由双方通过友好协商解决。协商的特点在于没有第三方介入，是国际争议解决中最常见的方式之一。协商的优点在于可以不必严格按照法律规定解决争议，有利于双方互相谅解，友好解决争议，继续合作；但其缺点也显而易见，在各方分歧严重时，通常无法调和，长时间协商可能延误争议的解决。对此，大多数 BIT 就协商的时间进行了明确的规定，在一定时间段内通过协商无法处理双方争议，能够向东道国国内法庭或国际仲裁法庭提起相关诉讼。例如：我国与德国签署的 BIT 中明确指出，当缔约一方和缔约另一方投资者出现争端的时候，必须尽最大努力通过和平途径予以处理。但在这一争端被提出之日起的 6 个月时间范围之内，还未解决的，投资者可以将这一争端提交国际仲裁法庭进行仲裁。

东道国国内救济原则中最重要的一环就是用尽当地救济原则。用尽当地救济原则，指的是国外投资者在与东道国政府或者企业、个人产生争端之后，应当及时通过东道国政府机构或司法机关，以东道国法律为依据，对这一争端进行处理。当东道国法律针对这一争端所适用的救济方式还未全部尝试前，投资者不应该发起国际仲裁，同时投资者所在国政府也不可以利用外交保护权，追究东道国的责任。因此，这一原则又被称为用尽国内救济原则。但在实际操作过程中，各国在原则上承认当地救济原则具有适用性，同时也承认在国内救济不适用或者适用但没有效果的情况下，投资者可以不再尝试这一救济方式。这一原则既是国际习惯法则不可或缺的一环，也是传统国际责任不可避免的一部分。

用尽国内救济原则是以国家法中国家的属地管辖原则与国家对自然资源的永久主权原则为依据的，属于国际习惯法原则的重要一环。自从这一原则执行以来，其既获得了广大国际法学家的认同，也在实践中获得各国政府以及国际组织的支持与称赞。欧美资本主义国家在 19 世纪初到 20 世纪末的这一时间段内，都曾经要求该国投资者必须在用尽当地救济之后，方可向本国寻求外交保护权的支持。国际法院于 1959 年在国际工商业投资案（interhandel case）中指出，提起国际程序的前提是用尽当地救济的原则，它属于习惯国际法规则公认的,也是不可或缺的组成部分。

即便用尽当地救济原则具有普适性,但在遭遇以下状况的时候,这一原则是不能适用的:

一是东道国明确表示不适用这一原则。"用尽当地救济"属于东道国的权利,遵循法理中权利人可以自行放弃自己权利的规定,东道国不论出于何种原因,都可以选择放弃这一原则。

二是东道国不愿意通过司法途径处理争端或者没有合理理由的延迟,当出现这种情况的时候,投资者所在国可以直接行使外交保护权,但是投资者必须拥有足够的证据证明这一情况确实存在。

三是相关国家在争端发生前或者发生后,同意投资者不适用于本国的救济的,可以认定东道国当地救济原则不适用于该投资者。

### "用尽当地救济"原则的经典案例

美国于 1942 年以《对敌贸易法》为依据,将位于美国境内的一家由瑞士投资的企业——通用苯胺胶片公司,近九成的股份认定为敌产,并进行了冻结与没收,其原因在于上述股份虽然挂靠在注册地为瑞士巴尔的国际工商业投资公司旗下,但这些股份的实际拥有者为位于德国法兰克福的 I.G. 法本化学工业公司。瑞士、美国、英国以及法国于 1945 年 2 月 16 日签署了关于冻结德侨在瑞士资产的临时协定时,就国际工商业投资公司是属于德资还是瑞资的问题产生了争议。瑞士有关机构通过调查发现,国际工商业投资公司和 I.G. 法本化学工业公司的联系早在 1940 年就已经断绝。因此,瑞士于 1948 年 1 月不再冻结该公司在瑞士的资产,并在之后,向美国政府提出撤销该公司在美资产冻结令的请求,美方并未答应这一请求。

国际工商业投资公司于 1948 年 10 月 21 日在美国哥伦比亚地区法院就此事提起诉讼,要求美国政府撤销对其财产的冻结,但是案件没有太大进展。美国上诉法院于 1957 年驳回了该公司的诉讼,理由为程序性问题。该公司在长达数年的诉讼之后，并未得到相应的赔偿，就于同年 10 月发起国际仲裁。同年 10 月 11 日，美国政府指出国际法院对这一案件并没有管辖权。同年 10 月 14 日，美国最高法院同意进行案件复审。这种情况下，就出现了该公司一边在美国进行诉讼，一边发起国际仲裁的现象。

国际法院于 1959 年 3 月 21 日进行投票，最终以 9 票对 6 票的结果，认定了美国政府所指出的四项初步反对主张中的第三项成立，也就是说认定该公司在美国并未用尽当地救济。而对另外三项，其认为缺乏合理性以及争议性，可以直接驳回或缺乏决断意义。因此，国际法庭表示，由于该公司在美国并未用尽当地救济手段，使得国际法庭对这一案件的受理权受到了直接影响。这也就是说国际法庭实际上是无法受理此案的。具体而言，1957 年 10 月 14 日，美国最高法院作出了允许该公司再次提起诉讼的决定，并要求哥伦比亚地区法院针对此案再次进行审理。所以说，该公司再次与美国司法系统达成了一致性，即谋求合适的争端化解方法。这一事件的发生使国际法院进一步将发起国际仲裁前用尽当地救济原则纳入国际习惯法，并在实际操作中得到了广泛的执行。在向国际法院提起国际仲裁之前，其必须在争端产生的国家借助当地的救济手段进行处理。尤其是在东道国发起的诉讼还未结束前，更是如此。对于国际法院拒绝受理这一案件的决定，瑞士政府表示对用尽当地救济原则是支持的，但是这一案件属于这一规则的例外情况。对此国际法院表示，美国司法体系已经就这一案件进行了补救，同时该公司在美国发起的诉讼出现了新的进展。因此，国际法院最终作出了认同美方的一部分主张，不受理这一案件的决定。除此以外，该公司在哥伦比亚地区法院发起的诉讼还在进行。后续，美国于瑞士通过协议处理了这一争议，即向美国民众出售苯胺胶片公司的股份，并将所获利益平均分配。

"岔路口条款"是晚近一些 BIT 中新出现的规定。所谓岔路口条款指的就是在遭遇争端时，国外投资者有权选择进行当地救济还是发起国际仲裁，但是这一选择具有排他性，即选择一个，就不能使用另一个。具体而言，投资者如果选择通过东道国法院进行救济，那么无论东道国法院作出何种裁决，都不能再次向国际法院发起诉讼；而如果投资人选择通过国际法院进行救济，那么无论国际法院作出何种裁决，都不能再次向东道国法院发起诉讼。是进行当地救济还是发起国际仲裁，仿佛是摆在投资者面前的两条无法回头的道路，只能二选其一。所以，这一条款被称作"岔路口条款"。

岔路口条款是由国际投资主要国家出于保护本国投资者利益的目的与东道国妥协产生的。虽然这一条款在实践过程中表现出了一系列问题，但与其存在的价值相比还是远远不如的，因此这一条款一直未被废除，而是在持续的改进之中，确保这一条款的健全性，并提升其在国际商业纠纷领域的作用。

### "岔路口条款"经典案例

法国和阿根廷于 1991 年 7 月缔结了促进和互惠双边投资保护协定，也就是所谓的 BIT。这一协定中明确指出，假如签约一方和签约另一方的投资者间出现涉及投资领域争端的时候，并且这一争端通过和平途径在 6 个月内无法得到解决，投资者可以选择向东道国法院发起诉讼，或按照 ICSID 公约向 ICSID 仲裁庭申请仲裁，或按照联合国国际贸易法委员会会规向专门仲裁庭申请仲裁。阿根廷的 Tucuman 省政府于 1995 年（此时 BIT 和 ICSID 公约对两国都存在约束力）和法国 CGE 公司阿根廷子公司 CAA 缔结了一份《特许协议》，这一协定将该省的用水系统与污水处理系统全部交由 CAA 负责运营，并在其中明确指出，当出现涉及该协议的解释或适用于本协议的争端时，该省法院拥有所有管辖权，但是这一协议并未明确投资者是否享有 BIT 与《华盛顿公约》提供的救济。而 CAA 和 ICGE（申诉人）和 Tucuman 省政府于 1995 年 7 月出现争端，最终申诉人认定合同无效，其理由是该省政府想要通过影响该公司正常履行合同的方式，达到缩减合同效力的目的。申诉人于 1996 年 12 月向 ICSID 申请发起仲裁，要求阿根廷政府给予赔偿，总金额为 3 亿美元。申诉人指出，阿根廷政府对其下属省份的政府所进行的错误行为具有制止义务，且这一义务没有得到履行。但是阿根廷政府则指出，该国际仲裁法庭缺乏对这一案件的管辖权，其原因在于，阿根廷宪法规定，对于其下属机构的行为中央政府是不具有连带责任的；此外，身为 BIT 的缔约方，它们已经按照约定向投资者提供优越的投资环境与公平公正的待遇，同时这一案件的起诉原因是由于该省政府与 CAA 签署的《特许协议》中涉及权利义务的部分，就应该按照这一协议约定由该省的相关法院进行管辖，因为该协议中明确规定该省法院享有全部管辖权。

国际仲裁法庭指出本案是针对阿根廷政府的不履行协定诉讼，而非针对 Tucuman 省政府的不履行合同诉讼，因此这一案件的管辖权并不适用于《特许协议》，再加上 CGE 对阿根廷政府的起诉并未构成对 BIT 中条款的侵犯，所以说国际仲裁法庭享有该案的管辖权。但是，该仲裁法庭还指出，鉴于这一案件中出现的争端和《特许协议》间存在直接联系，导致该仲裁法庭无法准确判断该案件中所涉及的行为，哪一部分属于行使国家主权，哪一部分属于行使《特许协议》的权利，再加上申诉人所提供的证据大多数和《特许协议》的执行及税率存在一定的联系。所以，在无法解释或者适用《特许协议》中条款的情况下，仲裁法院基本上无法区分违反条约与违反《特许协议》，同时由于《特许协议》中明确规定该省法院享有全部管辖权。这种局面使得只有在申诉人按照《特许协议》规定向该省法院发起讼诉并遭到拒绝（程序与实体都遭到拒绝）的情况下，才可以向国际仲裁法庭提交相关仲裁申请，否则，国际仲裁法庭并不享有案件管辖权。因此，国际仲裁法庭驳回了该公司的仲裁申请，实际上就是认为缺乏对这起案件的管辖权。

但是，根据《华盛顿公约》设立的机构却对这起案件作了截然相反的认定。根据《华盛顿公约》中的规定，虽然 ICSID 仲裁庭对这起针对 Tucuman 省的案件具有管辖权，但是根据该公司与该省政府签署的协议也无法对本案作出裁决，这不属于该仲裁庭的管辖范围，应当撤销这一裁决。同时，这一机构在深入剖析该仲裁庭所作出的决定后表示，这一诉讼是以条约为依据发起的，但是这一协议条款无法影响 BIT 条款的效力，因此，该仲裁庭实际上是存在管辖权的，因此这一机构撤销了仲裁庭的裁定。

## 五、国际习惯法上最低义务的违反

国家法的形成,有国际习惯法的一份功劳,它的构成要素包括国家的一致性行为与法律确信。所谓国际习惯法上的最低义务,又被称为国际习惯法最低待遇标准。其和公平公正条款关系紧密,很多学者将其直接等同于国际最低待遇标准或者将其作为该待遇标准的一部分。

以下是美国双边投资条约范本(2004年)第5条最低待遇标准的内容:

1.签约方必须以国际习惯法为依据,向签约方的投资者提供投资所应该具有的公平公正待遇和全方位保护,同时还应该确保投资具有安全性。

2.出于防止歧义产生的目的,第1款规定将国际习惯法中对外国人的最低待遇标准等同于对合格投资的最低待遇标准,同时公平公正待遇、全方位保护与确保投资安全这三条的具体概念,不可以高于最低待遇标准,也不能创立例外的实体权利。签约方根据上述条款实际上应该履行以下义务:

(1)"公平公正待遇"具体包含有涉及刑事、民事以及行政裁决程序等满足各国主要法律架构中正当程序与争议要求的义务。

(2)"全方位保护与确保投资安全"则是签约国具有按照国际习惯法向签约另一方投资者提供治安保护的义务。

3.本条约其他条款与其他国际条约的条款并不违背本条款。

4.当未出现第14条例外规定第5款(b)补贴和拨款所规定的情况的时候,签约一方对境内由于武装冲突或内乱等原因所造成的损失进行弥补的情况下,必须给予签约另一方投资者与合格投资公平的待遇。

5.在第4款规定以外,且因签约一方境内的武装冲突和内乱而造成签约另一方出现损失,在满足以下情况时也应当给予补偿:

(1)签约一方军队部分或全部征用合格投资。

(2)签约一方军队部分或全部毁坏合格投资,与形式必然性不存在联系。

具体补偿标准应该以签约一方具体征用或毁坏情况为依据,通过恢复原状或资金补偿等多种方式进行,同时根据上述条约中的具体规定,这一补偿必须具有及时性、充分性与有效性。

6.本条第4款规定并不适用于第14条例外规定第5款(b)项补贴和拨款的规定,同时还可能不符合本条约第3条国民待遇对于补贴和财政拨款的规定。

## Ralls 公司诉美国外国投资委员会案

(一)基本案情

注册在美国特拉华州从事风力发电场开发的 Ralls 公司是 Ralls 案中的原告。这一公司的所有者是中国公民段大为与吴佳梁,并且两人分别担任中国公司三一集团的副总裁与财务总监以及三一集团的副总裁与三一电气有限公司总经理。Ralls 公司通过在美国开风电场的便利条件,积极推广三一集团的产品。

Ralls 公司于 2012 年 3 月在希腊公司 Terna 购入风场,共计四处,同时 Ralls 公司把这一项目作为该公司开展美国风电发展方案的重要一环。该项目原定于 2012 年 10 月 31 日前完工并正式运行,于同年 12 月 31 日前投入商业运营,开始并网发电。预计第一年运营总收入高于 600 万美元,自第二年起运营年收入将高于 800 万美元,同时还能够享受到高达 2500 万美元的可再生能源税的优惠。风场中存在少量风车处在美国海军军事禁区之内的情况,但这一情况在德国、印度和丹麦等国投资的风场中也广泛存在。然而,美国外国投资委员会(外资委)于 2012 年 7 月 25 日以及 8 月 2 日分别出台了两项禁令,该机构指出 Terna 和 Ralls 公司的交易可能影响美国国家安全,并以此为理由向 Ralls 公司和段大为、吴佳梁提出以下要求:第一,立刻停止在禁区内的所有建设与运行行为;第二,必须在 2012 年 7 月 30 日前将风场内所有的存储物资与设备搬离;第三,立即禁止所有人员在这一禁区内进行作业,但是 Ralls 公司可以经由外资委审批后,雇佣美国公民前往禁区搬运和清理设备及物资。Ralls 公司在收到这一禁令之后,想要转让这一项目达到止损的目的。但同年 8 月 2 日,美国外资委又再次出台临时禁令与修改令，禁止该公司向任何企业（想要在这一区域投资风场建设的）出售、转移、处置设备；禁止向上述企业提供出售、转移设备所需要的便利条件；在禁区内设备未全部搬离该区域前，Ralls 公司禁止向任何企业及个人出售、转移公司财产与项目；Ralls 公司在进行出售或转移财产前必须向外资委报备买家或者产权转让人的信息，在报备日期之后的 10 个工作日起外资委没有异议的情况下，才可以进行出售或转移。

美国总统奥巴马于 2012 年 9 月 28 日出台了《关于 Ralls 公司收购美国四个风场项目的法令》（简称"总统令"），其撤销由外资委发出关于 Ralls 公司的所有禁令。奥巴马指出，有可靠证据可以证明，Ralls 公司与 Terna 公司的交易可能影响美国国家安全，因此向 Ralls 公司及其附属公司、段大为、吴佳梁提出停止进行交易的要求；提出在总统令颁布之日起 90 日之内必须消除 Ralls 公司在该项目中的所有利益；提出在总统令颁布之日起 14 日之内必须消除 Ralls 公司在该区域内的所有建筑及设备；禁止涉案公司及个人再次进入案发区域；禁止该公司向任何企业（想要在这一区域投资风场建设的）出售、转移、处置设备；禁止向上述企业提供出售、转移设备所需要的便利条件。这一总统令还指出，当前签署的《美国国际紧急经济权力法案》并没有在这起案件中发挥保卫国家安全的作用。同时，总统令也没有深入讲述引发上述决定的事实依据与实际原因。

由于总统令和美国外资委的禁令使得 Ralls 公司蒙受了巨大损失，所以在 2012 年 9 月 12 日，Ralls 公司向美国哥伦比亚特区联邦地方分区法院发起上诉。这起案件是美国外资委成立以来的第一起国外公司起诉外资委，同时被美国法院受理的案件。这一案件也是我国企业争取国际话语权道路上的里程碑，为我国其他遭受相似情形的企业提供了新的解决方式。

（二）审判结果

美国哥伦比亚特区联邦地方分区法院于 2013 年 10 月 9 日驳回了 Ralls 公司的诉讼请求。对于这一判决 Ralls 公司表示不服，于同年 10 月 16 日再次向美国哥伦比亚特区上诉法庭递交上诉申请。2014年7月15日，美国哥伦比亚特区上诉法庭裁定美国总统奥巴马所颁布的总统令，不符合相关程序，缺少正义性，违法剥夺了Ralls公司受宪法保护的风电项目的财产权。Ralls公司取得了这起诉讼的胜利，成为第一个起诉美国外资委并获得胜利的企业。

# 第三节　合同义务的违反

## 一、投资合同的类型和特征

国际投资合同是指外国投资者因特定的投资项目与东道国政府签订的相互合作的书面协议。依与外国投资者合作的对象不同，国际投资合同可划分为两种不同的类型。

第一类为外国投资者与东道国投资者之间签订的国际投资合同，称为国际私人直接投资合同。

这类国际投资合同具有以下特征：

1. 合同的当事人均为私人，即分别为东道国和东道国以外国家的法人、非法人经济实体及具有投资能力的自然人；

2. 合同以特定项目的开发或生产为目的；

3. 合同的内容主要是在东道国设立合营企业，是一种伴有企业经营控制权的资本跨国转移的合同；

4. 合同通常必须经东道国政府的审批才能生效。

在实践中国际私人直接投资合同存在着股权式合营合同（equity joint venture contract）与契约式合营合同（contractual joint venture contract）之分。前者是规定设立股权式合营企业的合同，合同各方的投资分成股份，各方按其投资的比例，对企业行使权利，承担义务和法律责任，企业的利润也是按照各方投资的比例进行分配。股权式合营企业通常具有法人资格，设立为有

143

限责任公司或股份有限公司。而后者则是规定设立契约式合营企业,合同各方的投资不采取股份形式,各方对企业风险的承担、利润的分享、亏损的分担等事项,也不是按各方的投资比例来确定,而是根据合同中约定的比例,享受权利,承担义务。这种形式的合营企业,既可以设立为法人,也可以组成为非法人的经济实体或单纯依合同从事商务活动。

第二类为外国投资者与东道国政府之间签订的国际投资合同,通称特许协议(concession)或国家契约(state contract)。

这类国际投资合同具有如下基本特征:

1. 合同双方中任意一方为国外投资者,就理论层面而言,国外投资者包含国外自然人和法人,但是,因受签署特许协议投资项目的限制,作为合同一方当事人的外国投资者多为外国法人,特别是大的跨国公司、财团等;合同的另一方是拥有主权权力的东道国政府,其既可以是政府本身也可以是政府指派的机构或法人。

2. 合同的目的为东道国某一地区的自然资源或在某一地区进行基础设施建设。

3. 作为合同一方当事人的外国投资者基于东道国的特别许可在合同期限内享有并且行使国家所具有的专属权利。由于该合同的目的属于国家主权范围内的事物,即合同涉及自然资源的勘探、开发领域以及公共设施的建造、设计领域属于国家主权事物,对于上述领域的权利行使专属于国家,现在却可以由私人企业代为行使,特别是允许国外企业代为行使,因此,必须通过东道国政府的特许与批准。此即特许协议的"特许"的由来。

4. 合同不仅须经东道国立法机关或立法授权的行政机关审批,甚至合同的内容在特定状况下也要由法律法规进行明确规定,从而保证其可靠性。

5. 合同大多给予外国投资者较多的优惠与保证,并且订有特别的仲裁条款、法律适用条款以及其他一些特别条款,如稳定条款(stabilization clause)、艰难条款(hardship clause)、调整条款(adaptation clause)和重新协商条款

（renegotiation clause）等。

## 二、投资合同和保护伞条款

目前通行的双边投资条约中一般都有针对缔约方应该遵守其对另一缔约方投资者（国民或公司）所作出的任何承诺的条款，以此来确保投资者的合法利益不受侵害。比如：我国于2006年和俄罗斯签署的《中国与俄罗斯关于促进和相互保护投资协定》指出，签署条约的一方，对另一方投资者所作出的承诺应当予以履行。该条款引发了广泛的探讨，其中心议题是可否将东道国在合同中的承诺置于双边投资条约保障下，因此这一条款又被称作"保护伞条款"。

### （一）保护伞条款的产生

在二战结束后，各国为了更好地促进国际投资环境的发展，在欧美等发达国家和其他发展中国家间进行了一系列谈判，以期达成优化国际投资法律环境的目的，而其中最主要的谈判集中在国际投资条约中。作为国与国之间对于本国的投资者和投资提供相应保护的协定，国际投资条约的最终目的是建立一种法律体制，从而保护好投资双方的利益。而国际投资中的风险越来越被大家所重视，尤其是来自东道国的风险，例如自然灾害、战争等。当发生这一类风险的时候，如果投资者不能或不愿寻求东道国的救济，而母国又无法基于违反国际义务进行外交保护，投资者往往得不到很好的救济。此时，保护伞条款便成为使得东道国仅仅在违反合同义务的情况下，母国也可以提供外交保护的工具。

### （二）保护伞条款的含义

所谓保护伞条款，是一种专门性条款，当前被普遍应用在国际投资条约中，因此也被称为有约必守条款。虽然这一条款的内容和表述都存在一定的差异，但中心思想是一致的，即缔约一方应当承担遵守其与另一缔约方就国际投资条约中所作出的任何承诺的义务。这一条款本质上，就是把合约内容当作国际义务，并将其施加给所有签署该国际投资条约的国家。ICSID对东道国违反国际投资条约的认定,也受到了保护伞条款的影响,因而使得东道国被认定为不履行自身应尽义务的概率大大提升。这一条款,使得投资者仅需要向 ICSID 上交能够充分证明东道国不履行承诺的证据,就可以由投资者直接向国际仲裁法庭提起诉讼。也正是由于这个原因,保护伞条款本身也成为让国际投资条约的缔约国,特别是发展中国家担忧的不安定因素。

### (三)保护伞条款的适用

通常状况下,东道国和投资者因合同而产生的纠纷会归属于东道国司法系统进行处理,但是如果投资者所在国和东道国间签署的国际投资条约中,存在条款明确规定了这一类型的纠纷应交由国际仲裁法庭进行裁决,就应以此来获得国际法的保护。

国际投资条约当中包含了保护伞条款,就可能导致失衡,造成投资者会尽最大努力把不履行合同内容的行为转变为不履行合约义务的行为,希望以此避免东道国法律的介入。即便这种行为可以最大限度地维护投资者的利益,让其可以获得国际法的救济,但这一行为也有很大的概率增加东道国的责任,并成为影响国际投资条约和投资合同稳定性的最大因素,进而提升东道国的风险水平,甚至危害到东道国的司法权威。在这种情况下,怎样才能确保保护伞条款不被恶意运用,就成为平衡投资者利益和东道国权利的关键问题。资本输出国出于保护本国投资者的目的,希望尽可能提升保护伞条款的适用范围,而与之相反的是,东道国会尽可能限制保护伞条款的适用范围,从而达到让更多投资者使用东道国法律的目的,并以此来确保自身的司法权威性。

## 三、保护伞条款对争端解决的影响

### (一)保护伞条款与国际投资争端管辖权的确定

现代 BIT 中保护伞条款的存在,虽然可以对东道国的行政权力产生制约,并以此来维护本国投资者的利益,但是也可能对投资者和东道国争议管辖权的归属问题产生一定的影响。我国研究者早期对保护伞条款的研究重点放在这一条款的性质与对东道国主权的影响等问题上。但由于国外投资者以该条款为依据，将投资者和东道国争议上交国家仲裁法庭进行仲裁的案例逐渐增多，使得我国研究者也开始将目光投向对因保护伞条款而引起的合同违约与条约违约转换关系的研究。

在保护伞条款出现之前，东道国不履行和投资者间签订合同是无法等同于违反国际法的，而是被当作商业性违约。因此，解决此类争端仅可以依靠东道国国内的救济途径。自第一个保护伞条款于 1959 年出现至今，大部分 BIT 都以不同的阐述形式规定了保护伞条款。但究其本质，它们都体现了一种倾向，即提升东道国的义务范围。最早出现的涉及保护伞条款和争端管辖权归属的实践案件是由 ICSID 于 2003 年 8 月和 2004 年 1 月公布的两个 SGS 案件。上述两起案件都是由同一家公司发起的，而被申请方是两个国家，即巴基斯坦与菲律宾，该公司是以 BIT 中的保护伞条款为依据，发起国际仲裁，但是两个国际仲裁法庭却对此作出截然相反的判决，由此产生了一场关于保护伞条款的大探讨。

## SGS 诉巴基斯坦案

（一）基本案情

1994 年，瑞士公司 Société Générale de Surveillance, S.A.（以下简称 SGS）和巴基斯坦政府签署了一份服务合同（以下简称"PSI 协议"），合同内容是由该公司向巴基斯坦提供特定货物的装船前检验服务。至此，该公司开始在巴基斯坦针对特定活动进行装船前检验，具体项目如下：货物鉴别、装船前计税价格查验、向巴基斯坦当局提供涉及进口货物关税分类和税率的专业性意见；而巴基斯坦政府则应该为 SGS 提供必要的移民与相匹配的工作权利待遇，同时向 SGS 公司支付上述服务应付的款项。

巴基斯坦政府于 1996 年年底单方面终止了这一合同，双方因此产生了争端。SGS 公司与巴基斯坦政府经过数轮协商也未达成一致。于是 SGS 公司于

1998 年 1 月以一纸诉状，向瑞士日内瓦一审法院发起诉讼。该法庭于 1999 年 6 月以双方在合同中有明确涉及仲裁的条款为理由驳回了 SGS 公司的诉讼。SGS 公司对此表示不服，当即又上诉到日内瓦上诉法院直至瑞士联邦法院，但是它们都驳回了上诉，理由是国家豁免。巴基斯坦政府于 2000 年（瑞士联邦法院未作终审裁判之前）根据双方签署的合同发起了国内仲裁。但是 SGS 公司反对这一国内仲裁，并以巴基斯坦政府违反双方签订的合同为理由发起反诉。SGS 公司于 2001 年以《瑞士－巴基斯坦双边投资协定》中的相关条款为依据，再次提出仲裁请求。此后，SGS 公司又于 2002 年 1 月向 ICSID 申请在国际仲裁结果出来前禁止巴基斯坦政府进行国内仲裁，在这一申请被驳回之后，该公司上诉至拉合尔（Lahore）高级法院，并再次遭到驳回，随后该公司再次上诉至巴基斯坦最高法院。与此同时，巴基斯坦政府也向巴基斯坦最高法院提出上诉，提出 SGS 公司停止进行国际仲裁。巴基斯坦最高法院于 2002 年 7 月针对双方的上诉作出终审判决，驳回了 SGS 公司的上诉，但是允许该公司继续就这一合同进行仲裁，并要求 SGS 不得谋求或参与到 ICSID 的仲裁之中。ICSID 仲裁庭于 2002 年 10 月颁布第 2 号程序命令，该命令中提出巴基斯坦应该停止这一合同在巴境内裁决的意见。

（二）仲裁庭裁决

国际仲裁法庭于 2003 年 8 月作出裁定，认为该机构对 SGS 公司诉巴基斯坦违反巴基斯坦与瑞士政府于 1995 年 7 月签署的促进和相互保护投资条约的案件具有管辖权，对双方互诉对方违反 PSI 协议一案缺乏管辖权。

对于 SGS 提出的《瑞士－巴基斯坦双边投资协定》第 11 条，即保护伞条款可以将违反投资者与政府签署的合同上升到违反国际条约水平上，是一种"电梯"（elevator）或"镜面效应"（mirror effect）条款，因此仲裁庭第一次在进行裁决前全面研究并探讨了这一条款，随后表示，在这起案件中，巴基斯坦与瑞士签署的双边投资条约中的保护伞条款无法将 SGS 公司与巴基斯坦政府合同上的争端上升到双边投资条约中义务上的争端，其缺乏相应的效力。

第一，国际仲裁法庭以这一条款的目的与宗旨及保障条约整体性等条约解释的国际习惯法规则为依据，针对这一条款开展了一般意义上的解释活动。站在文义的角度而言，这一条款仅由一句话组成，这一条款无法将投资在合同上的争端上升到双边投资条约中义务上的争端，其缺乏相应的效力。同时，鉴于国际法一般性原则，对于一国和另一国投资者签署合同的违反行为，并不属于违反国际法的行为。因此国际仲裁法庭指出，如果SGS公司想要仲裁庭支持其诉求，就一定要提交瑞士在与巴基斯坦签订BIT的时候就有将这一条款视为"电梯"或"镜面效应"条款倾向的证明。针对这一情况，巴基斯坦政府表示否认，而SGS公司无法代表瑞士政府。

第二，仲裁庭还指出，SGS公司对于BIT中相关条款的主张会导致BIT中其他条款规定的实体标准存在多余（superfluous）之嫌。这是由于，假如东道国单单是因为不履行国家和投资者签署的合同或者国内的法律规定就可以上升到对这一条约的违背上，同时还引发了国际责任，那么就不用再提交相应的证据，证明其违反了该条约中的实体标准。但就瑞-巴BIT的整体架构与涉及条款的定位而言，如果将这一条款中关于投资保护与待遇等实体标准的部分从这一条款汇总剥离，并将其带入求偿条款与两条争端解决条款之中，可以证明这一条款并不属于实体义务的规定，那么SGS公司也就无法以自身对这一条款的解读为依据，来代替其他条款所规定的实体义务。

第三，仲裁庭深入剖析了接受SGS公司对于该条款的解读可能产生的后果，指出如果接受这一解读就会导致东道国在与投资者产生合同争端之后，处于全面弱势的地位。这是由于如果以接受SGS公司对该条款的解读为依据，投资者就能够随意地将双方合同中规定的争议解决的条款无效化。当东道国根据双方合同中规定的争议解决的条款，前往指定法庭开启争议处理程序的时候，投资者可以引用这一条款进行阻止。这就表示，投资者能够随意选择是根据合同条款，还是根据合约条款进行仲裁，而身为合同另一方的国家却没有选择法庭进行仲裁的权利，即便有，也必须在投资者同意的情况下才能进行，这就会导致合同中对于纠纷处理的条款没有丝毫意义。

国际仲裁法庭指出，针对瑞士与巴基斯坦签署的双边投资条约中的保护伞条款的解释必须是慎重且恰当的，简单概括就是"遇有疑义、从轻解释"（in dubio pars mitior est sequenda），即在进行条约解释时，如果遇到用词模糊的状况，就应该以为负担义务一方减轻负担的原则来进行解释。由于本案正是处于这一情形之下，所以 SGS 公司对 BIT 中保护伞条款的解读不应该被采纳。除此之外，仲裁庭对于其他保护伞条款效力的认定并非像本案一样，存在绝对化倾向，具体来说，就是无法排除下列可能：在特定状况下，国家不履行与另一国投资签署合同中的某一条款，就有可能违反 BIT 中对于要求签约国必须履行与投资者合同的条款（即保护伞条款）。

在 SGS 公司诉巴基斯坦政府一案中，仲裁庭驳回了该公司的诉求，认为 SGS 公司对 BIT 中保护伞条款的解读不应该被采纳，同时还表示："瑞-巴双边投资条约第 11 条（即保护伞条款）的定位并非是规定，而 SGS 公司指出东道国对于和投资者合同的违反行为能够自动地'上升'（automatically elevated）到违反国际条约法的层面。"

## SGS 诉菲律宾案

（一）案情介绍

菲律宾政府于 1980 年作出决议，将在国内委任监察机构负责对进口货物的综合监管，具体包含有：对货物运抵菲律宾之前的品质、数量与价格的检查。菲律宾政府于 1986 年与瑞士 SGS 公司达成两个连续的协议（以下简称"CISS 协议"），具体为 SGS 公司向菲律宾政府提供进口货物的综合监管服务。1990 年，鉴于参与协议招标的企业数量过少，菲律宾政府于 1991 年 8 月再次与 SGS 公司签署了一项初始时长为 3 年的 CISS 协议。这一协议规定，SGS 公司应当为菲律宾政府优化海关的清关与监管程序提供一定的帮助。当第一个 3 年合同期满之后，双方在达成修改合同部分条款的一致后，又再次签署了 3 年的 CISS 协议，并以此为依据构建了第一项附录。随后，双方再次就合同修改事宜达成一致，对合同进行修改，并将这一协议期限从过去的 1998 年 3 月延长至 1999 年 12 月，并以此为依据构建了第二项附录。在这一服务期到期以后，菲律宾政府再次向 SGS 公司提出延长服务期的要求，SGS 公司同意并再次延长服务期。但是，这一次服务期延长得并不久，于 2000 年 3 月结束。而后，SGS 公司于 2002 年 4 月向 ICSID 发起诉讼，要求菲律宾政府归还其欠款与利息共计 1.4 亿美元。SGS 指出，菲律宾政府并没有及时地给付其应付的报酬，从本质上而言，就是剥夺了该公司对投资的回报权，是对瑞士与菲律宾签署双边投资条约的违反，具体就是：第一，违反了该条约的第 5 条第 1 款关于投资保护的规定；第二，由于未给予 SGS 公司的投资以公平公正待遇，因此菲律宾政府实际上还违反了这一条约的第 4 条第 2 款；第三，由于菲律宾政府对 SGS 公司的投资进行了单独征收措施，从而在实质上违反了这一条约的第 6 条第 1 款。本起案件与巴基斯坦案存在一定的相似性，菲律宾政府则指出 ICSID 对这一案件缺乏管辖权，具体原因如下：第一，菲律宾政府并未按照 ICSID 公约中的规定，同意将这一争端提交给仲裁庭进行裁定；第二，BIT 中规定的投资在菲律宾境内并不存在；第三，双方争端不属于条约性质，而属于合同性质；第四，争端的核心问题应该按照 CISS 协议中对争端处理的条款进行解决，而该条款明确规定所有涉及本合同的争端均由菲律宾法院进行管辖。ICSID 在保护伞条款下的管辖权问题是 SGS 公司与菲律宾政府争论的焦点之一。

（二）仲裁庭裁决

ICSID 经过讨论后指出，以瑞士与菲律宾签署的双边投资条约中的相关规定为依据，仲裁庭对这起案件应该具有管辖权。然而，由于 CISS 协议具有选择法院的条款（第 12 条），大多数参与商讨的人员认为应该暂停目前正在进行的裁定程序，等待双方就这一条款达成一致，再选取法院对菲律宾政府具体应该支付的金额进行裁定。

1. 保护伞条款下的管辖权。根据瑞士与菲律宾签署的 BIT 中保护伞条款的规定：签约一方应当承担和签约另一方投资者在其境内进行特定投资的任何相关义务。仲裁庭对这一条款的阐述加以考量表示，这一条款中所规定的双方投资的任何相关义务极易被解读为包含投资者与政府合同中的所有义务，但是实际上，如果从更符合 BIT 意义的角度来解释这一条款，则应该将这一条款加以更具包容性的解释，即这一条款是为投资创造和维持有利环境而设立的。在这种解释之下，东道国没有履行与投资者签署合同上的承诺，实际上就是违反了瑞士与菲律宾签署的 BIT。所以说，针对 CISS 协议下的诉求，仲裁庭是拥有管辖权的。

本案与巴基斯坦案类似，但是仲裁庭作出截然相反的裁定，并未像巴基斯坦案一样对保护伞条款作出极具限制性的解读，同时还对巴基斯坦案中仲裁庭驳回诉讼的理由进行了驳斥。这是由于和瑞士与巴基斯坦签署的 BIT 中的保护伞条款相比，瑞士与菲律宾签署的 BIT 中的保护伞条款更具直接性与明确性，其中对于东道国所应该承担义务的叙述是应该将签约一方和另一方投资者所签署的合同义务囊括进去的，因此这一条款在本案中可以适用。除此之外，本案仲裁庭还指出巴基斯坦案仲裁庭没有就保护伞条款给出详尽的解读，因此，其驳回理由无法服众。由于巴基斯坦案中指出，保护伞条款肯定了对承诺制定实施规则的行为、迎合了对有利于投资者的合同或法定承诺的执行行为，但并不排除出现特定状况时，某种违反合同的行为存在违反 BIT 的嫌疑。然而，本案仲裁庭指出，为了确保保护伞条款拥有向国际仲裁法庭提供管辖权的效力，就必须明确这一条款，而不应该通过所谓的默认的肯定或特定状况。

仲裁庭还表示，瑞士与菲律宾签署的 BIT 中保护伞条款的规定，其强调的重点并非是对有关特定投资承诺范围的界定，而是上述义务在得到确认以后的履行状况的监督。这一条款仅仅为投资者提供了一定的保障，保证东道国可以在它的法律制度之下履行其所应当履行的义务——就本质而言，就是帮助并保证东道国实施和投资保护相关的法律制度。这就是仲裁得出的对于这一保护伞条款的正确解读。

因此，这一条款就可以在东道国应当履行具有约束力的承诺（具体有应该承担的义务与特定投资相关的合同承诺的履行）而未履行的情况下，就可以构成对 BIT 的违反，但是这并非是把所有这类义务或承诺的违反行为上升到国际法问题的高度。

2. 合同中排他性法院选择条款的效力。仲裁庭在指出对这起案件具有管辖权后，又随之衍生出了另一个问题，就是如何判断仲裁庭对于合同管辖权与合同中所制定的关于排他性法院选择条款所赋予的管辖权间的优先级问题。对于这一问题仲裁庭给出的最终答案是其拒绝行使对于这一案件的管辖权。其原因如下：由于 SGS 公司与菲律宾政府间签署的合同中明确规定了对于合同争端的处理机构的选择具有排他性，因此本仲裁庭不宜管辖本案。CISS 协议明确指出，本协议各方面都应按照菲律宾法律进行调整，同时所有因合同产生的纠纷都应该交由 Makati 省或马尼拉地方审判法院进行审理。同时，瑞-菲双边投资条约第 8 条第 2 款规定，投资者可以选择把签约一方与另一方投资者因投资所产生的争端提交给投资所在国进行管辖或（ICSID 或 UNCITRAL 下设的）国际仲裁庭进行裁定。由此就出现一个新的问题，就是以合同诉求来说，上述条款的优先级是否高于投资合同中的排他性管辖条款。

对于这一问题仲裁庭的大多数成员指出，从两个方面对这一问题加以考量，我们得出了合同中排他性管辖条款的优先级高于 BIT 中岔路口条款的结论。具体原因如下：第一，以特别法优先于一般法的原则为依据，我们可以得知 BIT 中岔路口条款由于适用一切投资而属于一般法，而合同中排他性管辖条款由于其是特殊条款属于特殊法，因此后者优先级高于前者；第二，BIT 目的是支持和补充，无法替代投资者与东道国经过深入协商所达成的合同。假如把 BIT 中岔路口条款的优先级设置为高于合同中排他性管辖条款，不符合 BIT 签署的本意。

### （二）保护伞条款中东道国所承担义务的性质和范围

保护伞条款通常规定，签约方应当遵循（should be followed）或应当确保遵循（should ensure compliance）它对签约另一方投资者的投资活动所应该承担的任何义务。

在上文中的"should"一词属于一种法律明确义务用语，也就是说"should"就代表着"应当"。在上述语境中"应当"一词实质上是向东道国提出必须作为或者不作为但确保它对签约另一方投资者的投资活动所应该承担的任何义务能够得到承担的要求，这是受到国际法约束的一种义务，也可以说保护伞条款是东道国承担的一种强制性义务。

保护伞条款通常作出以下规定：签约方"针对"（in allusion to）、"有关"（relate to）签约另一方投资者的"投资"（investment、invest、to invest）所应该"履行的"（to perform the、performing）"所有义务"（all of the obligations）。上述文字阐释了保护伞条款所想要维护的国外投资者的权利与权益的实质内容与大致范围。

外国投资者的"投资"是保护伞条款所指向的义务对象。在 BIT 中，通常对国外投资者的权利与利益有着明确的规定。然而，以 BIT 保护伞条款的实际运用和这一条款在国际仲裁中的实践案例来看，前文中提到的"投资"一词并非是狭义的，而是囊括任何资产的，具体包含：货币、设备等动产，房屋、土地等不动产，还有资金借贷、证券投资等金融资产，包含投资性质的各类合同、许可、产权等。但是通常情况下，我们认为保护伞条款是要求东道国一定要履行它对所有特定投资所作出的一般性与广泛性承诺与义务，也就是说对于投资所作出的承诺与义务一定要是针对特定投资进行的。

一般认为，保护伞条约适用于以下范围，即东道国对于国外投资者的特定投资所作出的承诺与义务，具体包含四个基本类型，分别为：第一，东道国以国家契约（state contract）的形式，对国外投资者所作出的具体承诺与义务；第二，东道国以投资授权（investment mandates）的形式，对国外投资者所作出的具体承诺与义务；第三，东道国以投资立法（investment legislation）的形式，对国外投资者所作出的具体承诺与义务；第四，东道国以国际条约

（international treaty）的形式，对国外投资者所作出的具体承诺与义务。上述内容与保护伞条款的由来，均是保护伞条款适用范围不可或缺的组成部分。

## 第四节 政府违约风险的防控

由于政府违约风险的当事双方具有明显的地位不对等性，同时，政府违约风险具有高度复杂性和不确定性，因此，政府违约行为如果出现，国外投资者基本无法进行预防和处理。因此，当事双方就必须做好预防和控制工作，避免在政府违约现象发生时遭受过大的损失。东道国则应该持续健全本国的相关法律制度、提升国内投资环境水平、提高国家诚信意识；国外投资者在进行投资之前也必须对投资国做好评估工作，同时还应该就有概率发生的风险进行投保。具体来看，对政府违约风险的防控，主要包括三个方面的问题。

### 一、投资契约对政府违约风险的控制

#### （一）稳定条款

1.稳定条款的含义

所谓稳定条款是以合同或立法的形式作出承诺，这一承诺所针对的对象是国外投资者，为了保证国外投资者的合法权益不受东道国法律或者政策的变动而产生负面影响。

稳定条款是国家契约稳定履行环境与条件的保障，其确保了国家契约的执行流畅性，就这一条款的本质而言，其是以法律手段达到限制、束缚东道国行为这一目标的单方条款，是为了避免东道国出现后法效力高于前法的情况时，东道国单方面不会出现拒绝履行国家契约的保证，这一条款的目的是保障国外投资者的合法权益不受东道国法律或政策改变所造成的损害，保护投资的一种法律工具，是用于规避和调配风险的一种方式，也是一种用于国家契约当事方平衡利益与妥协的制度。

2. 稳定条款的分类

以稳定条款的效力来源为依据，可以将其分为两类，即法定的稳定性条款与约定的稳定性条款。

所谓法定的稳定性条款指的就是通过法律或政策规定的形式，保障投资者在该国的投资利益稳定且不受侵犯。这一条款具有两种表现形式：一是东道国通过国家立法消除因法律变更可能产生的对投资者负面的影响。例如，尼日利亚液化天然气法中就指出所有对国内企业或个人缺乏束缚性的法律或政策，对国外投资者同样缺乏束缚性，政府应当通过多种方式（如立法、政策等）来健全对国外投资者的承诺，并确保上述方式切实地执行下去。二是东道国通过立法的形式将 BIT 法律化，同时消除新法可能对 BIT 造成的影响。例如，卡塔尔酋长国就在法律中明确规定，假如未来任何法律或政策对合约方会产生经济方面的影响，特别是当关税超出协议规定以后，签署 BIT 的双方必须拿出诚意，争取达成一致的意思表示，从而确保双方经济利益的平衡与协议的公正性。上述规定一般都出现在涉及石油等自然资源的勘探与开发协议之中，是目前中东地区广泛存在的一种条款。

所谓约定的稳定性条款，又被称为稳定条约，具体指的是当事人约定的保证当事人之间权利义务稳定性的条款。在国际投资协议中，这一条款通常指的是国外投资者和东道国政府或者代表、国有企业签署的，其要求东道国在投资项目运行时，不得以主权或行使权利为理由，对和该协议存在直接利益联系的法律或政策进行修改或取消，同时在没有得到协议双方同意的情况下，不可以通过法律或其他途径对协议的条款进行修改，或者因法律或政策的大幅度改变而造成国外投资者利益遭受损害的时候，应该尽快采取相应的措施稳定经济，从而确保国外投资者在投资项目中的长远利益不受侵害的协议条款。这一条款不属于协议条款中对一般性内容的规定，而属于当事双方经磋商以后本着自愿原则而设立的风险管控条款。这一条款一般适用于资源国的关税、税收与能源法律等方面的制度，以此来弥补一部分资源在立法领域的缺失，保障投资者的合法权益不受侵犯，它能够有效提升投资者对于东道国政策或法律改变所带来的风险的抵御能力，显著提升了东道国的投资环境。

### （二）调整条款或重新协商条款

调整条款指的是在协议规定的事件出现的时候，投资人可以要求修改合同条款与内容，从而确保协议的经济平衡性，也就是说协议当事人可以对协议进行调整。这一条款具有以下特征：一是触发条件为特定事件，一般是由影响合同经济平衡性的事件所触发；二是根据条款进行自动或半自动的调整，不必再进行谈判或者加入第三方干涉，从而确保合同具有经济均衡性。

所谓重新协商条款指的就是当事双方由于各种因素，经过再次磋商，达成一致，共同同意在一定范围内对之前签订的合同进行大幅调整。这一条款的特征具体如下：①这一条款想要达成的目标为在情况出现变化并对合同产生较大影响的情况下，促使当事双方通过积极协商的方式再次达成一致；②这一条款对于合同的变化程度与具体范围进行了详细的规定；③这一条款是由特定时间触发的，要求双方再次进行磋商，假如一方拒绝再次谈判，就违反了合同条款，应该以合同中的相关规定进行处理。

### （三）法律选择条款

所谓法律选择条款通常是适用于合同中的法律问题的规定。这一条款的目的是确保东道国随意改变法律不会影响到协议的正常执行。国家契约中也能够选择合适的法律，既包括国内法又包括国际法。

对外国投资者来说，由于国家契约的合同相对方为东道国政府，其有权以立法、修法等形式直接影响或者撕毁和投资者所签署的合同，站在风险控制的角度而言，选择东道国国内法可能无法确保投资者的利益。在这种情况下，一部分西方研究者创立了一种新的理论，即国家契约国际化，这一理论实质上就是将国家契约中的约定纳入国际法的管辖范围，通过合同义务的形式来使缔约双方的关系受到国际法的约束与保护。

选择适用国际法显然对投资者有利。首先，东道国政府无法单方面变更国际法的原则和条款,进而确保投资者的利益不会受到东道国国内法律改变的影响;其次,在国际投资争端裁定的过程中,由于各仲裁庭是以不同的法律为依据进行裁决的,所以就可能会出现仲裁结果的截然不同。根据大量的实践案例,我们可以发现,假如统一将国际法作为裁定标准,其裁定结果将更有利于投资者。

但是选择适用国际法并非没有风险。一方面,东道国的许多立法属于强行法范畴,如环境法、外资准入法等,这种类型的法律既然适用于东道国国内资本投资兴建的项目,那么国外投资者也不可以通过法律选择逃避上述法律的规定;另一方面,由于国家契约双方地位并不对等,外国投资者不具备国家法上的人格,投资者能否最终选择适用国际法,具有未知性。

## 二、投资条约对政府违约风险的控制

### (一)政府违约风险相关案例

从历史上看,西方发达国家是签定投资条约最大的践行者。然而当前除德国之外,中国是加入投资条约最为积极的国家。而中国政府同意加入这么多条约的缘由是为了给中国投资者在海外投资提供更多的保护,这也表现了中国政府会为外国投资者在中国的投资提供同等保护。

在石油、天然气和电气能源领域的投资中,南美、东欧和中亚地区或撒哈拉沙漠以南非洲地区的投资者,应该特别重视投资保护,因为在当前这些领域和地区产生了许多投资纠纷。

中国投资者已经开始利用这些投资条约提供投资保护。第一个与中国有关的投资条约案例是中国投资者 Mr Tza 起诉秘鲁政府的案子。该诉讼在对 Mr Tza 在秘鲁的公司进行税务审计后提起,秘鲁政府重新评估了 Mr Tza 的应纳税额,然后指示所有秘鲁银行扣留与 Mr Tza 公司有关的资金。该指示显然影响了 Mr Tza 的商业经营能力。Mr Tza 成功地提起诉讼称,对银行的这些指示是任意的、不合理的,破坏了其商业经营能力,因此有效地剥夺了其业务。秘鲁政府被要求补偿 Mr Tza 受到的损失。

2012 年 9 月，平安（保险）集团对比利时政府提起诉讼。平安（保险）持有比利时富通银行股份，比利时富通银行被政府组织解散，并注销其 96% 的投资（228 亿元人民币），平安（保险）根据中国／比利时投资条约提起诉讼。

还有众多其他国家投资者的案例。1999 年，厄瓜多尔授权美国西方石油公司开采和生产位于厄瓜多尔亚马逊丛林内 200000 公顷的石油。2003 年，西方石油公司花费 15 亿美元完成管道建设。2003 年年末，其开始石油生产。在接下来几年，由于政治压力，厄瓜多尔政府宣称西方石油公司多次违约，并于 2006 年 5 月撤销合同，要求西方石油公司将该项目转给厄瓜多尔国家石油公司。法庭判决厄瓜多尔赔偿西方石油公司 18 亿美元及利息，总数大约为 23 亿美元。

2009 年，委内瑞拉将许多由美国和西班牙公司经营的油田收归国有，未支付赔偿。2012 年 8 月 1 日，美国公司 Exterran Holdings 就其中一个油田申请仲裁，最后该公司接受了由委内瑞拉政府支付 4.42 亿美元的和解方案。

2012 年 7 月，在俄罗斯政府将价值 6000 万美元的 Yukos 石油公司国有化后，一个斯德哥尔摩法庭要求俄罗斯政府赔偿该石油公司中的西班牙股东。Yukos 石油公司经拍卖解散，且大部分卖给了俄罗斯政府经营的公司，为俄罗斯政府提供了 30 亿美元退缴税款收入，法庭发现俄罗斯政府利用非法征税单使 Yukos 石油公司破产，且将其国有化。

**（二）利用投资条约获取保护**

正在考虑海外投资或者已经进行海外投资的中国投资者，应考虑中国与投资东道国之间是否存在投资条约。如果存在的话，潜在投资者应该就该投资条约是否提供适当的投资保护寻求法律建议。

例如，每个投资条约都会对投资者和被提供保护的投资标的、保护措施及投资者寻求救济的权利（申请投资仲裁）进行规定。一般来说，投资者和投资的定义大多是广义的，投资通常包括"每一项资产"。然而，投资者和投资行为之间的联系（如所有权／控制权）或者投资者与投资条约缔约国之间的联系可能受到限制（如位于第三国的自然人不能拥有或控制投资）。通常来讲，根据提供保护的性质，投资者应寻求如下保护：

（1）在征收或者国有化（即剥夺投资或者破坏投资）的情况下能够得到及时而充分的补偿。

（2）公平和平等的待遇，即投资者可以合理期待的其在东道国应当得到的待遇。本项保护可以使投资者免受"专断"的待遇、免受其投资输入地的法律和商业环境实质变化的影响。

（3）投资安全和保护，包括缔约国有义务采取措施保护该投资。

（4）不低于东道国本国投资者的待遇（如果享有该待遇，一个重要的例子就是东道国不得通过一项只适用于外国投资者的税收法案）。

（5）与其他外国投资者同等的待遇（指"最惠国待遇"）。

（6）承诺遵守在投资方面的合同约定。

（7）担保投资收入的汇回权利。

（8）为访问者办理签证提供支持。

投资者也应该考虑其投资是否处于政府特定行为的风险之中，例如取消或拒绝续签许可证，并且考虑到面对该风险，应该采取何种措施进行保护。

如果没有适用的条约，或者现有条约没有提供适当的保护，投资者应该就采取现有的何种方式获取投资条约保护寻求法律建议。这可能涉及重建投资或者利用投资东道国签订的其他投资条约。

### （三）投资者与东道国争端解决程序

如果投资东道国采取行动损害投资者的利益，作为受条约保护的投资者，可以利用条约中规定的争议解决程序。这些程序通常包括进行仲裁须满足的前置程序，例如要求当事方协商解决争议，或者要求投资者在本国法院寻求救济。

在很多情形下，中国签订的投资条约规定投资者可以选择将争议提交至某一"临时"国际仲裁庭，并根据 UNCITRAL 的仲裁规则行事，或者提交至

ICSID。国际投资争端解决中心是为解决投资者与东道国之间的争端而设立的机构，这是一个类似于国际商会或新加坡国际仲裁中心的仲裁机构，为仲裁员的行动提供规则和管理上的协助。与国际商会和新加坡国际仲裁中心不同的是，ICSID 的管辖范围仅限于投资争端。

尽管有条约的规定，国际投资争端解决中心的仲裁只有在协议双方均为《华盛顿公约》缔约国的情况下才得适用。中国是《华盛顿公约》的缔约国，因此只要投资协议对此有所规定，并且协议另一方也是《华盛顿公约》的缔约国，中国投资者可以启动国际投资争端解决中心仲裁。

在我们已知的至少 357 个投资者与东道国之间的仲裁案件，有 225 个已提交至 ICSID，91 个根据 UNCITRAL 的仲裁规则解决。在国际投资争端解决中心在近期公布的案件中，大部分案件与石油、天然气或电力资源的投资有关，并且是由南美、东欧或中亚地区的政府行为引起，撒哈拉以南非洲的政府行为也是引发投资者在国际投资争端解决中心提起仲裁的重要原因。

投资者与东道国之间仲裁基本程序反映了在国际商事仲裁中经常采用的程序。第一步通常包括组成仲裁庭、互发索赔通知和抗辩通知。各方均有机会要求获得优先的文件披露，传唤众人出庭，进行交叉盘问，向仲裁庭进行口头陈述。

在缔约国之间不存在相反协议的情形下，这些争议适用的法律主要为国际法，但基于案件事实和条约约定，东道国的法律也可能对法庭判决产生影响。[①]

### 三、国内投资保险机构、多边投资担保机构对政府违约风险的控制

#### （一）中国出口信用保险公司

中国出口信用保险公司（简称"中国信保"），是一家于 2001 年 12 月 18

---

① Monique Carroll、叶渌：《中国投资者获得投资保护指南》，https://www.chinalawinsight.com/2012/11/articles/dispute-resolution/%e4%b8%ad%e5%9b%bd%e6%8a%95%e8%b5%84%e8%80%85%e8%8e%b7%e5%be%97%e6%8a%95%e8%b5%84%e4%bf%9d%e6%8a%a4%e6%8c%87%e5%8d%97/，最后访问日期：2022 年 1 月 11 日。

日成立的用来推进我国对外经济贸易发展与合作，具有独立法人地位的保险公司，再加上该公司由国家出资设立，因此其属于国有政策性保险公司，服务网络覆盖全国。

中国信保以向对外贸易和投资合作提供保险等服务为方式，来达到保障我国对外贸易发展的目的，其帮助的重点是货物、技术与服务等方面的出口，尤其是高科技、附加值高的资本性货物的出口，以此来提升我国经济发展水平，提高国内就业率，平衡国际收支。其主要提供的服务有以下几种：信用保险、投资保险、担保、咨询等。

中长期出口信用保险属于一种风险保障，其保障的对象为金融机构、出口企业或租赁公司，其保障范围为融资协议、商务合同或租赁协议中应该收回的资金，一般情况下，该类保险的时长为 2～15 年。表 4-1 为出口信用保险的承保风险及承保赔偿损失比例。

表 4-1

| | | |
|---|---|---|
| 承保风险 | 商业风险 | 债务人通过宣告破产、倒闭、解散或拖欠等手段拒不支付商务合同或贷款协议中应该收回的资金。 |
| | 政治风险 | 债务人由于所在地政府或还款必经的第三国（或地区）政府对于债务人资金的限制而导致无法偿还债务。 |
| | | 债务人由于所在地政府或还款必经的第三国（或地区）政府政策的限制而导致其无法还款。 |
| | | 债务人由于所在地政府出现战争、革命、暴乱或保险人认定的其他政治事件而导致其无法还款。 |
| 损失赔偿比例 | | 90% 是出口卖方信贷保险中最高赔偿比例。 |
| | | 当被保险人为金融机构（含金融租赁公司）时，海外租赁保险最高赔偿比例为 95%，90% 是非金融机构作为被保险人的海外租赁保险最高赔偿比例。 |

海外投资保险主要针对的保险对象为投资者与金融机构，其保障的内容是由于投资所在国发生的征收、战争、违约等政治风险而产生的经济损失，通常情况下保险期限不超过 20 年。表 4-2 为海外投资保险承保的具体内容。

表 4-2

| 承保风险 | 征收 | 由于东道国通过国有化、没收、征用等方法，对投资者的投资项目、资金、设备等各项资产进行侵占。 |
| --- | --- | --- |
| | 汇兑限制 | 东道国通过多种方式阻碍投资者进行换汇，已达到避免货币汇出该国的目的。 |
| | 战争及政治暴乱 | 东道国出现战争或其他与战争相似的活动，使得投资者蒙受损失或无法继续经营。 |
| | 违约 | 东道国政府或经保险人认可的其他主体对于双方签署的合同存在拒不履行或存在违背行为，并在投资者告知后仍不予补偿。 |
| 损失赔偿比例 | 95% 为这类情况的赔偿比例最高。 | |

担保业务是为中国信保保险客户的大型资本性货物出口、海外工程承包、海外投资并购等"走出去"项目及大宗商品出口等业务提供内保外贷为主的融资担保及履约、预付款等保函为主的非融资担保支持，配套中国信保的出口信用保险产品，为企业提供风险保障及信用增级的"一站式"服务。图 4-1 体现出中国信保在担保业务中的法律定位。

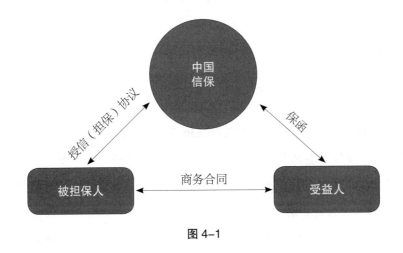

图 4-1

在被担保人（债务人）不按基础合同履约或偿债时，中国信保在书面合同约定的责任范围内向担保受益人（债权人）代为偿付。

中国信保在信用风险管理领域深耕细作,成立了专门的国别风险研究中心和资信评估中心,发布了《国家风险分析报告》、《全球投资风险分析报告》、全球国家风险评级和主权信用评级,资信数据库覆盖全球1000余万家企业、4万余家银行、800余个行业,拥有国内外各类信息渠道约150家;资信报告、追偿渠道覆盖200多个国家和地区。截至2017年年末,中国信保累计支持的国内外贸易和投资规模超过3.3万亿美元,为超过11万家企业提供了信用保险及相关服务,累计向企业支付赔款108.4亿美元,累计带动200多家银行为出口企业融资超过2.9万亿元人民币。

## 中国信保理赔案例

（一）案件背景

2014年8月8日,被保险人A公司与买方B公司签订销售合同,并于2014年9月5日向中国信保申报投保,申报交付金额4998380元。买方B公司收货后拖欠货款。2014年9月25日,被保险人A公司向中国信保通报可损,并于12月4日申请索赔,报损索赔金额均为4998380元。

（二）前期勘查

本案被保险人A公司报损后,中国信保赴买方B公司处进行实地勘查,发现买方B公司大门紧闭,已处于非营业状态。此外,中国信保从最高人民法院网站获悉,买方B公司以及其法定代表人在2014年年底、2015年年初时已有多条被执行信息,且资产均已在前期抵押给银行机构,买方已资不抵债。

此后,中国信保委托渠道律师展开调查。渠道律师前往上游供应商所在地实地调查,经与上游供应商经理沟通,其表示本案项下货物由买方自提。针对渠道律师的其他调查要求,该供应商未予配合。此外,渠道律师前往买方B公司所在地实地调查,发现买方已停止营业,且从当地税务部门相关人员处了解到,买方在2014年三季度陷入停产停业状态,无力偿还相关债务。通过开展上述调查,渠道律师指出,未发现贸易不真实的相关线索及证据材料。

（三）诉讼进展

被保险人 A 公司于 2015 年 9 月 7 日对买方 B 公司提起诉讼，法院审理认定：一是认定本案事实有原告及被告陈述、化工产品销售合作框架协议、采购合同、销售合同、付款凭证、委托书、货物接受单、还款确认书、火灾事故认定书在案予以证实；二是认定买卖双方签署的购销合同合法有效，被保险人在签订合同后履约，向买方交付了货物，但买方未履约付款；三是认定被保险人 A 公司要求买方 B 公司给付拖欠货款 3498380 元的诉讼请求符合法律规定，判令买方向被保险人支付货款本金 3498380 元及相应的利息。上述判决生效后，被保险人已申请执行。现买方 B 公司已进入破产程序。

（四）定损核赔

结合调查进展和法院判决，中国信保渠道律师认为，鉴于调查未发现贸易不真实的线索及证据材料，加之被保险人 A 公司已取得生效的胜诉判决认可被保险人对买方真实、合法、有效之债权，认定本案贸易真实。中国信保同意渠道律师的意见，认定贸易真实，致损原因为买方拖欠，由此给被保险人造成的损失属于中国信保保险责任。经审理，本案单证基本齐全，责任明确。在交易前被保险人 A 公司收到 B 公司支付的保证金 150 万元，中国信保核定被保险人 A 公司损失 3498380 元（4998380−1500000），低于买方有效信用限额 500 万元，拟以核定损失金额为赔付基数，最终赔付 2798704 元，极大地帮助被保险人补偿了交易损失。现买方 B 公司已进入了破产程序。

## （二）多边投资担保机构（MIGA）

1.MIGA 概况

20 世纪 80 年代末，多边投资担保机构（Multilateral Investment Guarantee Agency，MIGA）正式成立，该机构是世界银行集团成立时间最短的，其签署的首起担保合同，时间为 1990 年。

这一机构的成立是以向外国投资者提供政治风险担保为目标的，具体包含：征收、货币转移、违约、战争等方面的担保，同时这一机构还向成员提供优化投资的服务，以此来提升成员国对外资的吸引力，进而帮助发展中国家引入外资，帮助其发展。

由于该机构主要从事担保业务，使得这一机构也向政府与投资者提供处理对其担保的投资项目造成负面影响争议的服务，以此来避免可能存在的风险进一步加大，从而致使项目失败。同时，这一机构还为各国提供外资吸引与保持战略的制定与执行等服务，除此之外，该机构还通过在线服务，向有需要者免费提供涉及投资商机、商业环境与政治风险担保等方面的信息。

该机构成立至今，共计向85个发展中国家提供了135亿美元的担保，且全部属于投资性项目。上述担保可以帮助投资者有效控制风险发生，担保的风险种类为：货币的不可兑换及其转账限制（禁兑险）、战争和内乱（包括恐怖主义和怠工）险、征用险及违约险等非商业性风险。

2.MIGA 担保的项目

多边投资担保机构具体担保的项目几乎涉及所有行业，而保险对于能源、工业、矿产与基础设施建设等行业具有重要意义，这是由于上述行业都属于大型资本密集型项目。

任何一个成员国向任何一个发展中国家进行跨境投资项目和新兴成员国的投资项目都符合该机构的担保条件。符合标准的投资方式有：股票、股东贷款与担保、技术援助、合约、许可等。除此之外，董事会经过表决多数同意，可以将符合标准的投资延伸到其他领域之中，以长期持有的形式进行投资。多边投资担保机构也属于一个独立的金融机构，其提供的担保与商业银行提供的贷款保险类似。

3.MIGA 的优势

多边投资担保机构的架构来源于 OPIC 体制，但是与 OPIC 体制相比，又有了大幅度提升；这一机构产生于全球南北两种类型国家在经济上的依存与冲突、妥协与合作；妥协所导致的后果就是发展中国家身为东道国会自觉地对本国在外国的投资担保进行限制，以保持自己的主权；妥协还造成另一种后果就是，发达国家同意敦促本国投资者提升对东道国政治与经济主权的重视程度（具体措施为：未取得东道国同意的情况下，MIGA 不可以签署任何涉及政治风险的保险合同；MIGA 不可以向违背东道国法律或政策的投资提供保险服务；MIGA 不为任何由投保人认可或由东道国作为与不作为产生的损失提供担保服务；以法律形式，严禁 MIGA 伙同其成员国介入其他成员国的政治）；MIGA 制度与其他国有保险企业存在最大的不同点就是它对有外资进行投资的发展中国家给予了两个身份，即东道国与 MIGA 股东。中国也是 MIGA 的创始会员国之一。

4.MIGA 的具体业务

MIGA 的服务主要涉及两个方面，即承保非商业性风险与提供投资优化建议与咨询服务。

（1）承保非商业性风险。MIGA 主要的业务与实现自身宗旨的途径就是承包非商业性风险。因此，MIGA 的投资保险业务与其他国家的国有保险企业不存在竞争，而是相互取长补短。国有保险企业受到本国政治的影响较大，对投保项目的股权比例具有一定限制，除此以外，还明确存在着承保上限金额，上述情况在客观上制约了国有保险企业的业务范围，这就使得投资保险市场具有很大的发展潜力。MIGA 的业务很好地弥补了这些缺失的地方。

出于避免不必要产生赔偿的目的，MIGA 在承接非商业性保险的时候，必须按照《MIGA 公约》规定进行，确保承保的投资属于合格投资。合格投资通常具有下列条件：

第一，股权投资应该囊括在合格投资之中，具体包含：股权持有者对于相关企业担保或发放的中长期贷款；经董事会表决通过的其他方式的直接投资；经董事会表决通过的任何方式的中长期贷款。

第二，在向担保机构提出担保申请并注册之后，进入执行阶段的投资才属于合格投资，具体包括：①通过外汇转移的形式已达到更新、扩大或发展现有投资的目的；②通过现有投资所获得的可以汇出东道国的合法收益。

第三，合格投资还必须具备以下条件：①有利于东道国经济发展；②不违背东道国的法律与政策；③投资项目和东道国未来的发展规划相同；④东道国给予这一投资公平公正的待遇与法律保障。

第四，除此之外，东道国也要达到相应的标准，具体为：①东道国属于发展中国家；②东道国同意机构承保特定投资的特定风险；③东道国能够给予担保投资公平公正的待遇与法律保障。

以《MIGA 公约》规定为依据，担保机构可以为合格投资担保由以下风险所导致的损失：

货币汇兑险。这一险种是应对由于东道国政府政策或法律变动，而导致该国货币兑换受到限制，无法转化成投保人接纳的或任意一种货币，同时这些货币也无法汇出东道国，所产生的风险。这类保险还可以应对东道国政府的消极不作为，例如：在合理时间段内，东道国政府未就投保人提出兑换申请进行行动。但是以免责条款为依据，该保险是不会对保险合同签署的时候就已经存在外汇管制的法律、法令对投资人造成的损失进行赔付。

征用险。这一险种应对的是东道国通过立法与行政等手段或通过消极行为，从实质上控制了投资人投资的项目或从该投资项目中获得收益。但是政府为控制其国内经济活动所采取的具有普适性与非歧视性的政策措施不属于上述风险。在通过法令与国有化等手段直接控制原属于投资者的投资所有权之外，发展中国家还经常通过各种形式的所谓间接国有化的手段谋取投资人的投资，例如：干涉投资者正常形式的自身权力，干涉投资者转让证券等，针对这一现象该机构也会进行承保。

违约险。这一险种应对的是东道国拒不履行或者违背和投资人签署的合同所产生的风险，同时还可以应当以下风险：①投保人无法向司法或仲裁机构就合同事宜申请仲裁的；②在司法或仲裁机构规定的时间内，无法作出裁定的；③裁决无法执行的。

战争和内乱险。该险种应对的是东道国国内军事行动或内乱对投保人造成损害的风险。其中的军事行动，不仅指的是不同国家的军事行动，也包含同一国家不同政府或政党之间的军事行动，同时还包含经过宣战或未经宣战的战争行为；内乱则指的是以推翻政府为目标，有组织、有预谋的暴力活动。投资者个人进行的恐怖活动不在承包范围之内。鉴于东道国无法控制战争和内乱，因此在该机构进行赔付以后，投资者通常不可以再次向东道国寻求补偿。

其他非商业性风险。这类保险指的是由投资者与东道国联合申请，并经由该机构董事会投票通过，机构可以承接的某一类（不属于上述任意类型）非商业性风险。但是要注意的是，货币贬值不在此列。

除此之外，出现以下情形之一的所造成的损失，该机构不予补偿：

东道国所进行的任何活动或消极行为获得投保人认可或投保人具有责任的情况，具体而言，①投资者不遵守东道国法律；②投资者自身行为造成的损失；③以投保者名义进行的活动；④投保者可以行使权利制止投资企业行为，但未制止。

在担保合同签署前就已经存在的由东道国的任何活动、消极行为或其他任何事项所造成的损失。

该机构对承保的条件要求十分低，只需要机构成员国投资者（自然人或法人）到另一个发展中国家进行投资，就可以进行投保。但是该法人一定要建立在商业基础之上，同时该承保活动必须取得东道国同意，才可以签署。除此以外，《MIGA 公约》还指出，东道国认可且投资资本来源于东道国之外，就可以向该机构提出申请将承保范围放宽至东道国的自然人、在东道国注册的法人，或其多数资本为东道国国民所有的法人，但是必须该机构董事会多数同意。这一规定可以显著提升发展中国家境外资金的回流效率。

《MIGA 公约》附录还指出一种"赞助担保"制度，具体来说就是由一个或者若干个会员国一起筹措资金机构另设基金，并以此资金为任何国籍的投资者（非会员国投资者也囊括在内）到发展中国家进行投资提供保险服务。这一基金所提供的保险服务的准则与机构的规定一致，所以能够向非会员国的投资者提供具有机构相同效力的非商业性保险服务，以此进一步提升东道国的投资环境，达到吸引更多外资的目的。

（2）提供投资优化建议与咨询服务。借助向发展中成员国提供投资优化建议与咨询服务，MIGA 可以显著提升成员国内部的投资环境，加大成员国对于外资的吸引力。目前这一机构主要提供以下服务：

①召开投资促进会议。所谓投资促进会议就是以会议的形式，帮助成员国与国外投资者建立直接联系，从而提升成员国获取外资的概率。

②推动执行发展计划。所谓执行发展计划就是为成员国制定执行发展计划，确保成员国能够更好地发展经济，对国外合作伙伴的选择更加理性，引入现代化商务理念，同时对国外投资项目进行评估。早在 1992 年该机构就开始提供这项服务。

③开设外国投资政策圆桌会议。所谓外国投资政策圆桌会议就是以会议的形式，由国外商界成功人士向成员国讲述成功经验；优化成员国的投资环境。早在 1992 年 6 月该机构就开始提供这项服务。

④开启咨询服务。所谓外国直接投资法律框架咨询服务就是该机构通过与一部分发展中国家建立合作，以促使这些国家从制度层面提升放宽投资限制。

第五章

# 其他风险

## 第一节　环境风险

人类社会的发展与进步和环境密不可分，在城市化与工业化步伐明显加快的今天，环境作为人类赖以生存的基本要素，发生了极其巨大的变化，并面临着前所未有的挑战。随着经济全球化的发展和科学技术的进步，各种环境问题已经开始跨越国界，现已经成为对整个人类社会构成严重威胁的问题，严重制约着各个国家的经济发展，为全球人民所关注。

环境是人类生存发展的重要基石，人类得以存续正是因为适宜环境的存在。环境为我们提供了大量的能源资源以供取用，但是伴随着生产力的不断提升，人类对大自然所求越来越多，致使环境不断被破坏。目前环境问题已经成为各国政府工作中的重要议题，各国均采取了涵盖立法、环保教育、成立专项环保部门、跨国环境保护合作等内容的环境保护措施。对环境进行治理，减少污染物排放，遏制生态环境破坏趋势目前已经成为世界各国工作的重中之重。

中国近年来的环境保护工作发展突飞猛进，对于生态文明的保护力度前所未有，我国在国内环境保护方面表现积极，把能源的节制使用和环境的全面保护以基本国策的形式加以贯彻和落实，与此同时，我国对走出去的企业，也确定了较高的环保标准。我国的《国民经济和社会发展第十二个五年规划纲要》载明，我国企业走出国门，参与境内外合作项目，需要富有责任心，积极承担社会责任，造福当地百姓，注重环境保护，防止污染当地的生态环境，维护我国的国际形象，为生态文明全球化发展贡献自己的力量。

我国进一步扩大对外开放，加大企业的走出去步伐，各企业单位纷纷响应国家政策，对外投资企业如雨后春笋般不断增加，走出去的领域以及规模也在不断扩大。然而，在此过程当中，我国诸多企业并未对生态环境因素加以重视，从而使自己在经营阶段面临相当严峻的生态环境风险。比如说我国存在某些基础工程建设在选址以及施工过程中，对当地生态环境安全考虑欠佳，致使环境被严重污染，破坏当地生物的生存条件，生态系统发生严重紊乱，发生环境污染现象，影响了东道国当地民众的日常生活，或者因为企业施工过程中因工程产生的污染使员工出现疾病，对员工保护力度不够，违反了国际惯例以及习惯中对生态环境保护的规定，等等。

中国企业当下面临着来自世界各国优质企业的挑战，比如通用电气、三菱重工等，在与这些企业进行合作的过程中，深深感受到本国企业同这些声名卓著的企业之间的环境保护差距。当然，这些差距的形成包括历史因素、地缘因素等，我们不能将如此严格的环境保护标准直接套用至我国企业之上，但这些企业所遵守的高标准环境保护要求，也让中国的企业发现了同这些国际知名大企业之间存在的环境意识差距，对我国企业具有警示作用。中国企业需要不断强化自身的各方面要求，满足国际社会的诸多标准，包括环境保护标准，才能真正做到"挺直腰杆"走出去。虽然目前中国企业难以短时间比肩世界知名的高环境防控标准企业，但我国为了同世界各国共同面临环境风险的挑战，为使我国企业更好地为外国所接受和承认，需要我国政府下决心、下狠心进行企业环境保护意识指导和行为监督，进而推动我国企业境外投资与合作的能力，追赶世界一流企业。

为此，我国政府在充分调查和了解各国企业，在借鉴全球环境治理经验和体系的基础之上，由商务部和环境保护部联合出台了《境外投资合作环境保护指南》，目的是使我国企业进一步强化对外投资，在强化资本输出的基础上，积极、敢于承担和履行环境保护责任,做好环境风险预警和识别,依法履行环境保护责任。根据《境外投资合作环境保护指南》的规定与东道国法律,我国企业应做到合法合规经营,满足东道国的环境保护要求,履行环境保护义务,成为合格、优质的投资人。

# 一、环境风险的定义和特征

## (一)环境风险的定义

环境(enviorment)指的是环绕在中心事物周围的各种条件,本书中所指的环境是指环绕着人类的空间,是在将人类视为中心的情况下,自然条件和人造条件结合的空间综合体,是能够从各个角度对人类的生产生活进行影响的自然及社会因素的总和。《中华人民共和国环境保护法》第2条规定:"本法所称环境,是指影响人类生存和发展的各种天然的和经过人工改造的自然因素的总体,包括大气、水、海洋、土地、矿藏、森林、草原、湿地、野生生物、自然遗迹、人文遗迹、自然保护区、风景名胜区、城市和乡村等。"

想要弄清环境风险,首先需要了解什么是环境问题。所谓环境问题(environmental problem),是指因自然或人为因素所导致的危害于人类的条件变化,这类变化将对人类的日常生活、生产作业造成很大损害乃至灾害。关于环境问题可以作出以下分类:

1.根据产生原因,可将环境问题区分为原生环境问题与次生环境问题。

所谓原生环境问题指的是由自然因素导致的问题,其主要涵盖火山喷发、地震灾害、海啸灾害、洪涝灾害等,这类问题不存在人类活动的痕迹,举例来说:俄罗斯东部的东西伯利亚地区因纬度较高,存在大面积冻土,无法进行开发和耕种作业;孟加拉国地形北高南低,主要城市处于低洼地带,众多河流纵横密布,雨季时期十分容易出现洪涝灾害,这些都可以划归其中,并非由于人为原因而导致的,依靠人力也很难进行解决。至于次生环境问题,则是指主要由于人类的活动,即因人为因素导致的环境问题。该问题可以进一步进行分类,包括环境污染及生态破坏。环境污染与生态破坏之间最大的不同在于对环境的破坏系数，破坏系数只处于量的范畴则属于环境污染，也就是包括一些不适当的排污活动造成空气、水资源等污染，这种问题本身是可以通过消灭污染源进行逐步解决的；环境污染方面，典型案例有日本水污染致使出现水俣病事件、切尔诺贝利核电站爆炸发生核辐射污染事件等。而生态破坏的破坏系数则达到了质的范畴，也就是发生了质的变化，其本身的损害程度要远超环境污染，因为其改变了某一区域环境本身的结构，相较而言难以修复，仅仅依靠污染源消除是难以解决的，还需要进行补救措施以维护生态。典型的生态破坏案例包括20世纪60年代苏联对中亚哈萨克斯坦地区及蒙古国地区垦荒致使草原大面积破坏，发生土地盐碱化现象，难以恢复；由于全球范围内的二氧化碳排放量严重超标，致使发生全球变暖现象，冰川融化，海平面不断上升，致使马尔代夫等岛国出现国土淹没的危险等。

2. 环境问题根据其影响的范围可以区分为国内环境问题、区域环境问题和国际环境问题。

所谓国内环境问题指的是主要发生的场域为国内的环境问题，比如噪声污染就属于国内环境问题，其发生于一个国家范围内并且难以脱离一个国家的国土范围，所以其为国内环境问题，在我国，相邻不动产之间发生的噪声污染问题往往会被当作特殊种类的相邻纠纷加以处理。区域环境问题是指环境问题主要发生的场域为某一个区域内部，国际环境问题则是指环境问题主要发生的场域范围为全球，在当前"一带一路"建设的沿线国家中，由于诸多国家的领土面积较小，许多环境问题都会超越一国法律范畴而成为区域或国际环境问题，致使该环境问题难以仅仅依靠某国的国内法律进行规制，需依赖国际公约或者协定进行解决。

3. 环境问题根据人类活动方式可以划分为污染型环境问题、破坏型环境问题和消耗型环境问题。

污染型环境问题：人类通过排放各类废弃物造成环境污染所引起的各类问

题，例如排放废气、废水、有害物质，造成水资源污染或者大气污染等。

破坏型环境问题：人类活动本身所引起的环境结构变化的问题，如生态系统的破坏、景观的变化、河流的干涸等。

消耗型环境问题：人类自环境中对某些物质进行大量摄取，最终使这些物质数量急剧减少，从而发生的各类问题。例如大量采集矿物或者滥砍滥伐导致相应种类的资源数量严重下降等。

除了以上典型的各类环境问题，还存在一些涵盖多种类型的环境问题，例如破坏型消耗性混合的环境问题等。但综合来说，以上的分类模式通过人类活动模式和环境污染方式进行分类，基本涵盖了目前出现的所有类型的环境问题。

环境风险即因人类的活动造成的或因人类活动与自然条件共同结合发生作用而产生的，对于人类生存发展所依赖的基础即环境进行破坏，导致环境损失、恶化乃至毁灭等严重不利于人类的条件变化的可能性。

笔者进行讨论的国际投资所遇到的环境风险，主要指的是投资方、投资企业因欠缺对东道国环境保护法律的了解以及学习，或者在东道国环境保护要求的影响下，或因中国相关法律尤其是境外投资法律对环保方面的内容未涵盖，不健全，或因企业自身对境外投资环境保护方面缺少重视和缺乏配套管理等原因导致的，企业在"走出去"后，污染或破坏了境外的东道国环境，从而产生的相应风险。典型表现为：中国企业在进行境外的基础设施、矿业开发、能源建设投资过程中，被外国政府诘责的诸如破坏了当地生态系统或结构，污染了当地水源、农田等，或者因对环境的破坏使工人健康受损、当地民众健康受损等。轻则受到当地政府谴责，严重的将会导致罚款乃至勒令停工，企业的损失难以估量。

### （二）环境风险的特征

环境风险的特征指的是环境风险本身所具有的，能够区别于其他风险的，独一无二的状态表现。环境风险的特征主要涵盖以下几方面的内容：

1. 环境风险具有客观存在性。某些环境风险本身不以人类的意志为转移，是客观存在的，有些环境风险是无法作出回避或者规避，无法予以消除的。举例来说，发生例如地震、海啸、火山爆发等原生的环境问题通常根据人类意愿想要规避是无法做到的，山洪、海啸等，这些都是大自然自身力量的体现，无法通过人类的行为加以阻止，其本身的发生是不以人类意志为转移的。这是环境风险的重要特征。

2. 环境风险具有难以预测性。这里的难以预测性是指环境风险产生时间、发生地点、损害程度等因素难以预测。环境风险难以预测，具有相当的随机性，对我国企业而言，最为可怕的就是在做好充分的预防情况下发生的意外环境风险，难以捉摸，不具备确定性也是环境风险的重要特征之一。

3. 环境风险具有客观规律性。环境风险往往是遵循一定的自然规律产生的，其规律通常是可以进行追寻的，之所以存在诸多环境风险难以被预测，是因为人类对该类型的环境风险尚未能够认识其客观规律。伴随着社会的发展，科技的不断创新，人类可以对环境风险进行更为深刻的认识，通过认识环境风险做到建立环境风险预警机制与解决机制，建立评估体系，用科学有效的方法降低环境风险带来的损害，以期做到对环境风险的高效预防和规避。

4. 环境风险具有相对性。对于环境风险的处理方式可以使环境风险发生改变，由环境风险变化为环境机遇。风险本身是具有相对性的，在环境风险的主体采取不同方式和角度面对同一环境风险时，其本身的态度和应对也会存在差异。

5. 环境风险具有时代性。随着人类社会的发展进步，环境风险也在不断发生着变化。人类产生发展至今，某些环境风险是长期存在的，举例来说，像火山爆发、山洪、海啸以及其他来自大自然的不规律灾害，再比如洪涝灾害、地震、火山喷发等。但有些环境风险，是伴随人类科技进步而逐渐发展变化壮大的，比如臭氧层破坏就是因为人类大量二氧化碳排放导致的，在人类科技尚未发展至蒸汽时代，臭氧层破坏问题从未发生。可以这么认为，伴随着人类生产力的提高，科学技术水平的提升，环境风险的内涵在不断扩大，新的挑战不断出现，所以，环境风险本身是具有时代性的，是与时俱进的，不断发展变化的。

6. 环境风险具有破坏性。环境风险对人类生存所依靠的环境有着巨大的负面影响，人类生存的环境是脆弱的，在环境风险面前，往往显得不堪一击。环境风险造成的损害往往超出了用金钱进行衡量的范畴，举例来说，切尔诺贝利核电站爆炸事故导致当地数十年乃至数百年无法居住，在可怕的核辐射面前，几乎所有生物都面临着生存危机，这也为人类敲响了警钟。这种环境风险招致的恶果是苦涩的，难以进行弥补，甚至无法弥补。

7. 环境风险具有人为性。除了原生环境问题，即上文提到过的地震、海啸等，诸多次生环境问题，都有着人类活动的痕迹。伴随人类活动的越发活跃，人类对大自然的无边索取使得越来越多环境风险不断产生，两次工业革命对整个地球的生态环境造成的破坏是无法用数字估量的，在科技高速发展的今天，人类对自然界的干预更加频繁，更加肆无忌惮，这使得人类的社会活动成为环境风险产生的重要特征之一。

## 二、环境风险的类型和成因

### （一）环境风险的类型

从抽象的角度来看，环境风险可以依据风险的空间尺度、污染受体、作用时间划分种类：

1. 按照风险的空间尺度进行划分，可以分为微观环境风险、系统环境风险及宏观环境风险。微观环境风险是指对于某一环境中的某个单一设施存在的环境风险，其本身较为具体，可落实到某一个企业行为。系统环境风险是指对于整个环境系统中所包含的各个设施存在的环境风险，其涵盖在系统化条件下，一定的空间、时间范围内的人类进行活动所产生的一系列效应。其本身较微观环境风险抽象一些，往往是某一区域的总体环境风险问题，具有系统化特征，涵盖时间、空间、人事等方方面面内容。宏观环境风险则是国家、政府、环境保护部门层面的环境风险问题，其涉及的往往是涵盖产业、行业的环境风险。宏观环境风险具有抽象性，其落实于某一产业或者行业之上，是针对整个产业或行业的环境风险。

2.按照污染受体进行划分，可以分为人群健康风险、生态风险、综合环境风险。人群健康风险是指环境风险将危及群众身体健康，其主要强调社会环境风险问题。生态风险是指环境风险将会对该区域内的生态系统造成威胁，主要强调自然环境风险问题。综合环境风险则是对社会环境风险与自然环境风险进行的整合，也就是说，这类环境风险既有可能导致社会公共安全出现危险情况，威胁人们的生产生活，造成生命健康、财产损失，又可能导致自然环境发生灾害，破坏自然生态，造成环境的污染。

3.按照作用时间进行划分，可以分为突发性事故，如爆燃、泄漏、火灾等瞬间或者极短时间内产生的事故；积累性事故，如渗漏、排放等通过量变引起质变的较长时间产生的事故。突发性事故造成的危害是瞬间的，可及时估测的，其本身过程较短，可以及时进行损害量化处理；积累性事故造成的危害则是长期的，需要进行长时间反复测算才能够对损害量化，且积累性事故的量化数值往往难以精确获取。

从具体角度来看，我国企业对外投资的主要环境风险涵盖以下几种类型：

1.空气污染。在基础设施投资建设、资源开发合作投资建设过程中，多种类型的施工作业都存在大气排放污染问题。对这些污染物的产生方式进行分类，其可以进一步划分为定点排放产生、移动排放产生及无规律排放产生。按照作业过程划分，其又可以分为燃烧、燃料储存等。

空气污染可以说是我国企业对外进行基建投资最易产生的环境污染问题，举例来说，一个施工队进行施工，在工程现场堆放建筑材料或拆除建筑产生的扬尘，火电厂等建筑落成后，进行日常作业所排放的硫化物等都属于空气污染范畴。

2.废弃物污染。废弃物是指施工过程或工业生产中被废弃的物质，包括固体废弃物、液体废弃物和经过包装的气体废弃物。废弃物可能是工业生产的残留物或残渣，也有可能是已经过保质期的过期产品等。

其中，根据是否具有危险及危险等级，固体废弃物又能够划分为无危险固体废弃物和有危险固体废弃物。无危险固体废弃物往往包含各类工业残渣，生活垃圾，建筑工程的工程废料，如：废弃的钢筋、脚手架等金属、各类容器等，工程作业过程中产生的各种残留物质，如锅炉内的废渣、废弃物结晶等。有危险固体废弃物包括易燃易爆、有毒有害物质，其本身可能会对人体造成危害、对环境造成严重破坏，或者存在危害人体、自然环境的潜在性质。比如废旧电池、核废料、废弃机油等。

3. 水污染。水污染通常是指因项目所产生的工业废水或卫生污水未经过有效处理，造成对自然环境尤其是自然水源的污染，由于水污染危害面广且水源与东道国群众的生活息息相关，所以，水污染的防治尤其重要。排污企业需采取足够的防范措施，从而避免、降低或最大限度减少水污染对群众生活的不利影响，保护当地民众的身体健康。

水污染通常表现为工程建设过程中产生的废水、施工混凝土加工和生产过程中产生的废水、五金工业、重工业、化学工业等产生的工业废水以及各工业所产生的生活废水。这些废水如果未经有效处理或者未经处理直接排放，会对地下水质以及河流、湖泊水质造成相当严重的影响，更有甚者，将会危害当地群众的生命健康安全。历史上有名的日本水俣病事件就是由于日本氮肥厂在未经处理的情况下，把废水随意排放，导致一些水生生物遭到污染，经由食物链，废水残渣进入人体，造成水俣病，患者求生不得、求死不能，迄今为止，因为水俣病而提起的赔偿诉讼仍未完结。

4. 噪声污染。挖掘机、打桩机以及一些重型货运卡车、搅拌机等噪声较大的建筑施工设备会造成噪声污染，噪声污染将严重影响工程附近居民的生活生产活动，尤其是某些工地在夜间或者凌晨进行工程施工，使周围居民受到了极大伤害。

5.危险物质污染。危险物质指的是引起物理或者化学性质能够对人身、财产、环境、自然生态造成危险的各类物质。我们根据其危害程度和性质能够进一步将其区分为爆炸性物质，有毒气体，易燃易爆气、液、固体，毒性材料，具有腐蚀性的物质，放射性的物质等。危险物质因其本身的特别属性，需要派人进行专项管理。

6.土壤污染。对外投资项目在建设以及运营过程中产生的一些具有危险性的物质、废弃物质的不妥善处置将致使土壤污染现象发生。土壤污染的判定标准以该地区土壤本身情况为参考，当该地区土壤所含的具有危险性物质或者废弃物质超过该土壤能够承受的限度，则视作土壤已被污染。土壤污染最可怕的是有可能造成立体性的多方面污染，土壤污染物经过渗透可能会造成水源污染，而若致使土壤污染的污染物质本身能够挥发，还可能造成空气污染。

7.生态破坏。生态破坏主要是指通过施工虽然尽量避免了诸如水污染、空气污染等常规污染模式，却因为人类活动造成了无法阻止的生态改变，造成对当地环境的破坏。诸如进行挖方导致的水土流失问题、建设基站、电站等造成的周围局部地区环境发生变化，这些对当地的动植物都会产生一定的影响。

以上几种类型的环境风险是较为典型的环境风险，对于特定的投资项目，因为环境的特定化还有可能有其他类型的环境风险表现。

**（二）环境风险的成因**

1.全球环境问题是引起环境风险的根本原因。在经济发展迅速的当下，环境问题作为全人类需要面对的大问题，已经成为世界各国的关注重点。当前在整个人类社会，具有极大影响的环境问题包括臭氧层破坏、全球变暖、酸雨、海域污染、干旱、城市环境恶化、生物多样性减少等。人类对大自然无节制的开发、开采，导致地球的生态系统越发脆弱，环境风险频发。全球环境问题是环境风险产生的大背景。

2.各国环境利益与投资利益相冲突是引起环境风险的主要诱因。在人类活动越发频繁的今天，生态环境相对脆弱已成为各国常态。我国企业进行境外投资，尤其是进行基础设施建设投资或者开办工厂进行投资，对当地的生态环境破坏在所难免。很多经济发展水平较落后的国家，其环境保护的标准与环保意识都相对较弱，为了本国的经济发展，自愿舍弃本国良好的生态环境，将一些极其具有污染性的产业引进本国，从而保证外资对本国经济的带动，乃至于将本国的环境保护标准一降再降。我国企业同东道国进行较为粗放的经济合作过程中，为了获取经济效益，对环境利益进行了不同程度的影响。在追逐经济效益的过程中，环境利益经常成为牺牲品，为了提高自己国家相关产业的竞争力，其对外资引进过程中发生的资源破坏及掠夺采取容忍政策，这样导致境外投资对东道国境内造成的环境压力和环境负担较大。投资利益同环境利益之间的冲突，经济效益和环境效益的冲突直接诱发了各类环境风险。目前中国构建的对外投资合作法律制度尚且难以对我国企业境外投资环境保护问题进行规制，再加上国内本身对企业的生态环保意识建设起步晚，激励效应较差，环境污染监管存在问题。这些都如同定时炸弹，使我国企业在境外投资的环境风险一触即发。

3. 投资方式粗放，缺乏系统的规范是引发环境风险的直接成因。当前我国企业进行境外投资引发环境风险的直接成因是投资者与东道国之间的投资合作方式粗放。我国对外投资的产业往往在全球价值供给链中处于较低位置。我国企业走出去的投资对象多为"一带一路"沿线国家及地区，这些国家有着较丰富的煤炭、石油以及天然气资源，但基础设施建设情况相对较差，东道主得天独厚的资源优势以及我国企业的优秀基建能力使得这些地区往往乐于同中国进行投资合作。然而，这些地区往往不具备完备的工业化技术，经济水平相对较低，缺乏相应的投资合作项目产业配套产品，东道国引进资金与技术设备的同时，也将污染源引入本国，而东道国是通过贸易途径将这些具备污染性的企业合法引入，在巨大的利益面前，往往妥协于其环境效益，将投资者的环保条件进行更低水平的限制，存在相当程度的经济效益大于其他效益的意识。因此，这些地区各类产业投资的发展速度迅猛，但发展质量粗放，一般都是引资一方为了本国经济发展而盲目地加以引进，这对自然环境和生态的破坏程度相当严重，也使企业的环境风险大幅增加。

4.环境保护制度供给存在缺失是环境风险的现实起因。当前我国企业对外投资受经济利益驱动，致使与环境利益发生冲突，冲突的现实起因是在经济合作制度上存在漏洞，追求经济效益的同时对环境保护制度缺乏有效的供给。

（1）法律制度规范存在缺失

就我国的国内法律而言，目前尚无专门对外国投资的环保问题进行关注的法律法规。我们从某些对外国投资的法律法规中只能找到部分相关内容。举例来说，我国商务部于2004年10月1日颁布的《关于境外投资开办企业核准事项的规定》中有以下陈述："国内企业境外投资涉及下列情形的，不予核准：违反国家法律法规和政策的；可能导致中国政府违反所缔结的国际协定的；与东道国或地区的法律法规或风俗相悖的"；2017年12月6日，国家发展改革委、商务部、人民银行、外交部、全国工商联颁布了《民营企业境外投资经营行为规范》（以下简称《规范》）。《规范》自颁布之日其即刻生效。该《规范》针对我国民营企业境外投资私人的盲目决策和违规经营的问题提出诸多见解和指导原则。《规范》强调民营企业需要在加强境外投资管理、增强在境外进行投资的风险规避能力、保证依据境内规定依法依规进行商业操作的同时，也要注意尊重投资目的地国家（地区）的法律和文化并保护投资目的地的自然环境。虽然《规范》本身对投资者保护东道国环境有类似总纲的规定，但仍缺乏具体操作和违规处罚机制。

我国同他国签署的一些双边文件中，虽然也存在一些环境方面的投资规范，例如，我国与塔吉克斯坦、乌兹别克斯坦所签订的《中塔环境保护合作协定》《中乌环境保护合作协定》等，但其内容抽象，难以进行落实，更多着力点在提高环境保护的意识方面，约束力差，无法进行强制约束。我国同他国的环境法律合作框架没有建立，难以通过国际法律规范对环境保护进行有效的统一约束。

在一些规范或指南中，虽也有某些内容涉及环境保护，如国家林业局与商务部门在 2007 年联合颁布的《中国企业境外可持续森林培育指南》等，但在这些规范及指南的内容中，并没有专门的环境保护操作的具体内容，往往只是停留在制度层面或者指导原则方面，缺乏实际操作性。

每年，我国商务部及外汇管理机构会对境外投资类型企业进行绩效评价和年检。境外投资企业需制作和整合《年检报告书》及相关材料上报于地方商务部门或外汇管理部门，由地方部门进行年度评分，最后将分数结果报于商务部和外汇管理局。根据《报告书》的具体内容，可以发现我国商务部及外汇的管理机构通常从企业境外创汇、缴税、收益、经营、运行问题、合规规定方面来判明企业是否符合国家要求的各项标准。但在投资环保方面，其并未进行明文规定，并且这些规定在实践过程中也没有对我国境外投资企业对东道国环境保护起到有效的促进作用。

（2）生态环境保护制度规范缺失

当前我国企业对外投资产生的环境风险往往是由东道国民众通过投诉，或者政府因企业破坏生态环境行为对本国的国家利益造成负面影响后产生的，本身具有相当大的随机性。这种随机性的产生就是因为东道国与投资国之间没有形成相应的生态环境保护制度。由于我国投资者进行投资的国家对基础设施建设和能源资源开发项目持友好态度，BOT 项目较多，其本身对于环境保护的具体规定较少，再加上我国企业自身的环保意识普遍不强，在缺乏一个具体可行的制度指导的情况下环境风险频发，这是不得不加以重视的问题。

（3）缺乏统一高效的技术合作制度框架

在环境保护的技术合作方面，我国虽然同诸多国家签订了一系列的技术合作条款，但是在具体项目方面的规定并不明确，并未形成统一高效的技术合作制度框架体系，缺乏制度方面的保障，因此，环保技术合作的推进也相应受阻，技术交流受到制约。当前技术合作模式主要以单边合作方式为主，多边的制度性合作发展速度缓慢，达成的协议执行力度较低。当下，面对全球共同环境问题的合作缺乏实质性进展。

（4）缺乏有效而健全的环境保护监管和激励机制

生态环境从宏观角度来看，具有公共属性，是非竞争的、非排他性的，需要各国协力保护。其本身具有非竞争性，良好的生态环境将使世界各国受益，但如果各国对生态环境保护不加以重视，最终环境恶化会成为全球性的环境问题，各国将蒙受巨大损失，难以独善其身。又因为其本身具备的非排他性，各国在环境保护中无论是否投入相应的治理成本，都会获得好处，因此，有很多国家不愿意对某些环境问题加以治理，更愿意搭他国环境治理的"顺风车"，缺乏有效激励机制鼓励国家对环境加以保护。在环境保护的监管方面，由于国际主体地位平等，对环境保护的监管活动也难以进行。

## 三、环境风险的防控

### （一）环境风险防控的必要性及重要性

1.投资行为需要将保护自然环境和生态条件作为首要考虑要素。从历史经验来看，国际经济发展与自然环境破坏的速度具有趋同趋势，即经济的发展速度与环境的破坏程度成正比关系。各国政府目前已经开始重视国际环境保护问题，并致力于推进国际经济贸易进步和国际环境保护迈上新台阶。投资活动的进行，要将东道国的环境状况、生态情况、自然资源保护都纳入重点考虑范围。一方面，因为跨境投资的客体可能就是自然资源本身，比如开采各类资源或者获取能源，风电、水电开发等；另一方面，自然环境本身也是投资者对东道国进行投资需要进行考量的重要因素。投资者所属国与东道国均会对境外投资行为进行规制，其中不乏对自然环境和生态条件保护的内容，足以见得投资行为需对环境保护进行着重考量。

2.环境风险严重危害人类的生产生活。环境是人们生存发展赖以存续的空间，它可以影响乃至决定人们的生产生活以及生存。因环境风险导致的人类灾难，下列事实为例。

（1）美国宾夕法尼亚多诺拉小镇二氧化硫污染

1948年的10月26日至31日，美国宾夕法尼亚州多诺拉小镇的一家工厂排放了并未经过脱硫处理的含有二氧化硫的有毒有害气体和金属微粒，由于当时正值深秋，气候干冷，加上当地的特殊地形，这些毒害气体及金属微粒经久不散，一直存在于该小镇长达6日，致使当地空气的硫化物含量居高不下。由于在这段时间内持续吸入大量毒害物质，整个小镇14000多人中有6000人发生颜部疼痛、喉咙疼痛、胸闷气短、头晕、呕吐、腹泻等中毒现象，且其中最为严重的20余人不治身亡。

（2）"3·12"日本大海啸及因海啸造成的福岛核泄漏灾难

福岛核电站实际上自1978年以来，发生过多次事故，但并未进行大面积报道，多未引起地方重视。2011年的3月12日，日本突发9.0级大地震，致使位于福岛县的两座核反应堆出现故障，其中一座发生爆炸，辐射性物质随风飘散到我国、韩国、俄罗斯等，造成巨大损失，至今日本福岛地区仍为一片死地，辐射所造成的影响仍在持续。

（3）"桑吉号"油轮沉没

2018年的1月6日，巴拿马籍的油船"桑吉"号与我国香港籍散货船"长峰水晶"号在上海长江口东侧大约160海里处发生碰撞，该碰撞导致"桑吉"号油船发生火灾，13.6万吨凝析油泄露燃烧，形成约10平方公里的油污带，该品种油类本身含有大量的有毒有害物质，沉没的油轮将污染深层海水，并沉积大量的有害物质，对污染海域及其周边造成约几十年的影响。

可见环境风险对于人类生产生活造成的危害是十分巨大的。我们一定要将环境风险的重视程度不断提高，使用有效且必要的方法进行防范和控制。

3. 投资者进行境外投资和经营的环境风险无所不在。投资活动对投资目的地国家环境的影响具有两面性。一方面，投资活动对东道国投资环境有正面影响：（1）能够帮助东道国增加国家收入，增加就业机会，促进东道国经济发展，加快东道国科技进步，提高民生质量。（2）增加东道国的环境危机意识，东道国为了防止同投资者之间的环境纠纷诉诸国际性质的法院或仲裁院，将对本国环境标准进行提高以及合理控制，强化本国的环境立法，进而推动本国的环境保护。（3）投资活动中所发生的技术转让、资金融通等可以推动东道国环境保护工业和环境保护技术的发展，推动投资者所属国和东道国之间全方位多层次的环境保护合作。

另一方面，投资活动对东道国的生态环境有负面影响：（1）境外投资活动本身是对国家的经济活动进行的一种延展，是国家经济活动的体量规模以及范围种类的扩大化，相应的，对于资源的使用量和需求量也会大幅增加，与此同时，工业生产或基础设施建设废物的排放和污染水平也将大大提高，这导致东道国的环境压力进一步加剧；（2）东道国必须降低其环境方面的标准以积极吸引外国投资，从而提高其产业的竞争力，而且东道国相对较低且宽松的环境标准可能促使投资者在东道国投资更多污染环境的产业及项目，最终致使污染发生跨境转移的现象；（3）伴随外资企业的资源索取程度不断提高，东道国的自然资源包括土地、矿产、水、湿地、森林等的迅速消耗将增加并改变东道国的环境压力。

4. 环境风险严重影响着境外投资企业的投资运营。境外投资企业的投资运营在环境风险面前有时显得格外脆弱，以可口可乐公司瓶装工厂污染案例为例。2003 年，可口可乐公司经历了被指控"当地水资源使用过度，致使农民放弃农业生产种植"的环境保护官司，在全球各地的可乐灌装工厂也经常让当地民众感到反感并采取各种方法进行抵制。根据外国媒体报道，2005 年的 8 月 19 日，印度南部喀拉拉邦污染控制委员会 G·拉杰莫汉主席下令关闭可口可乐公司在该区域的一家瓶装工厂，原因是其"不符合当地的环境保护法律法规"。该厂房产量和规模都十分可观，为可口可乐公司带来了巨大收益。该可口可乐的厂房所在的普拉奇马达村村民抗议该厂的运营，主要是因为其对该区域地下饮用水的肆意取用，并且在该厂经营许可证到期后拒绝为其延期。拉杰莫汉告知美联社记者："该工厂不具备完备的废水废料处理能力，并不具备能够进行安全排放的设备和配套管理设施，当地民众的生活深受污染侵扰，尤其是污水已经导致居民饮用水受到严重污染。该可口可乐工厂拒绝将其所排放的废弃物中重金属镉的含量公布于众，有鉴于此，该邦污染控制委员会下令该厂需立即关闭整顿。"无独有偶，直至 2014 年 6 月，因为用水纠纷问题，仍有可口可乐瓶装工厂经当地农民投诉而停止运营。

再以波兰 A2 高速项目为例。2009 年 9 月，中海外公司与其他中国公司以及波兰当地公司组成中海外联合体中标波兰 A2 高速项目，对于工程的环保要求中海外并没有充分的认识，双方签订的招投标文件中载明该设施的 C 段需要在 6 座桥梁建设的基础上，修建有大型或中型动物通过的通道，然而，中海外却将此条忽略了，结果在报价过程中并未将该通道的建设成本计算在预算内。要知道，该波兰项目的环境保护成本金额要达到项目总投资的 10% 左右，其中在中海外工地 300 公里外需修建的 A2 高速公路西段的环境保护成本更是达到了 25%。与此同时，在该工程的修建路线上，共有多达 7 种的珍贵两栖动物，涵盖雨蛙一种、蟾蜍两种、青蛙三种以及一种叫"普通欧螈"的动物。中海外被当地环境保护咨询公司要求必须在冬天到来之前将这些珍惜动物安置于安全处，因为这些动物马上要进入冬眠期。为此，中海外停止了两周工期，全体员工进行珍稀动物的搬迁工作。这些原因再加上各种其他原因，最终在 2011 年的 6 月初，北京中海外总公司决定放弃继续该工程，因为若坚持将该工程竣工，中海外联合体可能会因此导致 3.94 亿美元（约合 25.45 亿元人民币）的亏损，而工程违约金亦达到了 25 亿元人民币，已经不具备经济效益。作为我国公司在欧盟地区承建的第一个大型基础设施修建项目，中海外该工程的失败是让人惋惜的，但其也为国内企业向海外投资的环境保护风险敲响了警钟。

可以见得环境风险对境外投资企业的运营有时能够起到决定性作用。

5. 我国走出去步伐加快以及"中国环境威胁论"对我国企业重视环境风险提出了新要求。根据我国商务部有关数据统计可知，中国企业进行的境外投资多数集中于发展中国家的基础设施建设领域、矿产资源开发领域、电力开发领域、木材领域等。从我国的政策可以预测,"一带一路"沿线国家以及诸多南美洲国家、非洲国家以及澳洲等都将变成我国对外投资开发的重要地区。资源开发领域尤其是油气资源、基础制造业和劳动密集型产业都将是我国企业热衷投资的行业,这些投资领域以及投资行业都将与东道国自然环境产生千丝万缕的关系,倘若现在不加以重视,投入大规模的资金后出现的环境问题将使中国企业以及东道国蒙受损失,难以实现项目目的,破坏东道国的生态环境。

在我国企业不断扩大海外市场,对外投资以惊人的速度增长的情况下,境外投资所导致的各式各样的环境问题也为世界各国所关注:当前以欧美国家为代表的环境保护专家学者罗列了我国企业污染的证据,进行学术批评,发表不当言论;作为西方世界喉舌的媒体也不断渲染中国将环境污染和生态破坏伴随经济输出一并输出至其他国家的无端指责;各位非政府组织也对中国境外投资企业造成环境污染的各类"罪状"大肆宣扬;东道国国民因为中国企业的环境污染问题对中国企业境外投资加以抵制,使中国企业的投资利益损失,投资项目叫停,中国的声誉受到相当严重的损害。诸如2011年缅甸密松水电站项目因环境问题被叫停,至今未重启;2012年缅甸莱比塘铜矿因征地搬迁、环境等问题先后两次发生抗议示威被叫停;2015年墨西哥高铁项目因各种原因被叫停,其中包括与社区和环境相关的因素,这些项目因此蒙受的损失难以估量。

所以,企业对于环保风险,既要做到认识预防,又要做到重视避免,这是一个企业能够成功"走出去"的关键。

**(二)环境风险的识别及评估**

1.环境风险识别的基础:环境因素与环境影响

(1)环境因素

环境因素是一个项目的活动、产品或服务中可能与环境相互作用的要素。项目中的资源和能源的消耗、产品的加工制造、包装、运输、贮藏等环节均有可能对环境造成各式各样的影响,比如说,在产品生产的过程中,往大气排放各类有毒有害气体、往江河湖海排放有毒有害的各种废水等,以上种种都是属于同自然环境产生一些影响和作用的要素,即环境因素。

（2）环境影响

环境影响是全部或部分地由项目的活动、产品或服务给环境造成的有害或有益的变化。一个项目可能有多种环境因素,一种环境因素可能产生多种环境影响。如火电厂运营,环境影响是大气污染;施工机械的使用,环境影响是噪声污染、大气污染、能源消耗等。

环境因素与环境影响之间存在因果关系。我们分析项目全过程中的各种环境因素,进而判断由于项目活动、产品或服务造成的环境影响是不是负面的,如果是,就可以确认其会导致环境风险的发生。

2. 环境风险识别的过程。对境外投资项目进行环境风险识别的过程是指对项目的具体产品、活动和服务进行分析,找出与环境发生作用的要素,也就是与项目相关的环境因素。在找出环境因素的基础之上,我们分析该类型环境因素对环境可能造成的各类影响。具体识别过程如图 5-1 所示。

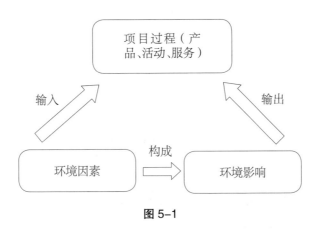

**图 5-1**

根据环境风险识别过程图示,我们可以指导对某一个项目进行环境风险识别。首先,需要分解项目过程,对项目过程中的产品、活动及服务进行定义。其次,针对整个过程的产品、活动以及服务,确定环境因素。最后,依据环境因素,确定其所构成的环境影响,进而通过环境影响评估结果来考量该项目的环境风险程度。

我们可以某电站建设项目的环境风险识别进行示例。电站建设的项目过程包括产品、活动、服务等多方面内容,其产品为火电站,包含的环境因素为排放诸多含有硫化物和颗粒粉尘的气体,环境影响为空气污染;其活动包括吊车施工、推土机施工,包含的环境因素为排放废气,产生噪声,其环境影响为大气污染、噪声污染;其服务包括吊车、推土机维护,包含的环境因素为产生机油、废弃滤芯等废弃物,环境影响为废弃物污染。

3. 建立环境风险识别数据库,进行风险识别。企业可以根据以上风险识别过程图的模式建立相应的有效风险识别库,对环境风险进行模式化、规范化识别。该类风险识别需与专业的风险咨询机构进行合作构建。对于风险识别库的建立可以参考表5-1。

表5-1 环境风险识别库

| 风险编号 | 活动内容 | 环境因素 | 环境影响 | 影响阶段 | 采取措施 | 识别时间 | 责任部门 | 责任人 |
|---|---|---|---|---|---|---|---|---|
| 001 | 工程排水 | 重金属含量 | 水质污染与水域生态破坏 | 项目施工阶段 | 修建过滤池,加强重金属浓度监控 | 项目开工时起 | 企业环保部/施工部 | 责任厂长,环保部/施工部门部长 |
| 002 | 设备施工 | 施工噪声 | 噪声污染 | 项目施工阶段 | 进行降噪工程建设,园区附近设立降噪墙 | 项目开工时起 | 企业环保部/机电部 | 责任厂长,环保部/机电部门部长 |
| 003 | 员工生活 | 固体废弃物、废水 | 土地污染、地下水污染 | 项目施工阶段 | 聘请专业垃圾公司进行处理,员工卫生教育 | 项目开工时起 | 企业环保部 | 责任厂长,环保部门部长 |
| …… | …… | …… | …… | …… | …… | …… | …… | …… |

环境风险评估的依据包括以下内容:

(1)环境保护政策相关依据

环境保护政策相关依据指的是境外投资企业应该尊重并遵守投资项目所在

地使用的法律法规、政府规章等，包括东道国政府要求各企业有义务实施的项目具体环保要求。其通常包括：东道国本国对于外资环境保护的规制，包括相关政策、法律以及规范标准等（如环境保护法、环评法令）；投资主体所属国与东道国双边条约规制、国际公约（如生物多样性公约、南极公约、联合国海洋公约、湿地公约、京都议定书、联合国气候变化框架公约等）、项目所在国家环境保护部门审核批准、主管相关信息；对于具体项目，东道国与投资主体双方的特殊环保规定（如招标文件中对于技术规范的规定）。

目前的环境保护政策虽然存在全球适用的国际公约，但是因为各个国家的经济发展水平不一，国际公约所能发生的作用以及影响程度也不尽相同，再加上各国自然条件不同，针对环境保护本身的政策制定和法律规范也存在差异。所以，我国企业进行境外投资既需要对环境保护的国际条约、双边条约有所了解，又要对东道国自身的环境保护政策法规进行研习。

（2）环境状况

环境状况是指境外投资项目所在区域未进行工程建设时的环境指标量化数据，往往涵盖地质、水资源情况、动植物分布情况、空气、噪声等基础的环境数据。对环境指标量化数据进行评估和掌握能够提高使投资方对投资项目可能造成的环境风险进行预估的准确率，从而极大程度地做到对环境风险的预警和避免。

（3）当地民众的环境保护意识

投资主体所投资项目的东道国当地居民的环境保护意识强弱也会对环境风险是否引发产生一定的影响。环境保护意识较强的国家对于能够致使环境风险引发的境外投资项目往往采取抵制态度。以目前西欧众多国家为例，因为民众的强烈抵制，这些国家缺少核电厂以及其他核能设施，而相较而言，经济的发展水平欠佳、当地居民不具备较强的环境保护意识的第三世界国家，具有环境风险的投资往往在审批阶段会被"网开一面"，但伴随民众环保意识的逐渐提高，已经投入使用的具有环境危害性的工厂、在建基础设施工程，会被民众予以投诉抵制。民众环保意识高涨导致项目停工的案例，其中比较典型的就是"缅甸密松水电站"。2009年3月份，中国与缅甸双方政府签署了《关于合作开发缅甸水电资源的框架协议》，预计总投资金额为36亿美元，要在2009年开始施工，项目预计初步完成的时间为2017年，可实现机组供电。然而，2011年的9月30日，由于我国施工队没有对当地的环境进行完善的总体评估，忽略了对环境的保护，结果受到了缅甸当地居民的大量投诉，组织了多起抗议活动，最终导致项目未能如期完成，工程停滞。

4.项目前期环境保护风险评估。企业的境外投资项目需要实现环境友好型发展，想要做到环境友好型发展，就需要对整个工程建设过程中的各个环节加以改进。在项目投资决策、规划设计时期，企业需要重视绿色环保可持续技术的运用。比如：选择能够有效实现可持续发展的项目地点，对项目场地进行具体规划设计的环保方案，节能减排建筑模型搭建，回收利用可再生能源材料，使用及投入成本进行清洁能源开发研究，提高节能减排效率等。

为此，在项目决策、规划设计阶段，环保风险防控最为重要的工作就是依据东道国的当地政策和法律要求，从实际出发，结合项目本身，制定项目环境影响评估报告；并结合社会文化影响评价提出项目的环保要求，结合技术解决方案提出项目环保技术参数指标和要求，草拟及出具项目施工的环保性质建议书，并且将其提交至环境保护部门进行评估，以期获得项目的正式施工或运营许可。举例来说，涉及火电站的排放评价首先需进行环境和社会影响评价，并在此基础上结合相关标准提出排放标准，然后根据排放标准和采用燃煤的特性，设计合适的脱硫脱硝和除尘工艺，最终提出项目排放的技术参数指标。

5.环境风险影响的评估方法及内容。企业应结合具体项目的类型，选择与现有的国际行业惯例相适应的环境风险影响的评估方法及工具。

环境风险影响的评估方法包括但不限于以下五种类型：（1）立体化、多方位地进行环境影响的全面评估（environmental impact assessment，EIA）；（2）对某一种类型或具有针对性的环境影响进行评估；（3）依据直接明确的环境标准、污染标准、生态破坏程度标准、设计标准等其他标准进行评估;(4)针对与环境有关联的社会性现象进行研究评估,例如居民健康影响评估;(5)进行环境的尽职调查和审查核实。

对于某些项目来说,特别是那些涉及潜在重大负面环境风险及影响的目标,客户应当进行全方位、多角度的环境影响评估。环境影响评估的主要内容通常包括以下七点:(1)初步筛选项目和确定评价计划;(2)审查替代方案;(3)确定利益相关者(主要是直接受影响的各方),进行环境基线调查,收集环境基线数据;(4)识别、预测和分析影响状况;(5)制定缓解措施或管理措施;(6)确定影响程度并评估剩余影响;(7)记录评估过程全程(即 EIA)报告。分析的广度、深度和类型应与评估过程中确定的拟议项目的潜在影响的性质和规模相当。环境影响评估必须符合东道国环境评估法律和法规的要求,包括披露公众咨询的要求,并符合国际行业管理的要求。

审查和分析替代方案是全面的环境影响评估的重要内容,通过这种方法,可以对项目的设计工作进行进一步的优化和提升、对施工层面及项目运作层面的决策工作进行提高。这种模式可以通过对替代方案和实际存在的选项之间进行对比,推进企业将环境保护及社会各项指标列入项目开发和决策的早期阶段。在此过程中,我们应尽早开展替代方案的分析工作,并且对各种可行的替代方案或影响环境的替代方式加以研究分析。

若存在一个项目(无论是新的还是现有的)可能散发出有毒、有害、易燃或易爆物质,或者经过环境风险影响识别,有专家认为该项目的运行可能会对项目现场人员或公众造成损害,企业应进行危害分析和风险评估工作。危害分析通常与危害识别(HAZID)研究、危害和可操作性(HAZOP)研究以及定量风险分析(QRA)结合进行。其他风险/危害评估包括个人与消防安全评估,人类健康和环境风险评估(例如,排放大量污染物的工业企业以及从工业用途到商业用途或住宅用途的重建、二次开发的项目)。

### （三）环境风险的控制及跟踪评价

通过对环境风险的识别、评估，我们对环境风险有了一个全面的认识，在此基础上可以进行项目环境风险的管理和控制。环境风险管控（environment risk management）是基于环境风险评估结果的前提，参考相符的法规和规定，使用有效的管控方式进行风险缓解的成本效益综合分析；以确定风险程度及损害程度的可接受性；选择适当的管理控制方法以减少或根除事故风险及风险源，并保护人类健康和生态系统安全。

从根本上说，对环境风险进行管理的过程是决策者基于权衡经济、社会发展和环境保护并依据当前经济、社会、技术发展水平和环境条件作出综合决策的过程。我们通过风险识别及评估来确定环境风险控制的最佳路径，平衡社会利益和环境危害。通常企业可以选择避免、最小化、补偿／抵消等策略，来处理环境风险对人员、社区和环境的影响。

1. 环境风险的控制策略选择

（1）避免

企业可以在技术和经济可行的情况下，对项目的设计（或潜在地址）作出调整，以避免对社会和环境造成负面风险和影响。"避免"被认为是最容易让人接受的缓解方式。环境风险评估的结论若达到了社会无法接受的水平，同时也没有更好的方式来降低环境风险，企业可放弃可能导致巨大环境风险损失的项目的实施。例如，水电站的坝址和淹没区处于环境敏感地区或濒危动植物保护区，企业可以调整坝址和库区位置，避免破坏生态环境。

（2）减轻

在无法实现"避免"控制策略的情况下，企业能够经由妥善采取环境风险管理方法（如设计的调整）来最大限度地减少环境风险的不利影响。有许多可接受的选项可以最大限度地减少环境风险的影响，包括在适当情况下进行缓解，矫正维护和恢复影响。例如，企业可以通过改进技术，采用更为科学和先进的生产技术和设备，提高生产的稳定性以及安全性，改善环境风险的管理和控制，进而消除或减少环境风险。在环境容量能够承受的情况下，企业应全面实施清洁生产，实现低投入、低消耗、低排放、高效率的适度节约增长模式。例如，在水电站的坝址和淹没区都在环境敏感地区的情况下，企业可以通过优化设计、降低坝高或减少装机等方式缩小淹没区来减轻对环境的影响。

（3）补偿／抵消（转移）

在"避免"或"减轻"两种措施均无法达到效果的情况下，企业可以制定控制措施，以补偿／抵消（转移）后续可能发生的环境风险影响。在"避免"或"最小化"措施都不可行的情况下，企业可以制定实施能补偿／抵消后续环境风险影响的控制措施。必须指出的是，尽管这些措施不能完全消除已确定的负面影响，但可以以相对积极的方法来抵消这些影响。补偿／抵消（转移）的控制措施通常可经由两种方式完成：第一，尝试进行异地保护。如果社会不接受该建设项目的环境风险，则可以通过将受影响地区的动植物进行不同区域迁移的方式来保护，或改变项目周围环境使它达到能够接受环境风险的标准。例如水电站的坝址和淹没区内有部分珍稀植物，需要通过移植异地的办法来保护，在不损害珍稀植物本体情况下将其进行转移种植。通过提前投保的方式转移环境风险也是很好的选择，在环境风险产生前进行预估，对有可能产生的环境风险进行投保，从而在风险发生后能够有效减少损失。

2. 建立环境风险管控体系。建立一套健全的环境管理体系是进行环境风险管控的有效途径，其目标是最大限度地分配并节省资源，降低人类活动对环境的负面影响。环境管理系统需要使投资主体能够有效地控制整个生产过程，体现从最初的设计到最终的产品和服务的清洁生产全过程的污染预防的思想，减少污染排放和环境影响的同时注意节约原材料、能源和资源，促进废物的回收和利用。目前，国际社会最熟悉的是 ISO14000 系列环境管理标准体系，企业可以依据这一标准体系，建立符合企业发展的环境风险管控体系。

3. 项目建设期环保风险控制。项目施工过程会对环境、资源造成严重的影响,因此,环境风险的管理与控制主要集中于项目的建设过程。许多项目的建设将导致场地上现有的自然资源发生破坏(例如,野生动植物、天然排水系统等),并用非自然的人造系统进行代替。建筑和拆迁过程中所产生的废物会占垃圾填埋总量的很大一部分,人类的各项健康问题可能会因产生的粉尘、微粒和空气污染物引起。有鉴于此,在项目建设阶段,企业应该根据东道国的政策、项目的环保要求和项目的实际情况,选择合适的施工方案和环保方案。

4.项目环保风险的跟踪评价。企业在实施环境风险管控后,应根据实际情况撰写风险控制报告,对项目环境风险的背景、应对措施、效果等进行相关评价,并提交公司风险管理委员会,同时提交环境风险库更新报告,加强环保风险的多方面监管,打通投资环境保护工作全方位监管的绿色通道,对项目环保风险进行全方位、多层次的信息交互,做到项目启动前—启动时—启动后的全方位跟踪评价。

## 第二节　外汇风险

我国企业进行境外投资会接触到各类结算行为,不乏出现外汇收支和借贷行为,由于信息不对称等原因导致的投资者未能将获取的外汇及时结算成为本国货币,这就存在因汇率波动导致的损失收益的风险;在信贷或外汇资金投放期间,利率的变动也会给信贷成本以及外汇资金成本带来风险,从而影响项目获取的利润。虽然当前针对短期内的利率及汇率变动,企业可以采取一些工具及方法进行预警,控制风险,然而,我国当前在境外进行投资的项目大多是基建项目及各式大型建工项目,耗时较长,时间跨度相当大,在这么长的时间内很难进行汇率和利率的有效风险管控,特别是目前我国所投资的重点国家以发展中国家居多,其政治、经济环境比较多变,容易使国家的货币价值产生波动。所以我国每一个走出去的企业都需要对外汇风险加以重视。

# 一、外汇风险的定义和特征

## （一）外汇风险的定义

1.外汇风险的含义。外汇汇率（foreign exchange rate，简称FX Rate），具体指的是使用某一国家或地区的货币对其他某一国家或地区货币的比率进行折算，即通过发挥某一国家或地区货币的价值尺度功能去表示另外一个国家或地区的货币的价格。当今经济全球化趋势不可逆转，各个国家之间的经济贸易联系密切，而当前在全球范围内货币种类多样且购买力各不相同，因此，各国经济贸易想要在全球范围内进行，必须将本国货币融入世界货币体系，让其他国家可以按照一定的比率换算本国的货币，以达到可以用当地货币表示由另一国进口的货物、服务或资金的价格，或者用他国货币表示本国出口货物、服务或资金的价格。

第一次世界大战以前，世界各国将黄金作为通用的一般等价物，即实行"金本位"制度，货币本身是黄金的重量以及含量的体现，在两个实行金本位制度的国家可以以黄金为彼此货币兑换的主要参照系。

一战后，伴随金本位制度的崩溃，人们开始大量使用纸币，钞票制度在该制度规制下，各个国家使用钞票来表示金属货币的金额并规定钞票的含金量。这被称为金平价。金平价的比较为两国汇率制度的基础。但是，在进行纸币流通的国家中，纸币的贬值现象非常普遍，也就是说，纸币的真正价值与法定的金平价严重不符。且与此同时，一些国家的政府通过外汇管制等手段人为地控制汇率，使钞票的内在价值（价格）和外在价值（汇率）严重失衡，从而短视性地获取国家利益。然而，在自由市场的背景下，客观的经济规律通常会发挥作用，打破人为设置的汇率障碍。但同时我们也发现，在实行市场汇率的国家，货币供求关系的变化将使外汇汇率发生变化，外汇汇率会频繁地上下波动，并且幅度很大，对国际收支、国民收入和企业经营造成巨大的影响，这就是汇率风险。

总之，我们可以将外汇风险定义如下：外汇风险是指包括企业或个人的经济主体在持有或使用外汇的经济活动中，发生汇率变动而遭受经济损失的可能性。外汇风险主要是指因汇率变动而导致的企业应收账款和应付资金的价值变动。这种汇率波动所引起的价值变化可能导致盈利，也可能造成亏损。外汇风险的管理目标就是要尽量减少或降低价值损失发生的可能性，提高收益机会。

外汇风险的发生，涉及国际经济体系的诸多方面，我们希望通过对外汇风险进行科学有效的研究，了解其发生的一般规律，从而认识和评估外汇风险，为企业在境外进行的投资等经济活动提供必要的汇率风险预警和防范；希望企业能够积极认识风险，了解风险，对汇率风险进行控制，适当使用金融工具，采取有效的措施规避和转移风险，最大限度上减少外汇风险，减少企业在境外进行投资等经济活动过程中发生外汇风险出现损失的情况。

2. 外汇风险的构成因素。外汇风险的构成因素涵盖本币、外币和时间，三者之间关系如下：企业在境外进行投资活动以及经营活动，通常使用东道国当地的货币进行采购款支付、当地工人工资支付或者经济纠纷解决等；而企业经营情况、获利情况、企业业绩等通常都需要将东道国的当地货币折合本国货币进行计算和估量，与此同时，因为跨国经营收付货款的到账日期、结账日期、企业贷款偿付日期等跨国企业经营活动的日期都具备一定的期限，将东道国的货币折合成为可以兑换的货币汇入国内，也是需要一定的时间的。这个时间本身是不能确定的，使得我国企业进行境外投资的汇率变化无法回避和预测。

从上文可以看出，外汇风险的发生主要是因为以下原因：首先，由于时间发生变化而造成的汇率风险，即本币和外币之间进行结算所耽搁的时间越长，汇率波动而产生未预期的变化的概率越大。所以，时间是影响外汇风险的重要构成要素。其次，由于本币自身汇率变化所引发的风险，也就是本币因为国际或国内原因导致自身升贬值，从而发生的外汇风险。最后，由于外币汇率变化引发的风险，当外汇的汇率因为某些原因发生升贬值情况，结算也会伴随其升贬值出现收益或亏损情况。所以对于外汇风险的监控，必须对本币、外币和时间进行严格把控。

3. 外汇风险的产生原因。想要对汇率风险进行研究和防控,首先要了解汇率风险的产生原因。汇率风险产生的原因主要是本国货币汇率波动、外币汇率波动以及国际通用汇率波动。随着世界政治的多极化和经济全球化进程的加速,美国的货币霸主地位已被撼动。1970 年左右,旧有的"美元与黄金挂钩,其他国家的货币与美元挂钩"已由浮动汇率制所替代。同时,因为国际货币基金组织(IMF)接受了各个国家和地区与黄金不挂钩的黄金非货币化政策,与之相伴而生的汇率问题也慢慢浮出水面,

幸运的是,尽管国际货币基金组织提倡黄金的非货币化政策,随着世界政治的多极化,经济全球化步伐加快,美国作为货币世界霸主的地位动摇,20 世纪 70 年代,"美元与黄金挂钩,其他国家货币与美元挂钩"已由浮动汇率制所替代。

值得庆幸的是,尽管 IMF 大力推行黄金非货币化政策,但是各国家之间的货币价值比值仍旧存在,只不过目前各国的货币价值并非金平价,而是遵循市场供求关系将其外汇交换价值予以定值,也就是说,供求关系平衡决定着货币自身的汇率,不同国家的货币均能找到一个供求关系的平衡点,来自各个国家的货币供求关系平衡点进一步形成了全球的汇率。

对货币供求关系造成影响的因素,也即外汇风险产生的原因,因为这些因素出现变化,将直接引发外汇风险:

(1)货币政策

一个国家的中央银行通过采取货币政策干预外汇市场,从而对汇率造成影响。中央银行经常通过诸如法定存款准备金率,再贴现政策以及公开市场业务之类的政策工具来调整其本国货币的市场供应数量,进而使本国货币汇率稳定在理想的水平。

(2)国际收支平衡状况

一国的国际收支状况将导致汇率的变化。一国在国际贸易中的商品或资本交易,均会产生外汇收入(商品出口或吸引外资)或支出(商品进口或境外投

资），国际收支统计中将汇总这些外汇的收入和支出，形成一个国家的国际收支平衡表。当外汇收入高于支出时，即外汇供应量大。若需求恒定，则外汇价格将下降，本币价格将上升。当外汇支出高于收入时，即外汇需求大。如果供应保持不变，则外汇价格上升，而本币价格回落。

（3）利率

当一国货币的利率相对另一国货币的利率上升或下降时，由于资本本身是具备逐利性的，所以利率较低的货币将被出售，而利率较高的货币将被买取，各式货币的需求量提高或降低，进而导致高利率货币的升值。

（4）政治形势

一国的政治形势往往对本国货币的汇率有重要影响。一般来说，政局动荡，往往会引起本国货币汇率的大幅波动，而且经常大幅贬值；政局稳定则往往导致该国家的货币汇率平稳，币值坚挺。

（5）宏观经济形势

一个国家的就业形势、商品价格和经济态势的宏观经济状况呈上升态势，将促进产品的出口，并且形成良好的国际收支关系，进而致使外汇的供应大于需求；反之则外汇的需求大于供应，本地货币的外币汇率下降。

（6）针对美元的主要经济数据

虽然美元已经不再像 20 世纪那么强势，但是目前美元作为主要国际结算和储备货币，其市场表现仍将直接影响其他货币汇率的市场反应。对于美元的市场表现，可以通过美国定期发布的经济统计数据（主要包括全国采购经理人指数、耐用品订单、国内生产总值、设备使用率、失业率和先导指数等）了解和评估，以判断其他货币的汇率变化来说，如果美国发布的一些经济数据向好，则美元趋硬，其他货币趋软，反之，则其他货币表现趋硬。

4. 外汇风险的来源渠道。研究外汇风险的来源渠道，首先要了解外汇风险暴露。外汇风险暴露，又被称为外汇风险的受险部分、外汇敞口，指的是在经济交易过程中，承受因汇率变化产生风险的企业外币。外汇风险暴露可划分为：

交易风险、经济风险及折算风险。

（1）交易风险

其包括对外贸易风险，即对外贸易中主要是出口和进口时涉及外币的兑换问题，出口收汇和进口付汇的差额所形成的外汇风险敞口；对外直接投资风险，即对外直接投资中，情况比较复杂，从资产负债表上来看，除了直接的投资外，可能还有对外负债，以及相应的进口和出口；但从损益表上看，相同币种的收入和支出（或费用）的差额，就构成了相应的外汇风险敞口。对外证券投资风险，即对外证券投资中，债权人或投资人拥有大量外币而出现的风险敞口，债务人或筹资人是因有大量外币债务而出现的风险敞口。

（2）经济风险

其包括对各项现金流出项目的影响，如主要的现金流出项目，包括外部借款，通过外币进行计算的进口和通过本币进行计算的进口；还涵盖对各种现金流入项目的影响，例如，主要的现金流入项目，包括来自外国投资获得的利息，以外币进行计算的出口以及以本国本币进行计价的出口；除此之外，还包括在当地市场上进行货物销售的收入（面对国外的竞争厂商）。

（3）折算风险

一种类型是由对资产负债表进行合并而产生，即资产方和（或）负债方进行合并的时候产生的；另一种类型是对损益表进行合并而产生，即对收入项和（或）费用项进行合并的时候产生的。

**（二）外汇风险的特征**

在我国企业境外投资的过程中发生的外汇风险，同其他风险有相似之处，也有独特之处，其独特的地方主要为以下内容：

1.外汇风险具有或然性，难以预测。不确定性指的是外汇风险发生的不可预测性，致使外汇风险发生的诸多因素使得构成外汇风险的任何一个要素发生变化，都能够使外汇汇率发生波动。外汇风险产生的原因本身是具有随机性的，无法进行预测，正因如此，外汇风险本身也是难以预测的，具有或然性。

2.外汇风险具有不确定性，可能造成损失，也可能从中获益。外汇风险作为一种风险，其本身给外汇持有人带来的不一定是损失，也有可能是盈利，这需要依据汇率发生变化时，外汇持有人相对兑换货币的汇率是升值还是贬值。比如，当地货币相对可兑换货币（如美元）升值时，在结汇时，按当地货币折算美元，承包商会增加收入；而当地币相对美元贬值时，在结汇时，按当货地币折算美元则承包商的收入会减少。

3.外汇风险具有可控性，能够经由金融工具进行管理和控制。汇率风险是所有非技术类风险中可以通过相关金融工具有效管控的风险之一。虽然我们不能控制汇率的变化，但可以根据汇率风险的基本要素、企业的财务状况等条件，利用金融工具制定行之有效的汇率风险管控方案。

4.外汇风险具有相对性，有损益方必有受益方。外汇风险给某一方带来了损失，是因为汇率发生的波动，而对应的，另一方会因为对方的损失而获利。

## 二、外汇风险规避

### （一）交易风险的规避

1.提前或延期收付外汇。付款期限是影响汇率风险的重要条件。提前收付外汇包括两个方面：首先，提前支付外汇主要用于货币的预期升值，并且将预期升值的货币预先交换和支付，以便进口企业在兑换时可以采用相对较低的汇率。进而，所需的本地货币数量也减少了。其次，提前收取外汇主要用于预期的货币贬值。预期将发生货币贬值情况，外国货币可以提前收回并转换成本国货币，这可以使出口企业尽可能减少汇兑损失。延期收付外汇也分为两个方面：一是延期付款主要用于货币的预期贬值，可以延长外币的交货时间，因为货币的贬值可以节省部分本国货币，提高经济效益。二是延期收取外汇也是出口公司在预期货币升值时可以采取的一种战术，目的是多换取一些本地货币。但是，在强制性的结售汇制度下，这种情况更为有意义。在意愿结售汇制度下，出口企业完全可以持有外币到升值之后再考虑兑换成本币，而不必延期收汇。

我们一般可以通过各种政策允许范围内的快速支付通道，缩短汇款的在途时间，如更快捷的通信手段、开设专门账户并事先与代理行约定自动划款等。但是，由于汇率控制、资本周转以及其他问题，使用更改货币交易时间的方式来抵消外汇风险也要付出额外的成本，这需要在充分考虑经济效益的前提下加以权衡。除此之外，因为提前付款或延期付款可能导致公司的资金流动性发生变化，所以在采用这种方法来管控交易风险时，不光要考虑可能发生的汇兑损益，还应考虑对资金的流动性产生的各类影响，因此，进口商必须权衡现货支付和延长支付时间的机会成本，判明哪一种更有优势；出口受资金周转的限制较小，企业可以使用出口信贷来推迟收回货款的时间，要求提供外币信贷凭证贴现以防止汇率风险，这样做需要承担出口信贷的贴现费用。

2. 选择有利的计价货币。在获得市场环境许可的情形之下，公司可以另选用于结算的货币。通常来说，在国外进行出口和投资时，企业应尝试选取一种涨价势头很强的货币。在引进和吸引外资时，企业应尽量选取价值趋于弱化的货币，以达到降低及减少汇率风险的目的。此外，公司可以使用结算货币的调整在子公司之间进行利润的转移，以达到变相提高或降低公司内部销售价格的目的，并通过采用不同的结算率将利润调整至硬通货国家或低税率国家的子公司处。此外，企业多选择可自由兑换的货币、本地货币或公司通常用作贸易合同的币种进行计价。此方法本身是一种更为有效的预防外汇风险的方法，但是容易受到监管部门的监视限制。

以对外承包工程为例，在投标及签署合同时，企业应尽量选择合适的计价货币，这是规避汇率的有效手段。由于项目执行过程中涉及各类款项的支付，这些支付既包括项目东道国的采购支付，也包括本国的采购支付及其他国别的支付，因此，支付货币的币种不同，对规避及降低汇率风险而言十分关键。如果收款货币与支付货币为同一币种，则规避了汇率风险。如果选择相对稳定的、适当的货币当作计价用货币，因为汇率起伏波动造成的不利影响将会有很大程度的降低。

选择一种适当的货币难度很大。投资者要充分理解并准确确定相关汇率的变动情况以及影响货币汇率变动的国际经济、政治和金融状况。对货币进行价值估量受制于众多宏观和微观因素，如进出口商的谈判能力、相关产品的差异水平、市场的结构、出口市场的需求态势、成本及收益的货币种类选择、金融市场和国内的银行体系的匹配度及完善度、资本账户的开放水平、国家的经济体量和经济发展态势等诸多因素均能对其产生影响，这通常不是某个市场主体能够自主进行选择的。在许多情况下，企业有必要与交易对手进行谈判协商。这种谈判的结果由上述一系列因素决定，尤其在谈判双方对该币种汇率未来的走势预期一致的情况下，由于存在相反的利益，这时双方的谈判能力就至关重要了。该方法的应用困难在于具体实施难度较大，这将受到买方和卖方双方的市场地位以及商品的供求关系的限制，是否能够准确地确定某种货币的未来涨落情况也是企业需要面对的现实问题。

3. 选择多种种类的货币。选择多种种类的货币即在国际经济活动中，尽量挑选多种走势差异较大的货币当作计价用货币，从而尽量创造出货币走势相反的两种同向现金流，使各种货币汇率变动的风险互相抵销。这种方法的运用需要对各种货币的走势有比较准确的估计，并且能够方便地找到走势大致相反的货币来对企业同向的现金流项目进行标价。但事实上，这种匹配很困难：一方面，很难在不同的同向现金流业务中正好找到走势相反的货币，并用其来进行计价和结算；另一方面，即便找到走势大致相反的货币，由于未来的不确定性，汇率风险也未必能恰好抵消，事实上，近年来，大部分的主要国际货币走势出现了趋同的趋势，这就使得希望利用多样化的计价和结算货币来抵销汇率风险的做法，效果大大降低。

4. 在项目合同中加入保护性条款

保护性条款主要有：均摊损益条款、货币保值条款及价格调整条款。

第一，均摊损益条款。从文义即可理解，它意味着交易双方事先同意，如果汇率变动导致一方损失一方收益，则损失和收益由双方共同承担，在结算的时候，根据合同标价货币与本币双边汇率的简单算术平均值调整实际需要给付的合同货币金额。附加这一条款，可以将由计价结算货币汇率变动导致的风险在贸易合同双方间进行平摊，从而能够在一定程度上降低和分摊外汇风险。这种方法适合用在合同计价货币的汇率波动幅度较大、难以准确预测时，交易双方通过共担风险来分散和降低各自所面对的汇率风险。

第二，货币保值条款。它是指选择商品或货币作为合同规定的货币的保值参考系，通常会选择汇率波动较小且货币币值相对稳定的货币。常用的参考系是：黄金，某种货币，特别提款权（SDR）和"一篮子"货币。具体操作方式为：首先，确定合同的计价货币和所选用作参考系的货币的汇率，进而确定参照该货币进行计价的合同款额。合约到期需要进行结算时，企业根据参考系货币的汇率变动状况将其转换为合同计价货币的具体变动金额，然后确定计价货币变动幅度，从而避免了合同的计价货币由于汇率的大幅度波动影响合同金额。具体来说，目前其包括以下几种货币保留条款：

（1）黄金保值条款。本条款是指使用黄金作为保值参考物。在签订货物买卖合同时，要支付的货币金额会根据当前的黄金市场价格转换为一定数量的黄金。在实际付款日期到来时，企业根据付款日期的黄金市场价格，确定实际支付货币的金额。在此期间，支付货币的金额会随着黄金价格而变化。在布雷顿森林体系的晚期和以前的时期，这种方法是一种常用的货币保值方法。但是由于 20 世纪 70 年代以来黄金的非货币化和黄金价格的频繁波动，企业现在很少将黄金用作保值参考系。

（2）硬货币保值条款。该条款意味着，在签订交易合同时，企业会选择货币价值趋于强势的"硬"货币作为估值货币，但结算货币仍将以其货币价值较弱的"软"货币支付。结算货币在合同支付期内，如果发生贬值现象，则应根据"硬"货币的汇率调整最终付款金额。因此，尽管仍使用"软"货币做结算，但是根据合同规定的付款日期计算"硬"货币对"软"货币的汇率，企业得出需要支付的软货币的金额，因此实际收回的"软"货币与签订交易合同时的价值相同，从而弥补卖方接收货币汇率贬值的损失。至于硬通货与软通货之间的汇率,需要在合同中预先说明。

(3)"一篮子"货币保值条款。这种条款通常选取一些汇率相对稳定的货币,按照一定的权重组成货币篮子,然后在合同中规定合同的结算货币与这个货币篮子中各种货币的折算汇率,同时规定汇率变动时结算货币与"一篮子"货币的折算比例。到期时,如果结算货币的汇率变动超过一定的幅度,则按照合同的约定根据"一篮子"货币汇率对结算金额进行调整,按照市场汇率和约定的折算比例确定最终需要支付的结算金额。由于"一篮子"货币走势有差异且总体相对稳定,使得"一篮子"货币的合同结算金额也较少受汇率变动的影响,从而能起到管理汇率风险的作用。

第三,价格调整条款。该条款指的是合同中交易货币汇率变动能够容许的范围,合同到期时交易货币的汇率波动在容许范围之内的,依照实际汇率结算;若交易货币的汇率变化超出可以容许的范围,则根据合同预先指定的调整计划进行调整。调整通常是为了分担意外的汇率波动风险。具体来说,一个价格调整的保值条款通常包括:合同计价币种、该货币的基准汇率、该货币汇率的可容忍波动范围、汇率波动超过可容忍范围后的调整方案、双方的风险分担方式等。

5.外汇风险投保。企业可以通过将外汇风险进行投保,将风险转移至保险公司的方式规避外汇风险。在企业投保后,根据投保标的额缴纳一定金额的保费,保险公司根据同投资企业之间订立的合同所规定的汇率波动相关内容对企业的外汇损失进行赔偿,对于超出合同规定范围内的损失则由企业自行承担;此外,因为汇率波动产生的收益,经双方约定决定所有权归属。

6.通过分包转移汇率风险。对外承包工程项目的总包商往往采取分包或转包的方式执行项目,通过对项目整体汇率风险的分析,可以将可能发生汇率风险的部分进行转包。同时,在签订分包合同和采购合同时采用同一币种,也将大大降低汇率风险。

对于风险概率较高的项目,总包商此时如果很难通过分包的方式转移汇率风险,则可以通过与分包商共担风险的方式分散风险,降低汇率波动对企业的影响。

**（二）经济风险的规避**

严格来讲,所有交易风险都是经济风险的组成部分,因此,所有交易风险的管理方法都适用于类似经济风险的管理方式。除此之外,企业还可以在经济影响管理上进行相应的调整以防范外汇汇率变动对企业长期经营和竞争力的影响。

1.定价策略。该策略的关键是维持外币售价的稳定性,在外币升值时提升商品的本币价格,在外币贬值时降低商品的本币价格,从而用外币走强时并不正常的较高现金流来抵消外币走弱时的并不正常的较低现金流,从而保持整体现金流量的稳定性。但是,这种方法的缺点是,当外币贬值时,为了维持市场份额并降低商品的本币价格,这种损失实际发生。是否存在强势外币以及外币是否升值,可以通过相应地调整本币价格来弥补外币的损失。这个结果是否可以达成是不确定的。此外,因价格变化影响销售结果取决于需求价格弹性、规模经济、增加供应的可能性等,如果需求的价格弹性较小,或者由于存在规模经济造成价格变化的空间受到限制,或者供给的增加更加困难,都会减少商品价格变化对销量的影响,从而影响定价策略对外汇风险的抵消作用。同时,因为国际市场上销售的商品除了专有技术含量较高和垄断性的资源类产品,绝大部分的初级产品和劳动密集型产品都面临来自国内市场和国外市场较为激烈的市场竞争,因此这一策略很少能够成功,外贸企业很容易因此而失去国际市场份额。

2.产品策略。产品策略包括引入新产品、产品生产决策、产品创新等。正确使用这些策略可以在很大程度上减少外汇风险。举例来说,本币贬值将增强国内出口产品的价格竞争力,因此,本币贬值是出口新产品的好时机。利用价格优势更容易占领市场并赢得消费者的认可。此外,当地货币的贬值也是扩大产品线的好时机。相反,本币贬值应设法提高产品的质量和创新性,从而抵消本币升值带来的价格劣势。

3.销售市场和生产国选择。对于跨国公司而言，在决定全球生产和销售市场时，它也是基于当地货币的趋势。在销售市场上，我们尽量选择出口到货币坚挺的国家，以增强产品的竞争力，并尝试从货币较弱的国家中选择以降低成本。对于生产国，我们还尝试将生产基地转移到货币较弱的国家，从而降低生产成本，而不仅仅是从货币较弱的国家进口原材料和零件，因为没有相应的国外分支机构的公司使用该货币。当货币贬值时，可能存在销售收入不足以支付生产成本的问题。通过在货币贬值的国家组织生产并在本地出售它们，可以在某种程度上避免这个问题，从而最大限度地减少了向货币贬值的国家出口时可能面临的汇率风险。

4.采用外国供货商。这种做法的目的主要是让外币流出的现金流与外币流入的现金流相匹配。以外币现金流入受到汇率的影响为例：在外币走弱的时候，通过增加外币来源的原料采购，来匹配现金流，抵消弱势外币给企业资产所带来的不利影响。但由于外币来源的原料采购成本不一定低于本币采购成本，再加上运输成本，所以这种做法究竟能在多大程度上减少外币走弱的损失，还是要根据具体情况进行权衡的。

5.用远期合同进行套期保值。我们可以根据经济风险的类型，对相应的外汇风险用远期合同进行抵补。但远期合同只能对合同期内的外汇风险进行抵补，却无法对长期的经济风险进行套期保值。

6.选择外币融资来源。这种做法也是为了匹配外币现金的流入和流出，好处是可以随时对当期的现金流量进行匹配，但也有缺陷，一是企业不一定需要融资，特别是外币融资；二是即便企业需要外币融资，但该种外币的融资成本可能相对比较高，从而使得整个风险管理变得成本高昂。

7.调整其他的海外生产经营。最后一种方法是最复杂也是企业最不愿意采纳的，那就是根据经济风险的来源，调整企业其他部分的海外生产经营，从而让其他部分的现金流与该部分的现金流相匹配。例如，如果该部分的外币现金流入因面对欧元波动而产生经济风险，则该企业可以调整其他部分的外币融资或外币采购，从而让其他部分的欧元现金流出与该部分的欧元现金流入相匹配，在一定程度上抵消欧元波动对该企业外币现金流的影响。当然更复杂的方法是，通过调整海外经营内容和东道国，也就是企业的重组来匹配该企业的外币现金流。因为过于麻烦并阻力很大，其很少被企业所采用。

### （三）折算风险的规避

折算风险方面，因为其本身为跨国公司在进行财务报表合并过程中反映在账面上的汇兑损益，所以在实际财务报表合并之前，这种损益也是账面上的，并不需要对这种账面上的损益进行对冲。如果非要进行对冲的话，也可以采用金融衍生工具来对冲，比如用远期合约来对折计算会计报表账面上的敞口头寸进行套期保值。但这种做法也有明显的缺陷：首先，由于未来实际汇回的资金金额很难精确估计，这就使得其很难确定远期合约的金额；其次，只有一些国际化程度比较高的币种拥有比较完善的远期市场，很多发展中国家的币种并没有完善的衍生金融产品市场；最后，这种账面上的浮亏并没有实现，从而不会抵扣所得税，而通过远期交易获得的收益则是实现了的收益，会被征税进而造成了新的扭曲。如果账面上的浮亏还没有实现，并没有实际的现金流产生，而远期交易遭受了损失，这种损失却是实实在在发生了的损失，会产生真实现金流量。因此，对于折算风险的风险管理一定要谨慎进行，并且不宜过早操作。

从以上外汇风险管理工具的总体分类可以看出，当前主流的用于管理外汇风险的工具是各式各样的金融衍生品。确切来说，从 20 世纪 70 年代主要国家的实行浮动汇率之后汇率风险频增，汇率风险的管理迅速发展起来。20 世纪 80 年代，由于世界范围内的能源市场出现低潮，一系列发展中国家接连出现债务危机，再加上各个发达国家普遍放松外汇管制，金融市场自由化发展，使得跨国公司出现了外汇风险管理需求，各种用于外汇风险管理的衍生金融工具大量出现。可以说整个外汇风险管理的发展过程，就是衍生金融工具的发展过程。跨国公司运用不断创新的金融工具，使得企业的风险管理效率得到了较大提高。另外，这些企业总体风险管理系统经验也是值得我国涉外企业借鉴的。

# 第三节　劳务风险

随着我国进一步扩大对外开放的广度与深度，越来越多的中国企业走出去参加境外经营活动，全世界外籍劳工的数量逐年增加，而中国劳工在世界各地的工厂中久为常客。根据商务部的数据显示，2017 年，中国对外劳务合作派遣劳动力共 52.2 万人，其中对外承包工程业务达到 22.2 万人次，占劳务派遣总人数的 42.5%，劳务合作项目派出 30 万人，占 57.5%。2018 年年底，国外派遣的各类劳动者有 97.9 万人，比上年同期增加了 1 万人。海外投资和对外承包工程的海外劳务是中国企业海外投资工作不可或缺的一部分。海外劳工的就业管理涉及外交事务及我国的对外经济政策，是中国政府高度重视的重要项目，也是各企业国际业务运作的重要组成部分。加强对海外劳动力的管理是提高海外项目绩效的基础性工作，是我国企业海外项目管理最基本、最关键的任务之一。因此，境外经营企业必须以对国家利益和人民群众利益高度负责任的态度，认识境外劳务用工风险的重要性，根据综合协调全面可持续发展的要求，建立健全出国跨境劳务工作者的管理体系。我们本着高度负责的精神和以人为本的指导思想，做好国外项目劳务人员的管理工作，切实维护好国家、企业的整体形象和劳务人员的合法权益。境外劳务风险情况复杂，形式多样，需要政府、企业和个人的多方努力，以有效规避风险，或减少因风险造成的经济损失和精神损害。境外劳工本人必须遵守当地法律并且尊重当地习俗；中国政府及驻当地的使领馆应该加强与当地政府、安全机构、宗教人士等主要力量的交流，友好的关系可以为中国境外劳务人员提供相对安全的环境以及更多的保护；企业在执行境外项目时，要始终树立风险意识，因地制宜地建立预案机制，在聘用当地劳工的过程中，须注意遵守当地法律法规政策，减少风险的发生。

# 一、劳务风险概述

## （一）劳务风险的定义

劳动服务是以劳动形式向他人提供使用价值的服务。这些服务不是通过实物的形式提供的，而是通过劳动的形式加以提供。境外劳务是向境外提供劳动服务而获得收益的一种贸易形式。劳务人员是境外劳务的主体，企业境外投资活动涉及的境外劳务人员，包括中国外派的劳务人员、在当地聘用的劳务人员以及在第三国招聘的劳务人员。企业境外经营面临的劳务风险就是涉及劳务人员的风险。从劳务人员的来源分析，境外劳务风险主要来自两个方面：一是本国劳务人员在企业境外经营活动中发生的各类风险给企业造成的损失；二是东道国本地劳务人员或第三国劳务人员发生的风险给企业造成的损失。

针对不同的业务形式，劳务风险的表现和内容也不尽相同。如在一些发达国家，劳务成本较高，企业在项目报价过程中应该充分考虑劳务成本的问题；在一些社会治安较差或者战争、恐怖袭击频发的地区，人员伤亡事件给企业正常的生产经营造成了较大的影响和损失；此外，东道国签证或劳工配额等政策的改变，也会给企业的经营造成巨大影响。

劳务风险产生的主要原因是企业在提供或接受劳工服务的过程中，对东道国的劳务环境不甚了解，包括法律法规方面的不熟悉、社会环境的不适应、风俗文化的抵触、民族宗教问题的未妥善解决都有可能导致劳务风险出现。如何处理好劳务风险，是企业能否顺利走出去、安全走出去的关键。接下来，我们将按照中国外派劳务风险、东道国劳务风险、第三国劳务风险进行劳务风险进行详细解读。

## （二）劳务风险的类型

1. 中国外派劳务风险

（1）中国和东道国劳务法律政策风险

我国企业进行劳务外派首先要遵守《中华人民共和国劳动法》，依照法律规定，同外派务工人员签署相应的劳务合同，办理法律规定的外派人员劳务保险等；与此同时，除了遵守中国法律外，还需遵守东道国相关劳动法规的要求，在如保险、最低工资、劳工待遇、个人所得税等方面都需要按照东道国法律依法进行。我国境外投资企业尤其需要重视的是，因为各国的经济发展程度、劳工数量、劳工素质、法治情况存在差异，很多国家都对外国劳工在本国工作进行更为明确和细致的规定，比如卡塔尔的劳动法规定，劳务人员人均居住面积必须在5平方米以上，居住地必须配备空调、消防报警系统等，劳工部还会不定期派人到项目营地进行暗访，发现问题就会冻结企业的签证名额，并处以罚款；泰国现行劳工法对暂停生产的经营者，要求必须支付75%的薪水，等等。

（2）劳务配额或比例政策导致风险

中国企业通常在投资过程中或完成海外并购工作后对新成立的企业进行劳工调整。公司在被并购后，通常会在考虑劳动力成本和人才数量等因素的情况下出现一定的裁员现象，当地人员的最低雇用率往往被忽略。这时，我们应特别注意目标公司所在国家/地区对裁员的要求和当地雇用人员比例的要求。例如，在泰国，外国人与当地人的用工比例为1∶4。当然，我国的境外投资企业多数更喜欢聘用中国本国员工，因为聘用本国员工可以在语言方面进行更为顺畅的交流，且文化习俗相同，不会出现文化隔阂和差异；本国员工尤其是从总部带过来的员工对公司内部的管理流程以及制度更加熟悉，更加容易进行管理；本国员工是由公司自己进行培养的或者以其他方式能够保证其技术素质的，具备相对成熟的技术水平，能够保证企业的工作高效率完成。然而，东道国对境外投资企业的非东道国员工数量是有比例或配额限制的，而各企业也更想获得更多的中国劳工配额或提高中国员工比例进而极易产生劳工问题，东道国会根据企业的具体情况给予企业一定的外籍劳务配额或比例值。

东道国在使用外籍劳工的过程中要承担诸多压力。首先，大量外籍劳工进入东道国，必定会给东道国国内的就业带来相当大的压力，社会动荡、经济发展滞缓、政权不稳往往同东道国国内低就业率问题紧密联系；其次，全球金融危机以来，虽然世界各国的经济都有所恢复，但是，经济发展低增长、高失业率仍然是目前各发展中国家的主流经济状况，这些国家不具备技术能力的劳动人员就业尤为困难，若不采取配额或比例制度，一味地让境外投资企业聘用外籍劳工，不应该也不现实。因此，诸多国家都采取措施严格控制外籍劳务人员的数量，而各种措施中最为通用的就是劳务配额政策及比例限制。

中国企业境外投资劳务风险的主要因素之一就是劳务配额政策及比例限制，东道国为了对本国劳动者就业进行保护或者为了防止境外劳工人员数量过多，采取人员配额方式或规定比例的方式进行量化调整，对境外投资企业的外籍劳务人员数量进行限制。这种限制对于我国境外投资企业来说，一方面，可能导致正在进行或将要开展的项目缺乏足够的专业劳工而发生停工或延期；另一方面，因为企业对员工的配额限制，需要聘用东道国劳务人员，而东道国劳务人员的工资水平、福利待遇、文化习俗或习惯（如某些节日需要放假）等的差异，将有可能增加企业的运营成本，而伴随着运营成本的提高，必然使产品价格提高，最终将严重影响企业的产品竞争力。所以，劳务配额或比例政策的风险不容小觑。

（3）劳务纠纷风险

伴随着我国经济迅速发展，对外投资企业及对外承包工程的数量不断增加，企业及工程的规模也不断扩张，投资项目下的外派劳务人员已经成长成为一个庞大的群体，外派劳务人员在很多情况下能够决定一个项目是否可以按期完工，是否能够及时投入使用。然而，在此背景下，由于某些境外投资企业在劳工权益保护方面的管理制度存在纰漏，外派劳务纠纷也因此增加。由于某些员工难以维护其合法权益或者无法实现其个人诉求，甚至会出现劳工在当地中国驻外使（领）馆抗议静坐、游行示威、爆发冲突等恶性事件，这不仅会对我国境外投资项目的建设造成损失，也对我国的企业形象、我国的国家形象造成危害。

（4）劳动力成本上升风险

项目开展初期，因为大量的劳工来自我国国内，且目前我国的劳动力成本直线上涨,签证的费用极高,使得项目的劳动力成本不断提高。企业能够获取利润的空间也随之压缩,面临着经营危机。

(5)签证政策及变化风险

目前部分国家存在签证过程历时长、手续复杂的情况,对企业及时有效用工造成了很大障碍。多种签证种类也使得签证变得十分复杂。办理境外工作签证,通常需要双边政府审批,包括我国驻东道国使领馆的认证和东道国政府管理机构的认证,在认证期间我国企业用工问题严峻。

签证制度发生变化也会使我国企业处于风险之中,难以顺利地进行生产经营。每一次签证政策的变化都会使我国在外务工人员作出相应的调整,这往往需要重新进行签证手续程序,过程烦琐,而且,如果企业没有在第一时间落实变化的签证政策或制度,有可能导致劳工违反当地的签证法律,从而被遣返回国,严重的可能会限制入境乃至入刑。

(6)生命健康安全风险

中国境外投资企业为了获取利润或者赢得更加有利的市场空间,有很多项目处于政治经济文化发展水平不高的国家或地区,这些国家或地区的社会环境复杂,治安相对较差,同时,当前我国有诸多基础设施建设项目地点险峻,位置偏僻,环境恶劣。综合来看这些不利的社会环境和自然环境因素,会使企业面临诸多劳务人员人身健康风险。

此外,由于地方存在的暴力事件、恐怖袭击事件、自然灾害事件等造成的员工受到伤害案例频发,早在2004年就曾发生过我国海外承包工程的工程师被恐怖分子绑架,最终一死一伤的惨剧。对于劳工生命健康安全风险的规避,每个企业需要高度重视。

2.东道国劳务风险

(1)东道国当地劳务政策风险

东道国当地的劳务政策,将直接影响我国境外投资企业在当地的生产和经营,正如前文所言,很多国家对雇用本国劳务和外籍劳务有严格的比例限制或配额限制，这种限制致使很多企业的经济效益受到影响，尤其是对于很多劳动密集型的项目，这些项目需要大量有经验的工人，但由于东道国无法满足此类要求，在必须聘用当地工人的前提下，如何节约工人的培训成本、如何保证项目及时完成，这些都要求企业在进行项目投资规划时提出有效的应对措施。

我国投资的部分国家经济发展较好，社会经济水平较高，该国家政府为了保证本国国民的就业，通常在各行各业严格执行配额制，但是实行配额制就是对企业熟练员工数量的削减，当地不熟悉操作的工人数量增加，在这些国家，建筑等行业从业人员相对较少，能够达到企业要求的东道国熟练工极少，需企业投入大量资金进行前期的入职培训，而在此期间，中国企业的项目严重缺人。

（2）工会风险

中国企业在境外进行投资经营的过程中，工会风险是难以避免的风险，中国企业在面对东道国工会的过程中，需要认真遵守工会规则，认真对待工会要求，并且要处理好同工会之间的关系。

每个国家的工会是依据该国家的宪法法律成立的具有自治性质的组织。在维护劳工权利、抵制公司侵犯劳工权利和缓解劳资纠纷方面，工会发挥了非常重要的作用，忽视工会的作用将增加法律风险。同时，结社自由是诸多国家劳工的一项极其重要的权利。联合国《世界人权宣言》第23条第4款规定："人人有权建立和参加工会以保护其利益。"西方工会出现至今已有一百多年的历史，这些工会的组织性很强且在当地工人群众当中影响力巨大，很多国家政府有强制性的法律赋予工会权利并保护工会组织。工会组织不但在发达国家有较大影响，在发展中国家和一些相对落后的国家同样有较大的影响力，很多国家的工会组织是劳资冲突、罢工停业等事件的组织者。同时，工会也是政府用以实现政治目的的重要手段。所以，中国企业在境外进行投资经营需要处理好与工会的关系，摆正态度，看清形式，同工会加强联系，熟悉与工会谈判的程序，重视工会在企业经营中的影响。

（3）风俗文化、宗教信仰风险

中国企业进行境外投资需要注意很多问题，尤其是风俗文化和宗教信仰问题。我国信仰宗教的人数较少，且我国企业对很多地区并不熟悉，往往是第一次踏足。对于多样性的种族、文化和风俗、宗教信仰下的本地劳务的管理，企业需要加以重视，防止出现差错给企业带来不必要的损失。

对于与劳务相关的风俗文化、宗教信仰方面的风险，企业一方面要加强对本地劳务的管理。中国企业的管理人员要对当地语言、文化、种族、宗教进行研习，掌握当地的风俗文化、宗教信仰内容，对各种相关冲突做到及时予以化解；另一方面，要重视中国员工和本地员工之间的和睦相处，减少双方之间的摩擦，可以通过开展联谊会、企业聚会或者其他有利于促进双方员工友谊的活动加以解决。这两方面内容做好才可以让中国境外投资经营企业能够从容地应对当地风俗文化、宗教信仰风险。

（4）罢工风险

罢工是劳务风险的具体表现之一，部分国家的工人习惯通过罢工来争取更多的利益和表达自身诉求。举例来说，在越南，罢工已成为越南工人实现自己诉求的惯用手段，一些工厂甚至出现了"职业"罢工工人。越南政府通常会偏袒越南员工，最终结果通常都是中国企业牺牲利益，作出妥协和让步。

一旦出现罢工现象，企业的生产经营状况将受到极大影响。假如罢工形成了足够的规模，可能会遭致整个社会的不安定和动荡，造成社会经济发展停滞不前，通货膨胀严重，人民生活水平和质量降低等不同程度的社会问题。罢工有可能导致原材料出现供给不足的情况，原材料价格相应提高、工人误工、产品难以及时生产、工程难以及时竣工等问题都将严重影响中国企业的正常运营。且东道国政府部门往往在本国工人进行罢工运动的过程中采取行动或者表明态度支持本国工人，所以，罢工本身对于中国企业而言有百害而无一利，罢工往往在最后都是以企业妥协、满足东道国工人利益诉求收场，这为我国企业在境外投资埋下了重大隐患。中国企业需要对东道国工人的思想动态进行调研，时刻掌握其意图，同时还需要同东道国政府进行协商，防止工人借由罢工满足其不合理要求，进而最大限度地控制罢工造成的损失。

（5）劳工合同签订法律风险

①劳工合同订立阶段存在的法律风险。其涵盖以口头方式订立合同，合同订立的形式不符合东道国的规定的情况，合同内容不符合当地人民的日常生活习惯，如加班时间、结款方式、同工同酬等。

②履行阶段发生的法律风险。中国很多企业走出去后仍然采取国内的劳工管理方式和模式，侵害了国外劳工的法定权益和约定权益，国外的工人很难以国内的工作方式进行工作，然后罢工，企业难以经营。例如，联想收购IBM之后，曾经到美国招募了一批精英来担任公司的中层职位，但是这些人很快就离开了公司，据说主要原因之一就是这些员工难以接受联想的行为模式。

③劳工合同变更、解除阶段的法律风险。中国公司与当地的劳动者订立劳动合同后，必须清楚地了解如何依法行使合同解除权，在什么条件下不能行使合同解除权以及在行使合同解除权时是否需要赔偿。中国公司必须充分注意这些问题。

3.第三国劳务风险。中国企业进行境外投资，经常不可避免地要聘用除本国及东道国国民外的第三国国籍人员。中国企业可以直接通过第三国与东道国当地劳务代理合作机构发布招聘第三国劳务人员的信息，并与第三国劳务人员签订合同，由于第三国劳务人员往往具有较高的综合素质，易于管理和雇佣成本较低，很受我国境外投资企业欢迎。但使用第三国劳务，也存在一定的劳务风险。

（1）企业对第三国劳务了解存在不足

缺乏对第三国劳务的了解是中国企业雇佣第三国劳务的重要绊脚石之一。

由于企业在进行招投标过程中历时较短，缺少时间进行第三方劳务聘用准备工作，因此，在缺乏信息和相关准备的前提下，雇佣第三方劳务将会提高企业运营成本。企业在急于开工，难以有其他精力进行人员选择的情况下，往往会选择本国劳务或东道国劳务，这是一个重要问题。

（2）企业对东道国劳务政策风险需要加以规避

对于第三国劳务人员，需要进行多方面的法律政策考量：不仅要遵守我国有关劳动者保护的相关法律规定以及海外劳工政策规定，还要遵守东道国关于劳工签证政策、配额或比例政策、纠纷处理等方面的有关规定，此外，对第三国劳务有关的法律及政策都要学习和遵守。

在劳务全球化的大环境下，很多劳务输出大国如印度、孟加拉国、菲律宾等都对本国劳工的外派进行了诸多法律规定，比如菲律宾对本国劳动者，尤其是菲佣有专属的一套保护政策和制度。

劳务风险作为我国企业"走出去"需要面对的常见风险需要企业高度重视。在国内劳工相关法律不完善、不健全的当下，企业仍存在一些雇用员工的积弊。但在海外市场，这些习以为常的积弊往往会招致严重的法律风险。

## 二、劳务风险的识别

### （一）劳务风险识别库的建立

对劳务风险进行识别是中国企业走出去，进行境外投资必须掌握的一项重要技能。对劳务风险进行识别，要求企业对东道国劳务法律法规政策进行深刻解读，对东道国的劳务安全工作有高度认识。本部分以环境风险识别库建立作为参考，简单地对劳务风险识别库的建立进行说明，如表5-2所示。

表 5-2　劳务风险识别库

| 风险编号 | 风险名称 | 风险内容 | 风险影响期间 | 风险可能后果 | 识别时间 | 责任部门 | 责任人 |
|---|---|---|---|---|---|---|---|
| 001 | 工会 | 工会组织诉求未得到满足 | 整个项目期间 | 工人罢工 | ××年×月×日 | 劳工部 | 劳工部部长或责任厂长 |
| 002 | 法律 | 法律要求对劳务工人保障未得以实现 | 整个项目期间 | 罚款或取消劳务配额或停工整顿 | ××年×月×日 | 劳工部 | 劳工部部长或责任厂长 |
| 003 | 风俗文化宗教信仰 | 未提供清真餐饮 | 整个项目期间 | 工人罢工 | ××年×月×日 | 劳工部 | 劳工部部长或责任厂长 |
| 004 | 人身安全 | 非传统安全、暴力犯罪 | 整个项目期间 | 劳工生命健康遭受损害 | ××年×月×日 | 劳工部 | 劳工部部长或责任厂长 |
| 005 | …… | …… | …… | …… | …… | …… | …… |

通过风险识别库的建立，可以将劳工风险进行体系化、类型化、模式化，从而使企业可以更加直观形象地对劳务风险进行分析和规避。

**（二）劳务风险产生原因**

1. 走出去的企业对境外劳务问题缺乏重视。中国企业往往对境外劳务风险缺乏重视，相比其他风险，中国企业较少投入精力和心血于劳务风险防范方面。许多企业认为，劳务问题本身就是劳资纠纷问题，等到项目进入施工阶段后，再对劳务问题进行处理也不会有所不妥。然而，这种观点实际上是错误的，需要知道各项目的施工工作以及生产经营工作都是由劳务人员进行实际具体操作的。在项目开工后才开始考虑劳务问题的解决，容易导致项目因发生劳工罢工等事件以及劳工聘用政策不符合东道国要求等问题而被迫停工或蒙受损失。要知道，东道国的外籍劳务签证政策、外籍劳务配额、劳务技术资质、薪资待遇等是企业在境外项目开始动工之前一定要掌握的具有基础性的信息。我国许多境外投资企业对东道国劳务政策的不了解都是导致企业出现损失乃至被迫停工的主要原因，因此，企业在项目实施前应加强对境外劳务信息问题的重视，做好劳务政策的调研工作，保证项目决策合乎各项规定，不存在纰漏。

2. 针对中国及中国企业引发的劳务风险。随着中国对外开放水平及层次的不断提高，新时代的社会主义中国经济发展增速明显，国际政治地位不断提高，影响力不断增强，开始寻求国际话语权，国际社会上出于贸易保护目的以及政治目的针对我国境外投资企业劳工的风险不断增加。

因贸易保护目的发生的劳务风险随着我国经济的迅速发展和强势崛起而产生，许多在经济危机期间遭受重创的国家，经济发展速度明显落后于中国，"中国威胁论"等不和谐的声音产生。伴随着中国资本的输出越来越多，许多发达国家通过在经济贸易交往过程中设卡的方式，对中国进行经济和政治上的对抗。这主要体现在我国同其他国家经贸往来的诸多方面，在劳务方面，则表现为签证政策越发严格、劳工配额越发严格、企业劳动者保护考察越发严格等表现，通过对我国境外投资企业劳务方面设立障碍，提高本国劳务的就业机会，维护本国劳动务工人员的利益，自然对我国企业造成了相当不利的影响。而在一些经济欠发达的地区，由于社会管理等方面存在劣势，当地失业工人针对我国企业中的中国劳工进行的报复行为层出不穷，这些都使得我国境外投资企业的劳务风险增幅显著。

由于政治原因发生的劳务风险是因为我国对东道国政府项目进行投资，往往会使当地反政府武装或者反政府组织把其当做是我国对东道国政府的支持，因此这些组织会采取一些极端手段对项目劳工进行报复，如绑架、勒索或袭击，这对我国企业劳务人员的生命财产安全都有着极大威胁。

3. 劳务用工的社会责任风险。中国境外经营企业需要重视以及承担当地的社会责任，在劳务用工方面的社会责任主要是当地劳工雇用方面的责任。如果企业不遵守东道的政策雇用当地劳务人员，使东道国当地国民无法获取利益，则可能会导致当地民众对境外投资经营的企业及企业员工产生抵触情绪，将失业等社会问题归咎于中国企业以及劳务，最终导致风险。

4.企业自身安全意识欠缺。我国企业海外投资项目众多，大量劳务人员随我国企业的境外投资奔赴世界各地，但很多走出去的企业缺乏安全防范意识，安保措施、安全预算、安全预案空设。在某些社会动荡、安全系数较低的国家或地区，往往很小的疏忽就会造成难以想象的后果。回顾很多劳务风险事件，大多是企业没有做好必要的安保措施造成的，这为中国企业的安全防护工作敲响了警钟。

5.劳务人员自我防范意识欠缺。一些工人出国前缺乏必要的安全培训，并且缺乏主动了解东道国政策和相关预防措施的积极性，从而导致不必要的冲突和纠纷。诸如东道国的生活习惯和礼节、高风险地区的出行以及紧急情况的处理等，那些没有接受专业培训的劳工很难应付，这将不可避免地导致劳动风险。

6.工会组织具有潜在风险。工会组织是中国企业境外经营必须面对的潜在风险源。企业应该重视调研东道国工会组织的实际情况，对工会的影响力进行充分了解，合理运用工会组织对劳务风险加以预防和规避。为避免罢工、骚乱的发生，中国企业一是应推行劳务人员本地化战略，加强企业文化宣传，提高员工的工作积极性和工作的创造性；二是应强化员工的主人翁精神，让企业员工对企业有归属感，与企业荣辱与共；三是要加强与工人代表的沟通，让他们了解和理解企业的经营理念与状况；四是要及时掌握员工的思想动态，主动交流，防止出现极端行为。

## 三、劳务风险的防控

劳务风险的控制作为我国企业在境外进行投资经营必然经历的风险之一，需要加大力度进行预防和控制。对于劳务风险的预防和控制，笔者提出如下建议：

### （一）对劳务风险的预防

1. 对东道国政策法律进行学习研究。中国企业进行境外投资之前，需要对即将进入的东道国市场进行充分的调查研究，尤其是对东道国有关的劳务政策及法律法规进行学习，并据其指定劳务风险的应对方案。

东道国的劳务政策是企业进入该国经营在用工方面必须遵守的基本规则。劳务政策调研一般包括对东道国劳务法案及对外籍劳务的用工配额、签证和居留等方面规定的调研。东道国劳务有关的法律往往规定了劳资关系的确认、雇主和雇员的权利和义务的终止、福利报酬的支付、妇女和未成年人用工规定以及劳资纠纷的解决相关内容。

各国对外籍劳工服务的政策不同，其中签证制度、工作许可劳工配额和社会保障是最有影响力的几项内容。针对某些工期较长、用工数量多的项目，中国企业尤其要重视签证的相关要求。有企业曾经因为东道国签证时间过长，造成项目的关键技术人员无法按时到达施工现场，致使项目阶段性延迟，给企业的项目执行带来了很大的麻烦。部分国家对劳务配额管理严格，曾有企业在投标前没有仔细调研劳务配额问题，中标后才了解到只能使用当地的劳务人员，致使项目的人力成本大幅上升。对于技术类劳务的使用，部分国家要求优先使用当地有资质的劳务，外籍劳务需要取得当地认可的技术等级资质，这就要求企业考虑使用东道国当地劳务的成本、本国劳务获取资质需要的时间和成本等。

与劳务相关的政策和要求是每个境外经营的中国企业必须重视的内容，尤其对于新进入的市场，企业更应加强与劳务相关政策的调研工作。对于依靠自身能力很难做好调研工作的国别，企业可以依靠律师事务所和人力资源咨询服务机构协助做好相关的调研工作。虽然这些工作会花费一些成本和时间，但相较发生风险后的损失来说，该投入是必要的。

2. 依政策法律处理劳务纠纷。伴随着中国企业境外经营规模的不断扩大，我国相关部门和机构针对企业境外经营遇到的各类劳务问题，出台了相关的规定，如《对外劳务合作管理条例》《对外承包工程项下外派劳务管理办法》《对外劳务合作风险处置备用金管理办法》《商务部关于处理境外劳务纠纷或突发事件有关问题的通知》等。这些文件的出台，为我国企业对外进行合规经营提供了一系列的制度保障。

劳务纠纷是企业境外经营过程中频繁遇到的劳务风险。劳务纠纷事件发生的原因主要有以下五种：

第一，企业在对外承包工程过程中派遣劳动者，有规章制度不遵守，劳动者的招募、派遣和管理模式不规范，制度实施不到位。

第二，对外签订承包合同的承包单位将项目下的劳务单独分包或多层转包，甚至将其分包或转包给没有任何经营资质的单位，导致管理职责的多重转移，难以明确界定和执行。

第三，有些企业只是追求利润，使用降低劳动力价格、扣除及拖欠工资、恶意侵犯劳动者合法权益等不正当手段获利。

第四，一些企业的劳动管理措施薄弱，制度不健全，导致劳动争议处理不善，不及时。

第五，为了实现个人目标，个别劳动者故意制造麻烦，加剧矛盾，加剧劳动争议，使劳动纠纷进一步升级。

无论哪种原因造成的劳务纠纷，都会对企业的境外经营造成不利影响。因此，企业在境外经营的过程中，应该时刻关注商务主管部门的相关规章制度，在制度框架内合规使用劳务，避免劳务风险的发生。

3. 购买必要的劳务保险。意外伤害保险是转移劳务伤害风险导致损失的有效手段。无论对中方劳务人员还是东道国劳务人员，企业都应该结合项目所在地的实际情况，为员工购买相应的保险，这也符合东道国强制中国企业购买人身意外伤害险的规定。

4. 制订劳务风险发生后的事后处理预案。劳务风险一旦发生，应有相应的应对预案。一般来说，其包括以下三方面的工作：

第一，时刻跟踪东道国劳务政策。

第二，及时处理涉及劳务的相关问题，将矛盾影响减到最小。

第三，利用各种手段，减小劳务风险发生后的影响。比如在合同中对非因中方原因造成的罢工而出现工期延长等损失，由业主承担之类。

### （二）对劳务风险的控制

对劳务风险的控制主要应从劳务人员安全风险的控制和劳务人员罢工风险的控制两个角度进行控制：

1. 对劳务人员安全风险的控制。中国工人境外遇袭等突发事件不断发生，给中国政府和企业提出了一个新的课题。为应对这一新的形势，政府相关部门不断出台各类措施保障中国公民的安全，这充分体现了国家对公民的保护。与此同时，企业也应该主动作为，做好本国劳务人员的安全保卫工作，具体包括以下内容：

第一，加强出国劳务人员出国前的安全培训，增强安全防范意识。企业应当在出国前利用好商务主管部门、商会和社会资源，做好对外派劳动者的安全培训工作。

第二，采取更强有力的安全措施，并事先准备适当的安全计划。一系列恶性事件揭示了中国公司安全防范措施的疏漏情况。因此，企业应当增加海外招标中的安全成本预算，解决施工现场缺乏保护措施、安全条件和设备不足等问题。

第三，合理利用政府资源。一方面，企业应加强与各驻外经商机构的联系，对国内的政治局势、安全局势和社会安全形势进行更深刻的了解，进而有利于企业迅速获得权威信息。另一方面，无论是本国政府还是东道国政府，都可以为企业项目执行过程中的安全问题提供必要的支持，如有必要，可以要求东道国政府提供建设现场的安全保卫工作。

第四，建立海外劳工紧急情况预警及处理机制。若一个国家的安全局势突然恶化，公司可以根据该机制及时采取措施。做好海外劳动者的安全保障是一项系统性工程，是企业境外经营的重要风险管控内容。

2.对劳务人员罢工风险的控制。罢工是很多国家和地区劳务人员争取权益经常使用的维权手段，也往往是劳务人员为了能够使自己的不合理要求得到重视和实现而采取的极端方式之一，无论是本国劳务人员还是东道国劳务人员发起。罢工运动一旦发生，对企业的生产经营都将产生巨大的打击，轻则影响工期，重则可能发生停工乃至暴乱。由于上文所提到的，东道国往往对罢工事件的主体——本国劳动者，采取偏向态度，所以关于罢工问题，往往是堵不如疏，企业应当重视并采取合理有效的方法及时处理罢工事件，具体处理方法如下步骤：

（1）罢工事件发生后，第一步，要对参与罢工事件的员工进行思想交流，与他们进行沟通谈判，充分了解罢工员工的诉求，同时对未参与罢工的员工予以安抚，以防止罢工事态扩大化。

（2）对罢工是否合理合法进行有效判断。罢工是否合理合法是企业决定同罢工者商议谈判的态度关键。若罢工本身不合理也不合法，属于参与罢工的员工为了实现不合理利益的聚众滋闹，企业负责人需要告知罢工员工其行为本身的违法性和有害性，将罢工行为对公司造成停产停工损失的明细告知罢工者，并让对方清楚其需要承担的公司损失；其中屡教不改的严重闹事者，公司可以与之解除劳动关系，甚至可以通过诉讼途径进行损失求偿，依法解决争端；但是如果罢工行为合理合法，公司需要充分重视罢工人员所表述的问题，及时成立问题解决小组，向对方许诺期限予以解决，保证员工的合法利益予以保证，这样既有利于公司及时地恢复正常的生产生活，也有利于安抚员工的工作心情，调整工作状态，保证罢工员工可以迅速回到工作岗位。

（3）同罢工的主要领导人进行交流。对员工诉求进行有效分析，对其中的合理诉求进行有效解决，包括即时解决和承诺期限解决，对不合理诉求的不合理性向对方说明，让对方了解其诉求的不合理之处，通过诚恳有效的沟通换取对方的信任,以停止罢工行为。

(4)罢工行为既包括员工自发组织的,也包括东道国工会领导组织的,对于东道国工会组织的罢工活动,企业要同工会进行沟通,取得工会对企业的信任,并尽快与工会组织达成谅解书面文件。企业要对工会情况加以调查了解,制定有效的、真正能够实现工会诉求的处理结果。

(5)罢工行动结束,企业对罢工活动的组织者应当进行处理。企业需要通过对罢工活动组织者进行惩戒以加强企业的权威(尤其是不合理诉求罢工或者违法罢工),通过处理让员工知晓其应当采取正常的、合法有效的方式向企业表达其利益诉求,罢工这种极端手段并不可取。

## 第四节　非传统安全风险

随着中国对外开放新格局的建设,中国企业加快了走出去的步伐,海外投资规模持续扩大化,直接投资存量也大大增加。然而,各类风险也相伴而生,其中尤为突出的就是非传统安全风险。伴随我国经济蓬勃发展,各项产业也逐渐完备,企业的生产因素导致的传统风险逐渐让位于各类非生产因素导致的非传统风险成为风险防控的重要部分。恐怖主义风险、政治动荡与政治暴力风险、社会责任风险、自然环境与自然灾害风险等对我国境外企业造成的威胁不断提高。

面对各类非传统安全问题,企业需要加强预警,提前预防,不能因为遇到非传统安全问题就退缩不前,不敢投资,不能投资,而应当做到合理有效地进行规避和应对。

非传统安全风险需要企业进行冷静客观的处理,其本身存在不可避免性,需要企业加强自身防范来予以规避:一方面,需要通过对企业员工进行防范教育;另一方面,需要企业构建非传统安全防范体系。不仅如此,国家也需要对企业非传统安全防范加以引导,帮助企业应对非传统安全问题,减轻或降低企业可能遭遇到的风险和损失。

# 一、非传统安全风险概述

## （一）非传统安全问题的定义

自 21 世纪以来，"非传统安全问题"（non-traditional security questions，NTSQ）已日益成为国际社会关注的热点话题。非传统安全的概念是在 20 世纪 70 年代美苏冷战期间提出的。人们习惯将以政治、军事安全作为核心的安全问题称为传统安全问题，与之相对应的，区别于传统的政治和军事安全问题统称为"非传统安全问题"。

"非传统安全"的国际定义：1994 年《联合国人类发展报告》全面阐述了"人类安全"（human security）的概念，涵盖了七个主要安全问题：经济安全，粮食安全，食品安全，健康安全，环境安全，人身安全，共同体安全和政治安全。同年，时任秘书长加利在《和平纲领》中还强调了无限人口增长、债务、毒品、贫富差距、贫困、疾病、饥荒、难民等问题对人类的威胁，并提醒人们切勿忽视这些威胁，因为这些威胁对人类的危害将不亚于传统的战争威胁。2011 年 9 月，中国国务院新闻办公室在《中国和平发展白皮书》中发布了日益突出的人类安全问题，包括恐怖主义、大规模杀伤性武器扩散、金融危机和严重的自然灾害、气候变化、能源和资源安全、粮食安全、公共卫生与安全等，上述与人类生存和可持续的经济与社会发展有关的全球挑战目前已日益成为人类生存与发展的主要安全威胁。

## （二）非传统安全风险形成因素

非传统安全风险的形成因素，根据其性质可以划分为外因和内因：

1. 非传统安全风险形成的外因

（1）政治动荡、政局不稳。虽然目前国际社会和平与发展是时代的主流，但是，某些国家和地区的热点问题仍持续影响，政局动荡严重，其程度可以参照表 5-3。新任政府上台之后取消、变更或不履行前任政府签订的投资协议的行为频频出现，我国对外投资的目标国家政体多样，专权政体与民主政体并存。多党派国家的政治利益更加错综复杂，政治不稳定的概率更高。伴随政局不稳定，经济政策的稳定性以及持久性不能保证，中国企业的投资，尤其是长远投资受到了极大影响，中国公民在境外进行务工时经常被各类政治事件波及和影响。

表5-3 "一带一路"沿线国家投资争端所涉政治风险类型及件数

单位：件

| 风险类型 | 政府更迭风险 | 对华友好度风险 | 政府腐败风险 | 战争内乱风险 | 政府行为风险 | 制裁风险 | 地缘政治风险 |
|---|---|---|---|---|---|---|---|
| 重大新闻事件 | | 1 | | 1 | | 5 | 3 |
| ICSID案例 | 1 | | 1 | 1 | 45 | | 1 |

数据来源：ICSID官网、环球网、观察者网等。

（2）国际恐怖主义来势凶猛。自"9·11"事件后，恐怖主义开始成为全球的威胁，各式各样的恐怖主义袭击事件不断发生。该类事件的发生，会让投资的不确定性增加，投资者会采取一系列防卫措施来放缓投资，进而影响中长期投资增长潜力。不仅如此，恐怖主义也会增加保护成本，企业对外投资成本将大幅上涨，进而影响企业收益，而国际恐怖主义最为直接的威胁则是我国驻外工作者及驻外企业的安全。

（3）某些国家政府法制化不健全，腐败问题严重。主要根源于东道国行政监管不足，政府官员伺机中饱私囊的现象。中亚地区的国家受苏联政治体制的影响较大，个人领导主义色彩浓厚，政府官员向投资企业索取贿赂的现象时有发生。（详见表5-4）据统计，目前我国企业进行投资的东道国中发展中国家占有很大比例，而这些国家的法制建设相对落后，在中国企业投资经营过程中难免会发生腐败问题。

表5-4 2017—2019年中亚五国"全球清廉指数"排名

| 年度与国别 | 哈萨克斯坦 | 乌兹别克斯坦 | 吉尔吉斯斯坦 | 土库曼斯坦 | 塔吉克斯坦 |
|---|---|---|---|---|---|
| 2019 | 113 | 153 | 126 | 165 | 153 |
| 2018 | 124 | 158 | 132 | 161 | 152 |
| 2017 | 122 | 157 | 135 | 167 | 161 |

（4）某些国家和地区的冲突与动荡导致其中央政府的控制力显著下降，我国驻外机构以及驻外人员均可能成为所在国内部斗争的攻击对象或反政府武装的牺牲品。导致该问题的原因主要在于大国间的战略竞争、海权与陆权力量的斗争、地理敏感地带引发的博弈、地缘经济竞争等。基础设施是我国对外投资的重点行业，对于东道国而言属于比较敏感的投资领域，这些重大的海外投资项目容易触及各种地缘因素，打破原有地缘利益结构的平衡，从而引发地缘政治风险，进而引发地区动荡，增加我国对外投资人员风险。

（5）中国境外经营项目的利益相关方关系错综复杂、我国投资项目东道国的地方保护主义、民族主义、民粹主义等思想影响，形成蓄意策划的针对海外华人的犯罪事件。受东道国民族主义、民粹主义思潮的影响，中国企业的对外投资项目经常出现无法顺利运行的情况。一方面，中国与相邻的越南、菲律宾等国家长期存在领土争端问题，这一敏感问题容易成为别有用心者煽动民族情绪的工具。 另一方面，西方媒体宣扬的"中国威胁论"也会影响到中国投资项目在当地的形象。比如，2021年3月14日缅甸发生的中资企业被打砸抢烧的事件。受国际金融危机影响，许多国家出现了区域性经济衰退现象，导致国家没有充足的就业岗位，失业率急速上升，社会治安情况堪忧。受地方保护主义影响，针对中国企业限制发展等情况会逐步上升，这必将会产生大量投资争端。

（6）中国企业境外项目劳务纠纷所引起的劳工骚乱发生频繁。劳工保护措施不到位是导致该问题的主要原因之一，大部分东道国对于本国的劳动者年龄、工作时间、薪酬、特殊劳动人员的保护以及劳务纠纷等都有着较为全面的规定。但是由于宗教以及民族文化差异等因素，不同国家的劳动法与我国的劳动法之间存在的差异较大。比如，哈萨克斯坦的《工会法》规定，工会享有就集体协议的缔结与起草进行谈判的权利；工会有权代表劳动者与雇主就劳动用工监管以及终止用工关系等问题进行协商；雇主在起草任何可能会影响员工权权利的内部草案时，工会享有监督雇主遵守相关法律规定以及参加劳动争议解决的问题；乌兹别克斯坦、土库曼斯坦以及哈萨克斯坦还规定雇主不得要求员工两天内连续加班超过 4 个小时，且 1 年内不得超过 120 小时。上述的这些规定与我国的用工传统以及相关法律规定存在着较大的差异，若不在事前进行充分的考量，那么在经营过程中必将产生大量的劳务纠纷。

（7）某些国家和地区的区域生态环境问题突出，自然灾害频发。我国对外投资的许多东道国深处欧亚内陆、气候干旱，且对自然资源的依赖程度较高，生态环境十分脆弱，且由于全球气候变暖导致极端天气发生概率不断增加。因此大部分东道国对于环境保护的重视程度较高，对于外资也设置了较多的环境限制以及准入门槛。比如，哈萨克斯坦的环境保护法包括《哈萨克斯坦生态法》《哈萨克斯坦土地法》《哈萨克斯坦水利法》《哈萨克斯坦森林法》《哈萨克斯坦动物保护、繁殖和利用法》等，十分细致地规定了环境保护的方方面面。投资者如果想要开展与生态环境有关的投资项目，必须经过环保委员会严格的审查，获得生态以及排污许可之后才能开展经营，否则将受到严厉的惩罚。由于我国的投资主要集中在能源产业等高污染领域，不可避免地会影响到当地的生态环境，考虑到部分东道国对于环境保护问题的高度重视，企业在进行投资决策时务必要将环境保护的法律风险问题予以足够的重视与考虑。

（8）疾病种类增加，疾病攻克难度增大，部分落后地区受卫生条件影响，各类疾病容易蔓延。国家的医疗、卫生事业的发展与国家经济发展息息相关，良好的医疗卫生事业可为东道国投资环境创造优美的卫生环境，为投资提供健康发达的人力资源。新冠疫情全球肆虐，全球公共卫生安全体系遭受严重打击，贸易投资、金融均遭遇极强的打击，疫情控制下的国际投资活动因各国防疫政策而趋于停滞,由此可见,疾病等公共卫生领域出现危机也会推动非传统安全的出现。

2.非传统安全风险形成的内因

长期以来,风险低、收益大的地区和领域(所谓"高端市场"),一直被发达国家的企业和资本所占领,形成了相对的垄断优势。这在客观上迫使中国公司采取其他方法,另辟蹊径,将眼光聚焦于风险相对较大的亚洲、非洲和拉丁美洲等经济欠发达地区。因此,中国企业的海外经营环境并不理想,面临的危险因素较多。

除了客观原因外,中国企业走出去的风险的发生很大一部分源于自身存在的问题。

(1)中国企业存在着国际化经验不足、不熟悉当地市场环境和法律政策、经营管理模式粗放等诸多问题。有的境外投资项目存在一定的盲目性,并购项目并购后的整合和管理能力较差;有的企业不遵守我国及驻地国法律,习惯走"上层路线",甚至公然进行商业贿赂;有的企业不注重自身的社会责任,忽视树立和维护良好的对外形象的重要性;有的企业为占领市场、抢项目低价竞标,既不做充分的前期准备,又不重视项目管理,施工时偷工减料,工程质量难以保证;有的企业对当地员工的管理不规范,长期漠视雇员诉求,造成严重的对立情绪,导致劳工群体性事件频发;有的企业风险防范能力不强,未形成系统完善的境外安管体系,不具备相应的境外安管能力,对突发事件的应急处置能力较差。

(2)企业缺乏风险意识,在风险面前缺乏应对能力。中国企业在走出去的过程中,过分追求速度,用十几年时间跨越了工业化国家百年的历程,这导致有相当数量的企业对东道国当地的风土人情、舆情和经营习惯等缺乏了解,对于可能发生的风险点不具备防范意识,对潜在风险和应对方法缺乏准备和应变机制。

(3)中国境外经营外派人员的自身素质较差。第一,外派人员出国前没有系统的安全专项课程培训，对海外的安全环境缺乏必要和基本的了解，自我保护能力较弱。第二，一些人员素质低下，不尊重东道国的当地习俗和习惯，时有违反当地法律和突破当地文化和道德底线的行为。第三，中国公司和在国外经营的中国外派人士有一些特殊的习惯，例如：喜欢随身携带大量现金，习惯于雇用国内工作人员，更喜欢封闭管理，更喜欢走"上层路线"等。这些都导致中国公司和员工很容易成为各种针对性攻击的目标。第四，在国外仍然习惯于按国内习俗处理各类事项。

**（三）非传统安全风险的主要类型**

1. 政治暴力风险。政治暴力风险对中国企业的境外经营来讲是十分严重的风险。在非洲、中东和中南美洲地区常常发生这种政治上的动乱和战争，一旦发生这种情况，中国企业境外经营项目和人员的安全将受到极大的威胁，往往出现项目被迫暂停或终止、人员大规模撤离、项目合同履约难以继续的情况。

美国海外投资保险机构（the overseas private investment cor-poration，OPIC）将战争或内乱风险归纳为"政治暴力风险"（political violence risk），也就是"因为战争、革命、内乱或有政治因素的暴力冲突、恐怖主义及破坏活动而造成的资产或收入的损失"。因而，政治暴力包括袭击、暴乱、骚乱、动乱、战争、恐怖主义等。2018年4月14日，美、英、法三国对叙利亚境内目标进行军事打击，其中不乏平民伤亡以及民用设施、产业的损害，为我国在政局不稳定、恐怖主义泛滥国家进行投资敲响了警钟；2011年至今，西亚、北非区域持续发生社会动荡的情况，以利比亚、叙利亚为代表的诸多国家政治经济局势均急速恶化，致使中国的大量企业和将近4万工作人员紧急撤离，很多项目被迫停工搁置。南苏丹独立后，南苏丹与苏丹围绕石油过境和领土问题的纷争不断，导致中国企业在当地的石油项目被迫停产，损失巨大。2013年12月，南苏丹发生未遂政变，随即局势恶化，安全形势急转直下，大量中国企业紧急撤离，工程项目尽数搁置。缅甸北部地区的摩擦不断升级，政府军与克钦独立军频繁交火，导致中国企业的很多项目暂停，近千人被迫撤回，遭受巨大损失。阿富汗和巴基斯坦地区则由于历史原因,政治局势一直处于动荡之中,中国企业多次收到涉及企业及其工作人员的恐怖袭击预警,给企业带来了重大风险隐患。

2. 政局更迭风险。主要发生在各国大选、政府换届的时期,根源于新任政府上台之后取消、变更或不履行前任政府签订的投资协议的行为。我国对外投资的东道国政体多样,专权政体与民主政体并存。多党派国家的政治利益更加错综复杂,政治不稳定的概率更高。该风险主要包括两种:

(1)经过战争、动乱、革命等发生政权更迭的情形,这种情形往往伴随着严重的破坏,会使项目本身被迫中止或者无法达到合同目的。在战火之下,企业本身难以幸免,企业物资损坏、设备损坏或者相关人员受到伤害的情况经常会发生。

当然,除了政局更迭成功所发生的风险,政局更迭行为未成功也会导致诸多风险。虽然政局更迭并未成功,项目工程仍可以继续进行,但是由于动乱、战争等导致的企业施工被迫停滞,人员抚恤等问题都会变相地提高项目成本,停工期间投资方对投资项目的维护和保护也会增大项目开支。

(2)经过和平方式发生政权更迭的情形,比如进行大选后执政党变成在野党,从而发生了诸多对工程而言的不确定因素。举例来说:2018年5月11日,马来西亚前总理马蒂哈尔再度上台,带领在野党击溃执政党,上台后,马蒂哈尔以成本过高等理由叫停三个中资参与项目,致使我国企业蒙受了巨大损失。

3. 恐怖主义风险。由于国家间地缘政治原因和民族宗教问题错综复杂,同时各国发展目标及利益诉求差异巨大,国内风险、跨境威胁和大国博弈相互交织。当前,恐怖主义活动已成为我国境外投资的重大威胁与风险之一。其中,发生在“一带一路”沿线国家的恐怖主义事件可以说占据了国际恐怖主义事件的半壁江山,纠其根源在于“一带一路”倡议穿行中东、南亚、西亚、中亚等地区,而该些地区正处于恐怖主义集中地带,以美国为首的西方国家虽然加大了国际反恐力度,但是国际恐怖主义活动并没有因此消失,反而在某些国家和地区日趋活跃。恐怖分子使用爆炸、枪击、劫持,甚至化学、生物等方式和手段肆意进行破坏活动,已经严重影响到国际社会的安宁和百姓的安危。中国企业及其工作人员在境外直接或间接遭受恐怖袭击的事件时有发生。

4. 治安安全风险。中国企业的投资目标多数为经济发展相对落后的国家和地区,其社会环境相对复杂,社会的公共安全也难以得到充足的保证。不但非洲、南美的欠发达国家和地区社会治安较差,而且在东南亚、欧洲、北美等经济相对发达的地区,华人是非常容易受到偷盗、抢劫、绑架和勒索的人群。

在很多非洲国家,由于贫富差距,许多穷人沦为盗匪,典型地区如索马里和南非部分地区,在海外的中国人性格相对平和,而且喜欢在身上携带大量现金,很容易成为暴徒进行施暴、盗抢的对象。

受全球金融危机的影响,中亚国家遇到了严重的经济困难,失业率居高不下,出现了众多无业游民,也因此城市的社会治安情况不断恶化,犯罪率直线飙升,偷盗、抢劫案件增多,外国公司和外国人也成为被抢劫的对象,杀害、伤害及武装抢劫中国企业人员的案件时有发生。

拉美地区是目前全球暴力犯罪最为猖獗的地区。高犯罪率不单单存在于毒品泛滥的国家,如墨西哥、哥伦比亚、洪都拉斯、危地马拉等,巴西、智利等国的有组织犯罪行为也在不断增加,高犯罪率给中国在该区域投资和对外承包工程人员的安全带来了严重威胁。如许多在巴西经商的中国人经历过沿途抢劫或勒索。许多中国人甚至花了很多钱将普通的商用车改造成防弹车,雇佣专业保镖等以防止暴力犯罪。中国公司必须增加在拉丁美洲投资和工程项目中的安全保障支出,这不可避免地会造成成本的增加。

5. 劳工骚乱风险。中国企业海外项目的劳务人员来源复杂,在日常管理过程中劳资纠纷、经济纠纷、合同纠纷、生活习惯冲突,甚至宗教冲突都盘根错节,难以解决。

中国企业境外的劳务管理水平总体不高,走出去初期普遍以低成本的劳动力作为主要竞争力,大量的国内劳动力随着工程项目走向世界各地。根据项目规模,企业派出的中国工人数量少的几十名,多则成千上万名。依据不同国家劳动法律的不同规定,外资项目雇用当地工人的数量往往要比雇佣外籍工人更多。从节省成本等角度考虑,某些项目还从第三国引进性价比更高的劳工队伍。

随着经济的发展和社会的进步,无论是外资企业本国派遣、当地雇用还是从第三国引进,工人的权益保护及对工资、工作时间、工作条件、环境卫生和安全性等方面的要求正在不断提高。在这种情况下,如果企业管理不善,处理不当,很容易引发劳资纠纷,甚至引发大规模的劳资集体事故,造成重大的人员伤亡和财产损失。

6. 自然灾害及环境安全风险。自然灾害及环境安全风险主要涵盖水旱灾害、气象灾害、地震灾害、地质灾害、海洋灾害、生物灾害和森林草原火灾灾害等。其具体表现为洪水、飓风、台风、地震、泥石流、滑坡、海啸、火山爆发、危险品的泄漏和重大环境污染等。

2010年4月14日,冰岛的埃亚菲亚德拉冰盖火山发生了两次喷发。来自火山口的火山灰在海拔7000米处形成了火山灰云,随风飘移,致使与冰岛相邻的诸多国家和地区深受其害。几乎所有航班都已停飞,造成了极其巨大的经济损失。冰岛的火山喷发引起欧洲航空混乱,导致空中瘫痪,大量乘客滞留,严重影响了人们的生活和工作秩序。英国甚至派出一艘航空母舰去法国接回滞留的英国国民。

2010年7月21日,由于多日大雨,巴基斯坦西北边境省爆发了百年不遇的巨大洪水。大水摧毁了三个村落,至8月7日,巴基斯坦全国由于洪水受灾的人数已达到1200万人,有超过1600人遇难,50万民众被迫疏散。此次洪水灾害中,中国企业在西北边境省的多个项目受到严重影响,一个水电项目有3名中国员工、2名当地工人遇难。

2011年3月11日,日本发生9.0级地震。地震造成的巨大海啸对日本东北部的岩手县、宫城县和福岛县造成了毁灭性破坏,并引发了福岛第一核电站的核泄漏。根据日本财经新闻的报告及日本国家警察局的统计数据显示,截至

3月30日上午,因海啸及地震确认死亡11232人,出现16361名失踪者,总计27593人。

7. 公共卫生安全风险。公共卫生安全风险主要包括各种传染病、地方病、食品安全事件、特殊作业危害(包括职业病)、动物疫情,以及其他影响人们健康和生命安全的公共卫生事件。由于很多中国企业境外工程项目的东道国气候炎热潮湿,自然条件恶劣,公共卫生及医疗条件差,企业所遭受的公共卫生安全风险时有发生。企业如果不能很好地处置此类风险,可能对项目人员的身体健康造成较大影响,进而影响项目的工期,造成损失。

当前,从地理学角度来看,传染病的传播速度比历史上任何时候都快。据估计,每年有超过21亿人次的航空旅客,在世界的任何地方,若出现一种强传染性传染病,仅几个小时后就会蔓延到世界的其他地区。

自20世纪70年代以来,新兴传染病以前所未有的速度不断被发现。20世纪后期,霍乱、黄热病和流行性脑膜炎球菌病等早已灭绝的疫病频繁出现。全球气候变化导致以昆虫为媒介的传染病的传播速度和范围不断增加,包括疟疾、血吸虫病、登革热等。

2013年的下半年,登革热在拉美尼加拉瓜、哥斯达黎加、多米尼加、巴西等国以可怕的速度爆发,致使上万人感染,死亡人数数百,巴西因登革热宣布进入紧急状态,中国企业在巴西的项目随即受到一定程度的影响。

中国对外投资项目尤其是基础设施建设项目和建筑工程承包项目大多分布于南亚、非洲和拉丁美洲,这些区域正是热带疾病多发的区域,中国企业需采取措施对其加以防治。

8. 社会责任风险。当前海外中企经营面临的非传统风险日益突出,社会责任风险已经成为影响企业对外直接投资的重要因素。近年来,由于社会责任问题,导致中国企业境外直接投资受到阻挠或被迫中止的事件经常发生,给中国企业"走出去"带来了巨大挑战。例如,2011年缅甸密松水电站项目因环境问题被叫停,至今未重启;2012年缅甸莱比塘铜矿因征地搬迁、环境等问题先后两次发生抗议示威被叫停；2015年墨西哥高铁项目因各种原因被叫停，其中包括与社区和环境相关的因素。东道国政府随时有可能由于国内强大的舆论压力对外资企业设限。比如禁止外商投资或者对外商投资业务设限，使环境劳工社区风险成为各国海外投资者不得不考虑的决策因素。中国企业在对外投资过程中的传统做法是与东道国政府沟通频繁，重视与东道国政府的联络，而忽略了当地社区居民和非政府组织的沟通；注重经济、技术问题而忽略了环保、人文问题。由于没有处理好与当地社区和利益相关方的关系，没有及时了解并回应利益相关方的要求，使得相应的风险未得到及时管理，导致投资项目在当地受到巨大阻碍，最终缅甸密松水电站这类能够长久造福缅甸的项目被迫无限制搁置。这都是我们企业走出去进行投资应当吸取的教训。

9. 腐败风险。我国企业从事海外投资时间相对较短，对于投资的风险防控体系尚不健全。其中，腐败风险更是海外投资尤其是对发展中国家进行投资的主要非传统风险。投资运营方面的腐败致使国有资产大量流失，制约了我国以及当地企业的健康发展与持续盈利能力，同时有损我国的大国形象。

在腐败指数较高的国家，进行海外投资的企业总是不自主地卷入腐败案件，尤其是中国企业，由于固有的"财大气粗"印象使得索贿受贿事件层出不穷。而且对于很多政权更迭频繁的国家来说，很多企业为了保证企业的长盛不衰，当地政府领导人员每有更换，就要进行一次大规模的行贿活动，妄图以此种方式使新上任的官员成为自己的"保护伞"，增强自己的竞争力。

10. 法制环境风险。作为我国主要投资对象的东道国之间经济发展水平差异较大，但是总体上而言均属于经济落后的地区，因此与之相对应的便是法制化程度低，法律环境恶劣。中国投资企业在合法权益受到侵害后，经常会面对无法可依的局面，暴力执法、司法不公等问题也是层出不穷。同时，部分东道国对于参与国际投资条约的积极性相对较低，尽管我国与该区域的国家之间存在BIT，但是由于其签订时间较早，且双方并未及时更新相关的内容，导致这些协议中的许多规定过于陈旧，不能适应当今国际投资合作的需要。另外，部分东道国即使参与了国际投资条约，实际的运行效果也可能会因为其国内缺乏相应的配套措施或实施细则而大打折扣。

从实践的角度来看，如中亚地区，该地区国家经常以"总统令"或"政府令"的方式干涉外国投资企业的商业活动，这种行政干涉频繁且无序，使得投资者难以根据预期合理的做出投资决策。即使是该地区经济发展水平最高的哈萨克斯坦，近年来也在市场准入、劳工问题、企业税收、政府采购等领域采取了一系列针对外资的限制性规定，进一步提升了外国投资者的投资成本及门槛。

表5-5 2020年全球治理指标（WGI）中亚各国排名

| 国家 | 分数 | 排名 |
| --- | --- | --- |
| 哈萨克斯坦 | 36.06 | 43 |
| 吉尔吉斯斯坦 | 19.23 | 54 |
| 塔吉克斯坦 | 8.65 | 59 |
| 乌兹别克斯坦 | 14.42 | 57 |
| 土库曼斯坦 | 6.73 | 60 |

数据来源：世界银行官网。

## 二、非传统安全风险的防控

### （一）完善我国企业对外投资保护体系，完善海外保险制度，进而减少政治暴力和恐怖主义风险

面对政治暴力与恐怖主义风险，笔者认为，首先，国家应当进一步构建对外投资保护体系，加强对企业的投资引导工作，与投资东道国通过签订双边及多边投资救助协议等方式对政治暴力与恐怖主义进行预防安排，为中国企业在境外投资保驾护航，此外，各企业也应对公司危机处理预案进行内外部评测，量化企业的危机处理能力。我国目前唯一的海外投资保险机构是中国出口信用保险公司，其主要从事的业务范围包括战争、汇兑、政府违约、征收等领域，然而该机构在承保能力、范围、对象以及其他相关服务的领域都存在着诸多的不

足。因此，我国应当及时地纠正这些问题，加快对投资担保机构制度的改革，扩大承保的对象以及范围，向中小民营企业开放承保，将法律风险、劳动风险等因素都纳入承保范围，构建全面的信息展示平台，以向承包对象提供更为全面的投资风险信息，加强风险预警方面的工作能力，更好地帮助企业规避风险、减少损失。另外，政府可以适当地引进国外的投资保险公司，以增加国内市场的竞争，以竞争促发展，满足我国投资者的投保需求，更大范围地减少投资者遭遇的风险损失。国家通过设立一系列指标来降低企业面对政治暴力和恐怖主义的损失。国家还应建立针对东盟地区各种事故的风险预警机制，并及时采取风险管理措施，以防止恐怖主义和政治暴力造成的损失。

其次，投资公司应充分利用多边投资担保机构和中国出口信用保险公司对自身利益加以保护。机构的目的是为外国私人投资者提供政治风险担保。投资者符合向机构投保的资格条件后，投资者可以向机构投保包括货币汇兑险，催收及类似措施保险，违约险，战争、内乱险。这些可在一定程度为我国投资者提供保障。目前，中国出口信用保险公司也已开始向境外投资公司投保以开展境外投资保险业务。但是，中国的海外投资保险制度仍然不健全，抵抗外国投资风险的能力有待进一步提升。这制约了我国企业对外投资的步伐。目前我国急需建立和完善境外投资保险制度，根据各投资东道国国家的实际情况创新保险类型，更好地为境外投资企业服务。

通过制度体系的构建以及完善投保方式，可以很大程度上减轻因内乱等政治暴力恐怖主义风险造成的企业损失，从而为我国企业"走出去"减少后顾之忧。

**（二）政府协助提高企业的劳工法律风险防范水平，企业需进一步完善劳工法律风险防范体制机制**

一方面，从政府层面来看，第一，政府应从立法上明确我国企业走出国门应当对劳工承担的法律义务，强化企业对员工的责任；第二，应在中国政府内设置中国企业进行境外投资、劳工招聘的专业机构，为中国企业在境外聘用劳工提供最新信息，包括东道国的最新劳工法律规定等，防止出现因违反当地人员的最低雇佣比例和配额而产生风险的情况；第三，加强政府对我国企业于境外国家聘用劳工的扶持力度，包括国家补贴、国家员工保险等，减少不必要的员工与企业之间的纠纷；第四，培训境外投资企业的专业管理层人才，为我国东盟投资企业聘用员工出谋划策，最大限度地减少因员工与企业合同签订不规范造成的损失；第五，政府加强对企业的相关培训，提高企业的法律意识，促使企业严格遵守东道国的地方法律法规，与当地工会友好相处，培养国家及民族意识，维护和提高我国的国家形象。

另一方面，对于企业而言，企业自身也应当完善劳工法律风险防范体系，在企业内部制定行之有效的海外投资规章制度，尊重当地风俗，尽量避免和当地工人、工人团体发生摩擦，加强相互理解与沟通，最大限度解决劳资纠纷问题。

### （三）从国家角度与投资者角度共同加强对环境保护法律风险的防范

针对环境保护风险，首先，我国政府及企业要顺应国际社会看重环境保护的潮流，进一步增强环境保护意识，企业应当建立环保的企业文化。其次，政府应当设立专门机构为东盟投资者搭建了解东道国环保标准和环保规定的平台，企业也应当从以往的被动了解投资环境保护风险转为主动学习，增强同母国及东道国政府的沟通。最后，母国应当加强对境外投资者的环保资质审核，制定更为严格的环保标准，投资者应当在内部制定严格的环境保护规定。对于投资者，第一，重视保险的作用，我国投资者可以通过向多边投资担保机构投保，降低风险，同时也可以向我国投资担保机构进行投保。目前我国的环境保护风险方面的保险业务尚不完善，这需要我国政府进行进一步的努力。第二，我国企业应高度重视防控环境风险，建立和完善符合东道国法律法规与国际环境要求的安全防范体系。第三，中国企业应树立环保意识，坚持预防，污染者付费原则，使用环境友好技术，抵御环境保护风险。

### （四）提高企业的社会责任感，深化项目宣传程度，协调好利益相关方利益

我国投资者在境外投资项目遇到的一系列挫折，最主要的因素就是社会责

任意识出现偏差，没有足够重视当地利益相关方的利益诉求。降低社会责任风险，首先，企业应当遵守东道国的相关法律。基于国际法中的国家主权原则以及外资管辖理论，东道国对于在本国进行投资的外资企业享有完全的管辖权，这就要求我国的投资者须严格地遵守东道国的法律，按照相关的规定进行合法经营，绝对不能利用该地区国家法制不健全的漏洞从事非法获利的活动，甚至进行违法犯罪。其次，国内关于海外投资的相关制度规定投资者也应当严格遵守，依法完成必要的备案手续。有些企业在海外投资之前未及时向国家的有关部门进行备案审批，导致其在国外遭遇风险后，无法获得国家机关的援助，进而使得损失进一步加大。最后，充分了解并利用东道国在税收以及投资者待遇等方面的优惠政策，发展东道国急需的关键产业，以最大化自己的合法收益。这样不仅能够减少突发的风险，还能够获得更加广阔的市场。此外，企业应当在投资过程中充分认识自己的身份以及责任。作为海外投资者，我国企业应当充分尊重当地的风土人情、习俗习惯，不仅要考量经济及科技方面的因素，还要考虑当地社会人文方面的因素。我国与东道国进行的社会公益项目，应当通过媒体对项目建设带来的积极的经济、社会和环境效益进行有效宣传和反映，重视当地的舆论宣传与控制。应当将利益相关方的利益进行有效平衡，不应只重视与东道国政府的合作，而应该建立东道国政府、非政府组织、社区居民等多方沟通渠道，听取各方呼声。企业宜将自身利益与利益相关方的利益及社会共同利益结合起来，努力实现各方利益的协调。

**（五）加强反腐败领域合作，建立腐败"防火墙"**

中国和境外多数国家同样作为发展中国家，均面临着腐败问题，均期望加强国家间的反腐合作，以中国-东盟反腐败合作为例，2016年中国-东盟反腐败研讨班在云南正式开幕，作为10+1框架下中国与东盟于反腐败领域的第一个共同合作项目，双方达成了严厉打击腐败的高度共识。我国及投资东道国应当建立腐败"防火墙"，切不可对腐败问题掉以轻心。首先，我国政府需要对境外投资可能的行贿节点，如投资决策、招标投标、产权交易、项目运营环节进行严格监督,加快对海外腐败问题的立法工作进程,从法律层面予以规制。其次,我国政府应当建立专门机构为中国企业的海外投资腐败问题进行专门的解答以及治理。再次,中国企业也应当强化企业的内部管理,层层监督,避免行贿行为的发生,同时应当积极主动学习与熟悉投资东道国的反腐法律,防止触碰红线。最后,企业应当目光长远,切莫因小失大。中国是重视人情往来的国家,企业应当将人情关系转化为法律文件而非金钱所换来的承诺,以此来保证合同执行的可靠性。否则一旦行贿受贿败露,我国企业既无法达成合同目的,又违反了东道国法律,同时还要接受中国法律的制裁。

**(六)企业应当协调好与当地人民与政府的关系,同时强化安保能力,为海外利益保驾护航**

由于东道国地区的民族与宗教文化与我国的差异较大,我国投资者在经营过程中很容易与当地的居民或政府产生矛盾,如果处理不好各方之间的关系,我国投资企业将很难在该区域取得长足的发展。首先,投资者克服语言障碍应当尊重不同的宗教及民族文化,在进行工作安排及企业规章制度的制定时,对这些差异予以充分的尊重。同时积极地与当地人进行沟通,在进行资源开发的同时也要注意保护当地的生态环境,主动承担必要的社会责任。其次,投资者应当主动处理好与工会之间的关系。由于部分东道国的工会在处理劳资矛盾方面发挥着重要的作用,因此企业应当注意与工会维系必要的联系,熟悉相关的运行制度以及规章规则,以免发生不必要的冲突。投资者可以选择合适的当地企业作为合作伙伴,通过彼此合作来更加熟悉当地的商业模式,以更加熟练地处理劳工等相关的问题。最后,投资者应当时刻的保持与政府的联系,以便于自己及时地获悉相关政策的变动及更新,从而及时做出商业策略的调整或制定防范措施。

另外,中国企业需要加强自身的安保能力,对企业财产和企业员工的人身安全进行有效保护。我国企业安保能力的增强既需要依靠自身的努力,如聘用安保公司、进行安保培训、强化安保队伍建设等,又需要国家诉诸海外安保行动，如强化海外安保专业队伍建设、提供海外安保保险服务等。具体而言：首先，提升投资安全与权益保障可持续力。企业需在对外风险防范硬件软件条件和安保防护保持领先优势，尤其是硬件投入。其次，提高纠纷化解和危机阻止能力。既要做好防，加强内部人员与外部人员沟通，又要做好治，采取措施避免矛盾升级。再次，提升舆论控制能力。中企企业在境外投资通过常态化的宣传公关、形象公关、风险沟通等方式，有效提升企业形象，从而对负面信息传播和负面舆情所带来的威胁损害达到事前防控之效，避免不必要的纠纷产生。最后，建立责任风险权属机制。企业不仅要建立"无缝隙""有兜底"的内部安防责任体系，也要加强与东道国警方、相关方、使馆等联控，构建内外联动的风险防控机制。

### （七）启动我国与东道国 BIT 的升级版谈判，培养复合型人才

我国与许多东道国的 BIT 均签订于 20 世纪。而近二十年中我国的经济地位发生了天翻地覆的变化，旧的 BIT 已经不能满足我国在投资地区作为资本输出国的需求，无法全面地保护我国投资企业的合法权益，因此更新双方之间的 BIT 势在必行。在此应当注意以下几点问题。首先，应当在 BIT 中明确我国投资者在东道国的企业享有国民待遇，使我国的投资者获得同东道国国民同等的待遇，塑造更加公平的经营环境。其次，应当在 BIT 中明确并丰富争端解决的方式，重视调解、谈判等非司法性质解决手段在解决投资争端中作用，提高解决争端的效率以及公平性。最后，应当在 BIT 中规定反腐败的条款。如前所述，许多东道国的腐败情况较为严重，从而导致我国投资者可能时常面临来自当地政府"灰色收入"需求的压力，因此在 BIT 中明确反腐败条款，一方面符合了近年来国际社会打击腐败的需求，另一方面也更有利于维护我国投资者的合法利益。

另外，缺乏针对性的法律人才是我国企业在对外投资建设的过程中遭遇重大障碍的原因之一。这类人才不仅应当通识东道国的法律规定，还需要了解当地的风土文化以及语言。因此，我国应当针对性地培养此类复合型人才，在高

校开设相关的课程，并为学习东道国法律或语言的学生提供各种类型的奖学金。积极推动东道国与我国高校的人才交流，以增强我国与各国间在文化、政治上的相互理解，最终推动我国对目标国家的投资建设。